기독교
핵심 질문에
26권의 변증서로
답하다

기독교
팩트체크

기독교 핵심 질문에 26권의 변증서로 답하다
기독교 팩트체크

지은이 | 안환균
초판 발행 | 2020. 5. 13
3쇄 발행 | 2025. 2. 10
등록번호 | 제1988-000080호
등록된 곳 | 서울특별시 용산구 서빙고로 65길 38
발행처 | 사단법인 두란노서원
영업부 | 2078-3333 FAX | 080-749-3705
출판부 | 2078-3331

책값은 뒤표지에 있습니다.
ISBN 978-89-531-3746-2 03230

독자의 의견을 기다립니다.
tpress@duranno.com   www.duranno.com

ⓒ 이 출판물은 저작권법에 의해 보호를 받는 저작물이므로
무단 전재와 무단 복제, 무단 사용을 할 수 없습니다.

두란노서원은 바울 사도가 3차 전도여행 때 에베소에서 성령 받은 제자들을 따로 세워 하나님의 말씀으로 양육하던 장소입니다. 사도행전 19장 8-20절의 정신에 따라 첫째 목회자를 돕는 사역과 평신도를 훈련시키는 사역, 둘째 세계선교(TIM)와 문서선교(단행본·잡지) 사역, 셋째 예수문화 및 경배와 찬양 사역, 그리고 가정·상담 사역 등을 감당하고 있습니다. 1980년 12월 22일에 창립된 두란노서원은 주님 오실 때까지 이 사역들을 계속할 것입니다.

기독교 팩트체크

기독교 핵심 질문에
26권의 변증서로 답하다

안환균 지음

두란노

차례

추천사 8

프롤로그
기독교에 대한 다양한 질문에
책 한 권씩으로 답하다 12

1부 하나님에 대한 불신

1 의심을 의심하다, 과연 정당한가? 18
《팀 켈러, 하나님을 말하다》(팀 켈러, 두란노)

2 하나님은 왜 인간의 고통을 못 본 척하시는가? 29
《하나님 탓인가?》(그레고리 보이드, SFC)

3 구약의 신은 폭력적이고, 신약의 신은 너그러운가? 36
《내겐 여전히 불편한 하나님》(데이비드 램, IVP)

4 하나님은 왜 내 기도에 응답하지 않으시는가? 47
《기도하면 뭐가 달라지나요?》(필립 얀시, 포이에마)

5 구원과 멸망을 정해 두신 하나님, 과연 공평한가? 58
《선택이란 무엇인가》(브루스 웨어 외, 부흥과개혁사)

6 무신론자들은 왜 신을 믿기 힘들어하는가? 69
《무신론의 진짜 얼굴》(라비 재커라이어스, 에센티아)

2부 과학과 신앙

1 성경의 창조론과 유신진화론, 양립할 수 있는가? 80
《타협의 거센 바람》(이재만, 두란노)

2 기적을 일으키시는 하나님, 창조주의 자격이 있는가? 91
《기적》(C. S. 루이스, 홍성사)

3 과학자들은 왜 신을 죽이려 하는가? 102
《신을 죽이려는 사람들》(존 레녹스, 두란노)

4 성경의 우주와 현대 과학의 우주, 일치할 수 있는가? 113
《쿼크, 카오스 그리고 기독교》(존 폴킹혼, SFC)

5 성경은 정말 오류가 없는 책인가? 124
《성경 무오성 논쟁》(R. 알버트 몰러 외, 새물결플러스)

6 예수의 부활, 딱 부러진 물증이 있는가? 135
《부활 논쟁》(게리 하버마스 외, IVP)

3부 기독교가 말하는 종말

1 유한한 범죄에 영원한 형벌, 너무 부당하지 않은가? 148
《지옥은 없다?》(프랜시스 챈 외, 두란노)

2 천국에서는 일도 없이 맨날 놀고 쉬기만 하는가? 159
《헤븐》(랜디 알콘, 요단출판사)

3 인류 최후의 아마겟돈 전쟁: 상징인가, 실제인가? 170
《마지막 때에 관한 설교》(월터 C. 카이저, CLC)

4 교회의 휴거: 환난 전인가, 환난 후인가? 181
《재림의 증거》(존 맥아더, 넥서스CROSS)

4부 유일한 구원자, 예수

1 지금 서울에서 예수를 만난다면, 뭘 물어볼까? 194
《예수와 함께한 저녁식사》(데이비드 그레고리, 포이에마)

2 기독교의 진실성: 증거 불충분인가, 은폐인가? 200
《오직 예수》(라비 재커라이어스, 두란노)

3 알라는 하나님과 같은 신인가? 208
《이슬람의 왜곡된 진리》(이동주, CLC)

4 기독교와 타종교, 접점은 없는가? 219
《기독교는 타종교로부터 무엇을 배울 수 있는가?》(제럴드 맥더모트, IVP)

5 예수를 몰랐던 세종대왕은 지옥에 갔을까? 230
《복음을 듣지 못한 사람 어떻게 되는가》(로널드 내쉬 외, 부흥과개혁사)

5부 참된 회심

1 구원받는 회심의 사건: 즉각적인가, 점진적인가? 242
《온전한 회심 그 7가지 얼굴》(고든 스미스, 도서출판CUP)

2 한 번 믿기만 하면 영원한 구원인가? 253
《칭의란 무엇인가》(최갑종, 새물결플러스)

3 왜 휴일인 일요일에 교회에 가야 하는가? 264
《성수주일》(김남준, 익투스)

4 교회는 동성애 이슈에 왜 그리 민감한가? 275
《젠더주의 도전과 기독교 신앙》(김영한, 두란노)

5 사회 참여는 참된 회심의 삶에 필수적인가? 286
《복음전도와 사회운동》(로날드 J. 사이더, CLC)

에필로그
'예수'는 닳고 닳은
종교 용어의 하나가 되었다 298

추천사

팩트체크가 한창 유행이다. 그만큼 가짜뉴스가 판치는 세상이 되었기 때문이다. 사람들이 팩트체크에 관심을 갖는 이유는 팩트가 존재한다고 믿기 때문이다. 나는 기독교 신앙이 팩트에 입각한 신앙이라고 믿는다. 팩트가 분명한데도 이것을 거부하는 것은 불신이다. 팩트가 아닌 것을 팩트로 착각하고 믿는 것은 미신이다. 팩트를 팩트로 수용하는 것이 신앙이다. 독자는 이 책에 제시된 모든 견해에 다 공감하지 못할 수도 있다. 그럼에도 불구하고 다양한 복음주의 저자들의 답변 속에서 성경의 팩트를 발견하려는 그 추적의 걸음과 고백을 만나게 될 것이다. 비신자들과 불가지론자들에게는 팩트를 향한 한 걸음의 용기를 더하게 될 줄로 믿는다. 기독교 변증가 안환균 목사님의 수고를 치하드리며 기쁜 마음으로 이 책을 변증의 보고(寶庫)로 추천한다.

이동원 (지구촌교회 원로목사, 지구촌 목회리더십센터 대표)

기독교 변증은 무척 많은 물음과 독서와 생각이 필요한 분야다. 기독교 신앙에 대한 물음을 진지하게 생각해 보려는 저자의 노력에 경의를 표한다. 저자와 소개한 책들의 입장에 반드시 다 동의할 필요는 없다. 이 책이 함께 기도하고 읽고 생각하고 다시 질문을 던지며 하나님 앞에서 온전한 삶을 살아가는 데 기여하기를 바란다.

강영안(미국 칼빈신학교 철학신학 교수)

이 책은 아주 특별한 변증서다. 저자는 기독교 신앙의 여러 주제에 대한 주요 변증서들을 소개하면서 핵심 쟁점들을 짚어 보고 더 연구할 방향을 제시한다. 이 책을 읽는 것만으로도 기독교 신앙의 주요 논점들에 대해 변증할 만한 실력을 쌓을 수 있고, 더 깊은 연구를 원하는 사람들에게는 제시된 참고 도서들이 좋은 출발점이 된다. 우리말로 읽을 수 있는 좋은 변증서들을 종합적으로 정리해 주었다는 점에서도 저자는 큰 공헌을 했다. 진지한 구도자들이라면 서가에 한 권씩 구비해 두어야 할 책이다.

김영봉(와싱톤사귐의교회 담임목사)

기독교 변증의 실제적인 핵심 사안들을 이처럼 포괄적으로 다룬 책은 아주 드물다. 저자는 이 주제들을 심도 있게 다룬 국내외 변증가들의 역작들과 대화하듯 쉽고도 흥미롭게 풀어냈다. 이 책이 논의하고 있는 주제들은 교회와 삶의 현장 속에서 비신자는 물론이고 신자들 사이에서도 자주 제기되는 질문들이다. 저자는 다양한 현장과 온라인에서 이 질문들을 붙잡고 씨름하며 변증 전도와 설교를 힘써 온 실천적 변증가다. 이 책에는 그의 실전 경험이 잘 알려진 목회자와 학자들의 지혜와 어우러져, 이 시대에 꼭 필요 적절한 변증의 가이드라인을 제시한다.

신국원(총신대학교 명예 교수, 웨스트민스터신학대학원대학교 초빙 교수)

복음은 변증되어야 한다. 성경 자체가 복음의 변증서이기 때문이다. 하나님은 증인들의 헌신과 기적이 수반된 복음의 변증을 통해 끊임없이 역사하셨다. 이러한 역사를 추적하고 중요한 진리의 원리들을 믿지 않는 이들과 구도자들에게 설명하는 시도는 매우 가치 있는 일이며 하나님이 기뻐하시는 사역이다. 안환균 목사님은 이 귀한 사역에 합당한 은사를 확인하고 헌신해 온 귀한 사역자다. 시대를 꿰뚫고 영향을 미치고 있는 여러 변증서들로 기독교에 대해 던져지는 다양한 질문들에 대답하는 소중한 책이 안 목사님의 헌신을 통해 세상에 나오게 된 것은 축복이다. 이 책을 통해 우리의 지성에 진리의 빛이 비추어지고 복음의 역사가 풍성히 나타나게 되기를 소망하며, 한국 교회 성도들에게 적극 추천한다.

이재훈(온누리교회 위임목사)

"목사님, 기독교 변증을 목회 사역에 적용하기 위해 꼭 읽어야 할 도서 목록을 알려 주세요." 주변 목회자들로부터 자주 부탁받는 단골 메뉴다. 안환균 목사님의 이번 저작《기독교 팩트체크》는 이런 일선 목회자의 목마름을 해소할 수 있는 '기독교 변증 전도 사역을 위한 실제적 길잡이'다. 이 책은 기독교 변증에 관련된 탁월한 학자들의 주옥같은 학문적 견해들을 일목요연하고 이해하기 쉽게 설명하고 있다. 저자의 균형 잡힌 시각으로 재해석해서 한국적 상황에 맞게 변증의 핵심 요지를 알려 주고 있는 점이 돋보인다. 이 책에는 기독교 변증 사역의 불모지라 할 수 있는 한국 교회에서 오랜 세월 동안 외롭게 변증 전도 사역에 헌신해 온 안환균 목사님의 탁월한 전문 지식과 복음의 열정이 배어 있다. 이 책을 변증 전도와 변증 설교에 관심 있는 목회자들과 기독교 신앙을 지성적으로 이해하고자 하는 기독 지성인들에게 적극 추천한다.

박명룡(청주서문교회 담임목사)

안환균 목사님의 《기독교 팩트체크》는 독서의 폭과 사고의 깊이, 질문의 명쾌함, 설득력 있는 답변으로 구성되어 있다. 현대를 사는 그리스도인들과 구도자들은 저마다 누구나 묻고 싶어 하는 많은 질문들을 갖고 있지만, 바쁜 일상에 떠밀려 질문 자체를 잊어버리고 살아가기 일쑤다. 회색빛 빌딩이 가득한 도시에 사는 사람들에게 깊은 산속의 맑은 솔향을 맡으며 걷는 산책이 필요한 것처럼, 참된 생명의 진리에 갈급한 모든 현대인에게 26권의 변증서를 명쾌한 어조로 풀어 가며 시원하게 답변하는 안환균 목사님의 변증서가로 떠나는 독서 여행을 권한다. 생각하는 즐거움과 답변을 얻는 상쾌함을 경험할 수 있을 것이다.

김기호(한동대학교 교수, 기독교 변증가)

프롤로그

기독교에 대한 다양한 질문에
책 한 권씩으로 답하다

"교회는 안 믿어서 안 가기보다, 귀찮아서 안 간다."
  커피숍에서 옆자리에 앉은 한 청년이 지인에게 이렇게 말하는 걸 우연히 엿듣게 되었습니다. 평소에, 요즘 사람들이 교회에 안 나가는 주된 이유 중 하나라고 여기던 그대로였습니다. 신앙은 삶의 우선순위의 문제인데도 비본질적인 요소가 늘 본질을 압도하곤 합니다. 그렇다고 언제까지나 본질을 마냥 덮어 두고 살아갈 순 없는 노릇입니다. 모든 사람은 잘났든 못났든, 원치 않아도 이 땅을 떠날 때를 반드시 한 번은 맞이하기 때문입니다.
  청년 시절 문학에 심취해 있을 때는 세상 사람들이 다 문학에 관심이 많은 줄 착각했습니다. 임산부 눈에는 임산부만 보인다는 이치와 같습니다. 그러나 기독교가 여느 종교의 하나가 아니라 창조 질서 그 자체라는 사실을 알고 나서부터 기독교만은 달랐습니다. 세상 사람들은 자신도 모르게 기독교에 관심이 많고, 실제로도 열심히 '기독교인'으로 살아간다는 것을 확신합니다.
  세상 사람들에게 복음을 전하는 일에 기독교 변증을 활용하고자 하는 변증 전도는 이 사실에 초점을 맞춥니다. 세상 사람들도 인정하지 않을 수 없는 창조 질서의 여러 국면들을 제시합니다. 그리고 그것이 모두 성경에 기록된 기독교 진리의 면면들이라는 사실을 입증하는 데 관심이 많습니다. 말하자면, 기독교 진리를 세상 사람들도 이해하고 받아들일 만한 공통분모나 접촉점을 통해 설득력 있게 제시하는 데 초점을 둡니다.

이 책은 바로 그 작업의 일환으로, 기독교가 가진 특성이 창조 질서를 따라 살아가는 모든 사람들에게 어떻게 적용되는지를 주제별로 소개합니다. 〈목회와 신학〉 편집부에서 기독교에 대한 세상 사람들의 질문에 주제별 기독교 변증서들의 내용으로 답해 달라는 요청을 받고 2년 반 동안 연재했던 글들을 한데 모았습니다. 단순한 서평이 아닙니다. 처음부터 다양한 질문에 대해 각 책의 핵심 내용들로 최대한 구체적인 답을 전해 주는 데 초점을 맞췄습니다.

국내외의 변증서들 가운데 이렇게 다양한 주제의 질문에 대해 그 주제만을 전문적으로 다룬 각 변증서의 핵심 내용으로 구체적인 답변을 시도한 경우는 없었던 것 같습니다. 기독교 변증서는 아직도 번역서가 대부분인데, 그 책들을 한국인의 정서와 문화 감각에 맞게 소개함으로써 이해하기 힘든 부분들을 더 잘 소화할 수 있도록 도와드리고자 했던 취지도 있습니다.

지역 교회나 단체에서 변증 전도에 대해 알리거나 변증 설교를 전하다 보면, 지식인들의 세계와 성도들의 세계 간에 상당히 큰 간격이 벌어져 있다고 느낍니다. 현장은 지식인들이 추구하는 지적 세계의 반의반도 받아들이기 버거워하는 것 같습니다. 기독교에 대한 일상적인 의문들 하나하나를 속 시원하게 풀어 주려는 이런 유형의 책이 그나마 틈을 조금이라도 좁혀 나가는 데 작지만 유용한 디딤돌이 되었으면 합니다.

  이 책은 크게 다섯 가지 주제로 나뉩니다. 1부는 하나님의 존재에 대한 문제, 2부는 창조론과 무신론적 과학주의의 문제, 3부는 기독교적 종말론, 4부는 예수님의 유일성 그리고 5부는 참된 회심의 문제에 대해 다루고 있습니다. 한 구도자가 기독교의 진리와 구원의 도리를 이해해 나가는 데 순차적으로 필요로 하는 내용들을 실증적인 자료들로 재구성한 것이기도 합니다. 각 부와 장의 맨 앞에는 제가 평소에 SNS 공간에서 나누고 있는 변증 전도와 관련된 단상들 가운데 각 질문의 주제와 일치하는 것들을 실었습니다. 짧지만 의미 있는 묵상의 재료가 되었으면 합니다. 또한 각 장마다 주제와 연관된 질문과 도서를 소개해 더욱 더 심층적인 이해를 돕고자 했습니다.

  이 책에 담긴 글들만으로도 각 책의 핵심 요지를 파악하고 실제 변증 전도의 현장에 적용할 수 있으면 좋겠습니다. 이를 통해 현재 서구나 한국의 기독교 변증계에서 어떤 문제가 이슈가 되고 있는지, 또 그런 이슈와 문제들에 대한 표준적인 답변은 어떠해야 하는지를 이해하고, 다양한 전도 현장에서 적절히 활용할 지적 토대가 제공되었으면 합니다. 한 걸음 더 나아가, 이 책에서 소개하는 여러 변증서들을 직접 찾아 읽어 보면서 기독교 변증이 좀 더 활발하게 대중화되어 가기를 기대합니다.

  "담임목사님이, 기독교 변증은 10년 안에 아주 중요해질 거라며 지금부터 준비해야 한다고 말씀하셨어요." 큰 교회 부목사님 한 분이 저에게 변증 특강을 부탁하며 전해 준 말입니다. 수년 전만 해도 이런 분위기가 아니었습니다. 교회 안팎의 심상찮은 상황이 이제 한국에서도 변방에 머물던 기독교 변증의 제자리가 어딘지 찾아 주는 듯싶습니다.

단순성과 유희성 및 정직성을 추구하며 탈권위적인 요즘 젊은 세대의 눈높이에 맞춰 문턱을 낮춘 성육신적인 복음 전도의 섬김을 감당하기 위해서도 지금은 기독교 변증의 지혜와 지식을 활용한 변증적 전도에 대한 전교회적인 준비가 필요한 때라고 믿습니다.

기본적으로 이 책은 변증적인 전도의 접근을 통해 이웃에게 복음을 전하고자 하는 사역자나 전도자들을 염두에 두고 썼습니다. 그런 만큼 기독교 복음에 대한 오해나 걸림돌을 해결하고자 하는 전도 대상자들을 위한 책이기도 합니다. 기독교에 대한 세인들과 교회 안의 신자들이 가진 여러 오해들을 풀어 가는 데 필요한 논리적, 변증적 근거들을 풍성하게 제공함으로써 교회 안팎에서 구도자와 초신자, 새신자를 전도하고 양육하는 도구로도 사용되길 바랍니다.

이 책이 출간되기까지 〈목회와 신학〉 편집부에 진 사랑의 빚이 큽니다. 그리고 이 책이 기독교 변증 연구와 현장 전도용으로 활용될 수 있도록 흔쾌히 출간을 수락해 주신 두란노서원 편집부에도 감사드립니다. 또한 이동원 목사님을 비롯하여 부족한 책에 따뜻한 격려의 말씀들로 귀한 추천의 글을 써주신 모든 분들에게도 진심으로 감사드립니다. 항상 기도와 섬김의 동역자로 함께하는 아내 은용과 딸 성주 그리고 그말씀교회 공동체 식구들에게도 감사와 사랑의 마음을 전합니다. 무엇보다 이 책을 통해 천하보다 귀한 한 영혼, 한 영혼을 친히 부르시고 영원한 천국 백성으로 삼아 주실 사랑하는 주 예수님에게 저의 온 마음을 다해 모든 감사와 존귀와 영광을 올려 드립니다.

2020년 봄
안환균

1부

하나님에 대한 불신

"어리석은 자는 그의 마음에 이르기를 하나님이 없다 하는도다"(시 14:1). '하나님이 없는 것'과 '하나님이 없다 하는 것'은 다르다. 하나님이 없다고 여기면 끝내 못 만나지만, 있다고 믿으면 반드시 그분을 만난다. 정말 하나님이 있다면 어디서 만날 수 있는지도 분명히 밝혀 두었을 것이다. 안 그랬다면, 그가 존재한다는 것도 사실이 아닐 것이다.

1
의심을 의심하다, 과연 정당한가?

《팀 켈러, 하나님을 말하다》(팀 켈러, 두란노)

사람들은 하나님의 존재에 대한 증거가 없어서 그분을 못 믿는 게 아니다.
대체로 그들은 하나님이 존재하는 것을 원치 않아서 안 믿는다.
증거가 없다고 불평하는 건 거의 연막에 가깝다.
이 연막을 스스로 걷어 내고 진정으로 찾고자 하는 자는 다 찾는다.
일생에서 하나님이 있나, 없나에 대한 팩트체크보다 더 중대한 일은 없다.

'기독교는 왜 애매하게 종교의 하나라는 외형을 가지고 있을까?' 예전에 가끔씩 자문해 보던 물음이다. 세상에서 단 하나의 절대 종교만이 강제된다면, 그것은 참된 신앙과는 거리가 멀다. 사람이 하나님이 주신 자유 의지를 따라 자의로 하나님을 외면하고 무시하며 사는 그것이 하나님이 그들을 사랑하시는 이유가 된다. 역설적이지만, 그들이 선택이나 의심의 여지없이 사랑을 강요당한다면, 하나님도 그들을 사랑하실 면목이 없다.

신앙생활 역시 자유가 있어 힘들다. 그런 만큼 하나님을 모르는 세상 사람들에게도 기독교를 거부할 자유가 없다면 기독교는 기독교다울 수 없다. 기독교가 사랑의 종교이길 포기하지 않는 한, 사람들이 하나님과 기독교 진리에 대해 가진 의심은 참된 신앙을 갖는 데 어쩌면 꼭 필요한 과정인지 모른다. 이 책의 저자 역시 프롤로그에서 신앙의 여정에 의심이 갖는 적절한 효용성을 정확하게 되짚는다.

"의심을 내포하고 있지 않은 신앙은 항체를 갖추지 못한 몸이나 마찬가지다. 오랜 세월에 걸쳐 내면의 의심에 참을성 있게 귀를 기울이지 않으면 신앙은 하룻밤 사이에도 무너져 내릴 수 있다. 물론 회의주의자들 역시 스스로의 논리 밑바닥에 깔린 모종의 신앙을 짚어 봐야 한다. 사실 의심은 일종의 대체 신앙으로, B라는 믿음을 갖지 않는다면 A라는 신앙을 의심할 수 없다. '참다운 신앙이 세상에 오직 하나뿐

일 리 없다'는 이유로 기독교 신앙을 의심한다면 그 말 자체가 신앙 행위임을 인정해야 한다. 공평하려면 회의 그 자체에 대해서도 회의해야 한다"(pp. 23-25).

■ 이 시대가 하나님을 믿지 못하는 일곱 가지 이유

이 책은 저자가 20년 동안 뉴욕 맨해튼에서 리디머교회를 섬기며 거기서 만난 영혼들과 함께 나눠 온 변증적 대화와 메시지들을 4년에 걸쳐 한 권의 변증서로 집대성한 노작이다. 크게 두 파트로 나뉘는데, 전반부에서는 오랫동안 수많은 회의주의자들에게서 들었던 기독교 신앙에 대한 일곱 가지 반대 논리들을 살피고, 후반부에서는 기독교 신앙의 밑바닥에 깔린 논리들을 검증하면서 그리스도인들이 하나님을 믿는 확실한 근거들을 해명한다.

먼저, '이 시대가 하나님을 믿지 못하는 이유들'에 대해 저자가 이 책에서 다룬 전반부의 내용을 질의응답의 대화 형식을 빌려 간략하게 핵심만 간추려 본다. 오늘날 한국 교회 안팎의 회의주의자들 역시 비슷한 질문들을 던지고 있기 때문에, 그들이 가진 논리 하나하나에 도사린 대체 신앙을 신중하게 분별하고, 성경적인 대응 논리들의 실마리를 찾는 데 참조할 수 있을 것이다.

기독교에만 구원이 있다는 것이 말이 되는가?
상대성은 그 자신도 상대화시키기 때문에 한결같은 상대주의는 존재할 수 없다. 배타적인 주장들을 배격해야 한다면, 기독교의 배타성을 공격하는 회의주의자들의 주장 역시 배격되어야 한다. 배타주의를 반대하는 관점이 편협한 게 아니라면, 전통 종교의 믿음을 내세우는 자세 또한 편협하다고 말할 수 없다. 다만 어느 종교나 진리 체계가 실제로 하나님과 인간의 본성, 영적인 실재에 대해 가장 이치에 맞는 주장을 내놓는가가 관건이다.

하나님이 선하다면 왜 세상에 고통을 허락하시는가?

부당한 악과 고통의 양상들을 보면서 하나님이 없다고 말하는 이들은 그러한 판단의 근거를 페어플레이나 정의감에 둔다. 이것은 그들도 하나님과 같은 초자연적인 표준의 존재를 염두에 둔다는 뜻이다. 자연도태라는 무신론적 진화론의 메커니즘은 죽음, 파멸, 약자에 대한 강자의 폭력에 의존하지 않는가. 우리가 다 알 순 없지만, 선한 뜻으로 악과 고통이 계속되도록 허락하는 위대하고 초월적인 하나님이 있다고 믿는 게 더 합리적이다.

기독교는 인간의 자유를 옥죄는 오랏줄인가?

인간 공동체는 어김없이 공동의 신념을 가진다. 멤버들에게 분명한 기준을 적용한다고 해서 배타적인 집단으로 오인 받아선 안 된다. 예술적 재능을 타고났어도 연습을 거듭하는 식으로 자유를 구속하고 제한해야 마침내 빛을 발한다. 사랑이 주는 자유를 만끽하려면 관계에 헌신하는 구속이 필요하다. 하나님은 성육신의 사랑을 통해 먼저 인간에게 자신을 맞추시는 희생을 감당했고, 그리스도인은 이 사랑의 증인이다.

교회에 다니는데도 왜 불의한가?

교회는 성자들을 늘어놓은 박물관이 아니라, 죄인들이 점진적으로 치료받아 나가는 병원이다. 물론 사랑과 겸손의 실천이 없는 이름뿐인 광신적 신앙, 위선적 신앙은 교회 안에서도 비판받는다. 역사적으로 교회의 죄악들이 있지만, 성경을 따르는 신자들은 노예 제도 폐지나 미국의 흑인 민권 운동을 주도했다. 그들은 명예나 평판을 중시하는 세속적인 윤리가 아닌, 타인 중심의 진정한 사랑을 실천하는 기독교 신앙의 본질을 끊임없이 회복하는 방향으로 성화되어 갔다.

사랑의 하나님이 어떻게 인간을 지옥으로 보내실 수 있는가?

근대의 정신은 옳고 그름을 결정할 책임을 인간에게 넘겨주었다. 서구인들은 심판하시는 하나님을 부당하게 여기지만, 다른 전통 사회에 속한 사람들에게는 정당하다. 오히려 하나님이 세상의 온갖 불의에 대해 내세에서 반드시 공평하게 갚아 주신다는 믿음이 있어야 현세에서도 정의가 올바로 추구될 수 있다. 사람의 마음에는 싹수부터 도려내 버리지 않으면 커서 지옥이 될 무언가가 자라고 있다. 지옥은 인간이 하나님으로부터 벗어나 자유를 누리려는 그대로 허락해 주는 곳이다. 이것이 자신의 형상을 따라 지어진 인간을 사랑하고 존중하는 하나님의 방식이다.

과학이 기독교 신앙이 틀렸음을 증명해 낸 것 아닌가?

과학은 자연 현상의 원인을 검증할 수 있는 유일한 도구지만, 검증된 원인들 외에 다른 요인은 일체 존재할 수 없다는 것까지 입증해 낸 건 아니다. '초자연적인 원인에 따른 자연 현상은 애초에 불가능하다'는 주장은 실험 모델이 없으므로 과학적 소견이 아닌 철학적 가설이다. 기적이 일어날 수 없다는 확신은 하나님이 없다는 확신을 토대로 삼는데, 이는 논증을 통해 증명하거나 부정할 수 없는 일종의 신앙이다.

성경의 기적을 어떻게 곧이곧대로 믿을 수 있는가?
성경은 역사적으로 신빙성이 낮은 전설 묶음이라는 통념이 있다. 그러나 예수님 사후 15-25년 사이에 그의 생애를 개략적으로 담은 사도 바울의 서신이 널리 퍼졌을 만큼, 성경 속의 예수 이야기를 전설로 치부하기엔 기록 시기가 너무 이르다. 예수님의 죽음과 부활에 대해 기록한 복음서에도 꾸며낸 이야기가 있었다면, 그 당시 생존해 있던 반대자들이 당장 반론을 제기했을 것이다. 성경의 기록은 마치 목격자의 증언과도 같은, 고대의 문학 양식에는 거의 없었던 세밀한 묘사와 대화를 현장 보고 형태로 담은 역사적 서술이다. 그게 아니라면, 미화시켜야 할 창시자를 범죄자 취급한 십자가 사건이나 제자들의 비겁한 행동 등은 대충 은폐되거나 각색되었을 것이다.

▬ 팀 켈러의 변증 전략 1: '너희도 그렇지 않느냐?'

저자가 이 책에서 회의주의자들의 일곱 가지 반박성 질문들에 기독교 진리의 정당성을 변호하며 일일이 제시한 답변들은 후반부에 이어지는 변증의 발판이 된다. 후반부에서 저자는, 만물에는 하나님의 실존을 가리키는 신의 지문이 묻어 있다고 전제한다. 그러면서 누구나 이미 하나님을 알고 있으며, 마음의 빈 공간은 하나님이 아니면 죄로 채워진다고 역설한다.

결론적으로, 기독교는 여느 종교의 하나가 아니라 성육신하신 하나님, 곧 예수님의 복음이라고 강조하며, 예수님의 십자가와 부활의 복음을 받아들임으로써 영생으로 초대받을 수 있다고 안내한다. 이 과정을 따라가며 나는 전반부뿐만 아니라 후반부에서도 저자가 일관되게 보여 주는 서로 상반된 듯한 변증 전도 방법론 두 가지를 감지할 수 있었다.

먼저, 저자는 기독교의 허점을 공격하는 세상 사람들에게, '실제로는 너희도 그렇지 않느냐?' 하는 역공법을 즐겨 쓴다. 무엇보다 그는 철저한 증거 중심의 '강한 합리주의'를 내세우는 무신론자들 역시 신이 없다는 일종의 신앙을 가진다고 역공한다. "실증적인 증거가 없이는 아무도 무언가를 믿어서는 안 된다는 것을 어떻게 실증적으로 입증해 내겠는가? 어림도 없는 일이다. 결국 그 또한 일종의 믿음이라는 사실이 드러날 뿐이다"(p.194). 신앙에는 합리적인 요소가 없고 이성은 믿음에 크게 기대지 않는다는 신무신론의 주자, 리처드 도킨스의 주장을 정면으로 반박한 셈이다.

저자는 무신론자들이 요구하는 강한 합리주의의 대안으로 '비판적 합리성'을 제시한다. 이는 "어떤 시각을 가졌든 상관없이 모두를 설득할 만한 논리는 없을지 모르지만, 최소한 많은 이들, 심지어 더없이 이성적인 사람들마저도 움직일 수 있는 주장들이 있다고 보는 개념"(p.197)이다. 이 책에서 저자가 전개하는 기독교 변증은 시종일관 이런 맥락 가운데 펼쳐진다.

하나님의 존재에 대한 이해는 태양의 존재와 힘, 성질을 알아보려고 할 경우 해가 빛을 비추어 드러내는 세상을 살피고, 햇살이 어떻게 눈앞의 만물들을 살아가게 하며 또 어떻게 인간은 그걸 지켜볼 수 있는지를 깨닫는 것과 비슷하다는 제안이 한 예다(p. 199). 또한 하나님의 실재를 입증하는 100퍼센트 빈틈없는 증거가 하나라도 나오지 않는다면 못 믿겠다는 태도보다, 하나님이 존재한다는 유의미한 단서 또는 실마리들에 주의 깊게 주목하는 것이 더 합리적인 구도의 방법이라고 제안한다(p. 206).

이 부분은 내가 그동안 변증 전도 사역에서 강조해 온 전략과 유사하다. 기독교를 단순한 종교의 하나가 아니라 창조 질서 자체로 본다면, 거기에는 비신자들도 수긍할 만한 공통분모들이 많이 존재한다. 기독교의 합리성 변증은 그 공통분모들을 최대한 많이 수집해서, 기독교가 모든 면에서 얼마나 이치에 합당한 진리 체계인지를 효과적으로 알려 주는 접촉점으로 삼는 것이다.

■ 팀 켈러의 변증 전략 2: '너희에게는 없지 않느냐?'

저자는 이 책의 결론으로 예수님을 통해서만 제시 가능한 복음을 소개하는데, 여기서는 세상 사람들에게 담대하게 '너희에게는 없지 않느냐?' 하는 정공법을 택한다. 우선 죄를 단순히 '거룩한 규정을 위반하는 행위'가 아니라, 하나님과의 관계보다 그 밖에 다른 요소들을 삶의 의미와 목적, 행복의 중심으로 삼고 그 위에 자기 정체감을 세워 가려는 모든 시도라고 정의한다(p. 255).

이것은 흔하게 통용되는 도덕적인 죄의 목록들에만 익숙한 사람들, "나는 교도소에 갈 만한 죄를 지은 적이 없는데 왜 나를 죄인이라 하느냐?"고 말하는 세상 사람들의 죄 관념에는 없는 기독교만의 독특한 논리다. 말하자면, 하나님 외에 자아 숭배를 포함한 모든 종류의 거짓 신 숭배, 곧 우상 숭배를 죄라고 본 것이다.

죄에 대한 독특한 개념은 기독교에만 열려 있는 유일한 구원의 길과도 자연스럽게 연결된다. 대체로 사람들은 윤리적인 노력을 통해 타인이나 신의 인정을 받으려는 데서 자기 존재감이나 구원의 길을 찾으려 한다. 그러나 이러한 성과 위주의 정체성 추구는 인간의 공로를 중시하는 율법적 종교가 아니라 오직 은혜로 말미암는 구원의 복음을 통해서만 바로잡힐 수 있고, 진정한 존재감에 대한 갈망 또한 올바로 충족될 수 있다.

그 은혜는 유일하게도 하나님이 용서의 합법적인 방도로 택하신 구원자 예수님의 대속적인 희생의 공로를 자신의 것으로 받아들이고, 각자의 자아가 주인 된 삶의 자리를 그분에게 내어 드리는 참된 회개와 믿음, 곧 진정한 회심을 통해서만 얻어 누릴 수 있다. 성과와 공로 위주의 자업자득이나 인과관계의 원리로 철저히 지배받는 최첨단 세속 사회, 뉴욕의 영혼들에게 저자의 복음 전도는 세상에서는 결코 접할 수 없는 은혜의 '맞춤 코드'로 다가갔을 것이다.

저자가 이 책에서 활용한 변증의 원리들에 한국인의 정서에 맞춘 문화적 탄력성과 설득력이 더해진다면, 그 복음의 공식은 한국 사회에서도 예외 없이 통할 것 같다. 저자의 변증은 조쉬 맥도웰이나 리 스트로벨이 보여 준 기독교에 대한 구체적인 사실성, 역사성 검증보다 C. S.

루이스가 추구한 지성적 변증에 주로 많이 치우친 감이 있다. 그러나 '의심을 의심해야 한다'는 기조로 피전도자의 입장을 최대한 배려하는 저자의 상호 소통과 공감 지향의 변증적 자세는, 현대의 세련되고도 영악한 도시인들을 어떻게 복음으로 끌어안아야 할지를 고민하는 모든 '신학적 그리스도인들'에게 탁월한 귀감이 된다.

• 더 깊은 탐구를 위한 연관 질문

1. 믿음과 의심은 정반대 개념 같아 보이는데 어떻게 공존할 수 있는가? 의심으로 인한 합리적인 탐구의 단계를 거쳐 갖게 되는 믿음과 그런 과정 없이 그저 주입된 지식을 따라 갖게 되는 믿음은 어떻게 다른가?

2. '실증적인 증거가 없이는 아무도 무언가를 믿어서는 안 된다'는 주장이 그럴 듯해 보여도 이 또한 실증적으로 입증할 순 없다는 점에서 이 역시 일종의 믿음이라고 할 수 있지 않을까? 믿음이 아니라면 적어도 합리적인 주장이라고 볼 수 있는가?

: 더 깊은 탐구를 위한 관련 도서 :

• **《카페에서 하나님께 묻다》**(폴 코판, 새물결플러스)

'하나님은 왜 그렇게 오만하고 독선적인가?'라는 물음부터 '속기 쉬운 사람들만 기적을 믿지 않는가?'라는 물음에 이르기까지, 묻고 답하기 곤란했던 까다로운 질문들에 대한 속 시원한 답변을 담은 책.

"하나님을 예배하는 일은 우리의 인간성을 위축시키지 않고 오히려 완성시킨다. 사람들이 피조물이나 인간 관념을 하나님의 대체물로 섬길 경우에 생기는 신적 질투심은 합당하다. 바른 생각을 가진 아내라면 자기 남편을 다른 여자와 나누지 않듯이, 하나님을 인정하지 않는 태도와, 하나님을 궁극적 선으로 모실 필요가 없다는 신념이 하나님의 질투심을 발동시킨다"(p.76).

• **《수상한 소문》**(필립 얀시, 포이에마)

지상의 모든 진리와 아름다움, 선함과 쾌락은 그 너머 영원한 무엇을 가리키는 표지라는 전제로 미, 사랑과 성, 고통과 욕구, 죄와 죄책감 같은 인생의 중요한 문제들을 검토한 책.

"예수님은 그분을 의심하는 자들에게 볼 수 있는 눈과 들을 수 있는 귀가 있어야 한다고 말씀하셨다. 믿기 위해서는 언제나 신앙의 신비가 있어야 한다. 하나님은 신앙을 강요하는 일에는 관심이 없으신 게 분명하다. 또 다른 세계에 대한 소문은 소문일 뿐 증거가 아니기 때문에 믿음의 얇은 막이 자연과 초자연을 가르게 된다. 우리는 가장 저급한 실재를 통해 가장 고상한 실재를 체험한다. 그러니 주의를 기울여 그 차이를 분별해야 한다"(pp.58-59).

2
하나님은 왜 인간의 고통을 못 본 척하시는가?

《하나님 탓인가?》(그레고리 보이드, SFC)

"여호와여 언제까지니이까 스스로 영원히 숨기시리이까"(시 89:46).
하나님의 부재를 탄식하는 시편이 왜 하나님의 책에 담겨 있을까?
누군가가 상대방의 부재를 아쉬워하는데,
그 상대방이 그 누군가의 아쉬움을 잘 알고 있다는 뜻이다.
하나님이 안 계신 듯한 고난의 때야말로
실은 더 유의미한 하나님의 임재 가운데 사는 것이다.

"하나님, 대체 내게 왜 이러십니까?", "다 신의 장난이야!" 고통스런 일을 당할 때 신자나 비신자가 곧잘 내뱉는 말이다. '하나님은 완벽하게 선하고 사랑이 많으며 전지전능한 분이시다. 이 사실과 세상에 존재하는 악과 고통의 문제는 양립 가능한가?' 이것이 신학자들이 오랫동안 신정론에서 풀고자 했던 딜레마다. '고통의 문제에 대한 뻔한 대답을 넘어'라는 부제를 가진 이 책에서 저자는 단적으로 사람들이 경험하는 고통스런 일들은 하나님 탓이 아니라고 말한다. 악과 고통은 자유로운 사랑의 대상으로 인간을 창조하기로 계획하신 때로부터 예견된 일이어서다.

저자가 이 책에서 염두에 둔 '뻔한 대답'은 악과 고통에 대한 전통적인 시각이다. 어거스틴 이후 개신교 신학은 세상에 일어나는 모든 일을 하나님의 위대한 계획의 일부로 본다. 세상에 대한 하나님의 일방적인 통제를 강조한 나머지, 인간의 결정은 물론 모든 사건들이 정확히 하나님이 원하시는 것을 드러낸다고 믿는다. 결국 모든 것이 일어나도록 정하신 분은 하나님이다(pp. 65-66). 저자는 이런 입장을 '청사진적 세계관'이라고 명명한다.

이런 세계관에서 시공간을 초월하는 불변하고 완전하신 하나님은 세상에 어떤 고통스런 일이 일어난다 해도 놀라거나 속상해하시지 않는다. 이렇게 믿다 보면, 그런 고통스런 일들조차 결국 하나님 탓으로 돌려진다.

■ 청사진적 세계관 vs. 전투적 세계관

저자가 이 문제를 해결하기 위해 제시하는 대안이 '전투적 세계관'이다. 인간의 역사는 하나님과 사탄의 전투이며, 하나님의 사랑을 거부하는 사탄과 그를 따르는 사람들로부터 비롯된 악과 고통을 제거하기 위해 하나님은 지금도 싸우고 계신다는 주장이다. 이 세계관에서 하나님은 항상 자신의 의지대로 행하실 수 있는 분은 아니다(p.27). 세상에 일어나는 모든 상황을 완벽하게 통제하고 계신 것도 아니다(p.76). 저자는 세상이 두 가지 변수로 움직인다는 사실을 이유로 들어 전투적 세계관이 정당함을 설명한다.

첫 번째 변수: 세계의 필연적인 질서
하나님의 창조의 목적이 사랑이라면, 창조 세계는 관계를 세우는 데 도움이 되어야 한다. 세상은 사람들이 상호 관계를 맺는 데 필요한 공통적인 매개체를 안정적으로 제공해야 한다. 그러려면 하나님은 누군가가 해를 받으려고 할 때마다 자연의 법칙이 변경될 수 있는 세계는 배제하셔야 했다(pp.193-195).

두 번째 변수: 자유의 취소 불가능성
행위자들이 사랑할 수 있는 세상을 창조하기로 결정하셨을 때, 하나님은 이 세상을 행위자들이 자유롭게 사랑하지 않을 수 있는 곳으로도 창

조하셔야 했다. 사랑은 선택을 내포한다. 만일 사람이 악한 방식으로 자유를 사용할 때마다 하나님이 그의 자유를 폐기하신다면, 그는 진정으로 자유롭지 못할 것이다. 하나님이 진정으로 어떤 행위자에게 자유를 주기로 결정하신다면, 그 자유를 취소 불가능하게 주셔야만 한다. 하나님은 그것을 멈추기 위해 개입하실 수 없다. 하나님은 그것을 묵인하셔야만 한다(pp. 197-198).

더구나 이러한 질서와 자유는 사람뿐만 아니라 사탄과 그의 천사들에게도 부여되었다. 이들은 하나님의 계획과 목적들에 반대해서 자신들의 권한을 사용하기로 결정했다. 하나님은 이들이 내린 결정들의 결과도 묵인하셔야만 했다. 그 결과로 사람들은 이 세상의 '정사'나 '신' 또는 '권세'의 학정 아래에서 고통당한다. 이런 이유로 예수님은 인간의 병과 연약함 등이 배반한 영적 왕국에 의해 영향을 받는 것이라고 말씀하셨다(pp. 205-206).

결론적으로, 저자는 이 세상에 임의적으로 나타나는 악과 고통에 대한 신비는 하나님의 속성이나 계획에 대한 신비보다 타락한 피조 세계 자체에 대한 신비에 훨씬 더 가깝다고 주장한다. 카오스 이론과 같은 최근의 과학적 발전은 삶의 상호 연관적인 복잡성과 그것에 대한 완벽한 이해의 불가능성을 강조한다. 자유로운 각 사람의 결정은 연못에 떨어진 돌에 의해 일어나는 잔물결처럼 또 다른 간섭 패턴을 만들어 내면서 다른 잔물결과 상호 작용한다. 역사의 모든 사건과 결정들 역시 그런 간섭 패턴을 만든다. 이러한 다중적 결정들의 간섭은 이후에 수반되는 모든 간섭 패턴에 기여한다(pp. 163-165).

물론 이 와중에도 하나님은 그분의 주권적인 목적을 발전시키기 위해 사람들과 타락한 천사들의 악한 의도마저 사용하셔서, 악한 데서 선을 이끌어 내는 역사를 이루신다(롬 8:28). 그러나 그 역사는 사람들을 '고통으로 인도하는' 신적 목적이 아니라, '고통으로부터 수반되는' 신적 목적에 의해 이뤄진다(pp. 341-342).

전투적 세계관을 바탕으로, 저자는 이 책에서 세상에 있는 악과 고통은 하나님에게 책임이 없다고 강조한다. 그럼에도 불구하고 하나님은 세상의 악에 대해 스스로 책임을 지셨다. 예수 그리스도의 십자가와 부활을 통해 하나님은 원칙적으로 모든 사람을 악으로부터 자유롭게 하신다(pp. 202-203). 그래서 저자는 악과 고통의 문제를 궁극적으로 해결할 열쇠를 예수님의 성육신에 둔다. 주의 몸 된 교회가 세상에서 감당해야 할 사명 또한 그 사건에 오버랩시킨다.

지금도 전도 현장에는 악과 고통의 원인을 하나님에게로 돌리면서 선하신 사랑의 하나님에게로 돌아오길 거부하는 자들이 의외로 꽤 많다. 이 딜레마에 대한 유일한 해결책은 하나다. 세상의 악과 고통으로 인해 십자가에서 처형당하신 예수님이 아닌, 다른 어떤 신비롭거나 독재적인 이미지로 하나님을 상상하는 것은 모두 거짓 신에 불과하다는 진리를 담대히 선포하는 것이다.

• 더 깊은 탐구를 위한 연관 질문

1. 세상에서 일어나는 모든 일에 대해 그렇게 되도록 정하신 분이 하나님이라면, 악한 일, 고통스런 일도 그 하나님의 탓이라고 말할 수 있는가? 그분의 탓이 아니라면 누구의 책임으로 돌려야 하는가?

2. 하나님이 인간을 창조하신 목적이 사랑이며 그 사랑의 본질이 사랑을 거부하거나 수용할 수 있는 선택의 자유에 있다면, 하나님의 뜻은 종종 사람의 뜻이나 악과 고통이 만연한 피조 세계 자체의 신비에 좌우될 수도 있는 것인가?

: 더 깊은 탐구를 위한 관련 도서 :

- **《팀 켈러, 고통에 답하다》**(팀 켈러, 두란노)

풀리지 않는 고난의 문제 앞에서 '하나님이 없다는 것 말고는 설명이 안 된다'는 푸념을 섣부른 답으로 삼으려는 이들에게 '신이 없다면 악에 분노할 이유도 없다'는 사실을 보여 주며, 이 문제의 답은 하나님의 실재와 관련된 영적인 해결책에 있다고 강조한 책.

"첫 번째 진리(일반적인 고난은 정당하다)를 외면하면 하나님의 선하심, 더 나아가 그분의 존재까지 격렬하게 거부하는 자만심과 자기 연민에 빠지고 만다. 또한 두 번째 진리(개별적으로 닥쳐오는 고난은 부당하기 십상이다)를 소홀히 대하면 지나친 죄책감이나 하나님께 버림받았다는 자괴감에 발목을 잡힌다. 흔히 말하는 '하나님이 미워요!' 식의 반응(심신을 쇠약하게 만드는 절대자를 향한 분노)과 '내가 싫다!'는 식의 반응(파괴적인 죄책감과 인격적인 좌절감)에 빠지게 된다"(pp.219-220).

- **《악의 문제 바로 알기》**(랜디 알콘, 두란노)

악과 고통의 문제를 이해하려면 고통 받는 사람들의 가슴 찢어지는 이야기만 듣고 흥분하지 말고, 하나님의 진리로 그 사건을 해석해야 믿음이 흔들리지 않는다는 취지로 악의 문제에 대한 성경 중심의 세계관을 안내한 책.

"운명론은 악과 고통을 비롯한 세상만사가 예정과 필연대로 일어나기 때문에 인간의 힘으로 할 수 있는 건 아무것도 없다고 주장한다. 그래서 운명론은 반드시 체념의 삶으로 이어진다. 많은 힌두교도와 이슬람교도가 운명론에 빠져 있다. 성경은 우리가 실질적인 선택권을 가지며 그 선택권으로 악에 저항해야 한다고 가르친다. 하나님의 주권은 운명론의 근거가 될 수 없다. 하나님은 우리에게 선택권을 주셨으며 우리 삶과 세상을 변화시키기 위해 기도하고 노력하라고 말씀하신다. 성경은 분명히 하나님의 주권과 인간의 선택권을 동시에 가르친다"(pp.218-220).

3
구약의 신은 폭력적이고, 신약의 신은 너그러운가?

《내겐 여전히 불편한 하나님》(데이비드 램, IVP)

신이 있느냐, 없느냐만 놓고 따지려 들면 유신론이나 무신론
또는 사변적인 철학 속의 이론적인 하나님은 만날 수 있을지 몰라도,
기독교의 참하나님은 못 만난다.
역사라는 시공간 속에 실제로 인간의 살과 피를 묻히고 들어오신 하나님,
가장 밑바닥의 고통과 아픔을 깊이 체휼하신
각 사람의 대속자인 하나님을 만날 때만 참신을 만난다.

구약성경에 등장하는 하나님의 폭력성을 맹비난하면서 무차별로 기독교를 공격해 오는 한 고교생과 씨름한 적이 있다. 그가 성경에서 드는 사례들은 대부분 문맥은 배제하고 표면적인 사건과 서술들만 선정적으로 뽑아 올린 것들이었다. 그중에서도 엘리사의 기도로 암곰들이 나타나 아이들을 찢었다는 이야기(왕하 2:23-25)는 구약의 하나님이 얼마나 변태적이고 폭력적인지를 비난할 때 한국의 안티그리스도인들이 가장 들기 좋아하는 단골 메뉴다.

"말 안 들어서 엽기적인 연쇄 살인을 벌였다는 이야기 아닌가? 그런 치졸한 예수쟁이들이라니. 애들 다 죽었는데 뭘 가르쳐? 어린애들에게조차도 끗발이 안 서는 야훼구먼." 안티 기독교 사이트에 지금도 심심찮게 등장하는 이런 유의 비난에는 구약의 하나님을 오늘날의 그리스도인들과 동일시하거나, 하나님의 폭력적인 행위를 그분의 포악한 성품과 동일시하려는 성향이 거침없이 드러난다. 이런 분위기는 교회 바깥에서만 감지되는 게 아니다. 이 책의 저자 역시 "나는 수년에 걸쳐 무신론자, 불가지론자 그리고 심지어 그리스도인조차 구약성경의 하나님을 부정적으로 인식한다는 것을 알게 되었다"(p. 9)라고 말한다.

구약 하나님은 아이들도 죽이는 과대망상적 불한당?

이 책은 '구약성경의 하나님은 평판이 좋지 않다'는 데 대한 강력한 이의 제기다. 저자는 이 책에서 요즘 대중들이 구약의 하나님에 대해 가진 왜곡된 이미지와 부정적인 편견들을 놓고 성경적인 근거를 들어 조목조목 반박한다. 특히 구약의 하나님은 잔인하고 폭력적이고 배타적인 신이라고 오해하는 문제를 집중 조명하면서, 서로 모순되어 보이는 신구약 성경의 하나님을 신학적으로 조화시키고자 했다. 이 과정에서 구약의 하나님과 신약의 예수님이 갖는 공통점들도 다루지만, 이 장에서는 교회 밖의 사람들이 가장 많이 오해하는 구약 하나님의 폭력성과 차별적 성향에 대한 이슈를 중점적으로 살펴보면서, 이 시대가 요구하는 변증 전도의 방향도 함께 짚어 보고자 한다.

"구약성경에 나오는 하나님은 틀림없이 허구에 등장하는 모든 인물 중에서 가장 불쾌한 인물이다. 공공연하게 질투하며, 옹졸하고, 부당하고, 용서를 모르는 권위적 인물인데다, 복수심이 강하고, 피에 굶주린 종족 말살자이며, 여자와 동성애자를 혐오하고, 인종차별주의자이며, 영아를 살해하고, 심지어 자식까지도 살해하는 인물이다. 그뿐 아니라 역병을 일으키며, 과대망상적이고, 가학 피학성 변태 성욕자이고, 예측할 수 없는 악의적 불한당이다"(p.12).

이 책에서 저자는 무신론자 리처드 도킨스가 그의 책《만들어진 신》(김영사 역간)에 담은 구약의 하나님에 대한 악의적 묘사를 소개한다. 그러면서 그의 오해는 성경에서 자신이 보려는 부분만 보고 전체 문맥을 무시한 탓이라고 꼬집는다(pp.16-17). 따라서 엘리사와 암곰 사건 역시 성경의 전후 문맥과 정황 속에서 잘 들여다보다면 쉽게 오해받을 문제가 아니라고 말한다. 무엇보다 구약 본문에서 엘리사 선지자를 대머리라고 놀린 '작은 아이들'(왕하 2:23)은 원문에 보면 '청소년' 또는 '10대 후반'을 뜻할 수도 있다고 보았다. "어린아이들이 돌보는 사람 없이 들에서 떼 지어 논다는 추정은 불합리하다. 하지만 10대라면 마을을 벗어날 수 있다. 그래서 이것은 미취학 아동들이 악의 없이 놀린 것이 아니라 10대 무리가 심각하게 조롱한 것이다"(p. 115).

이런 상황에서 엘리사는 싸움을 시작한 것이 아니라 자기 방어를 했고, 성경은 암곰 둘이 그들을 공격해 '다 죽였다'고 명시하지 않고 많은 수의 젊은이들 중 42명만 '찢었다'(왕하 2:24)고 했다. 예언자들이 자주 조롱당하고 고문당하고 죽임을 당했던 당시 상황을 고려할 때, 엘리사의 생명을 보호해서 그가 긍휼 사역을 계속해 나가길 원하신 하나님의 조처가 정당하다는 저자의 시각은 합당하다(pp. 117-118).

그러나 이 본문의 상황과는 달리, 성경에는 실제로 이스라엘 백성이 가나안 정복 과정에서 어린아이들을 포함해 남녀노소 없이 여리고 사람들을 죽였다는 대목이 나온다(수 6:21). 물론 이렇게 유별난 정복 전쟁은 하나님의 구속사에서 특별 계시를 완성하기 위한 일회적 사건만으로 제한되고, 진술의 양식 또한 고대 근동에서 널리 사용되던 전쟁 스토리의 형식을 따라 수사적 과장법을 동원한 점, 곧 '여호와의 전쟁'에서 온전한 승전을 거두는 일의 영적 중요성을 고취시켰다는 점이 고려된다 하더라도, 이 대목이 역사적 사실인 것만은 분명하다.

기독교 변증 차원에서 이 부분에 대한 전통적인 답은 의외로 복잡하지 않다. 어린아이들이 타락한 가나안 땅의 문화에 오염되기 전에 죽임을 당한 것은 그들에게 오히려 구원일 수 있다. 눈에 보이는 이생이 전부라고 믿는 무신론자들에게나 가혹하게 느껴질 뿐, 죽음이 곧 구원이라는 기독교적 역설은 지금도 불의한 세상에서 발생하는 수많은 아이들의 무고한 죽음에 적용될 만한 변증적 대응 논리다.

■ 구약 하나님의 평판이 안 좋은 여섯 가지 이유

이 책에서 저자는 하나님이 부당하게 행하시는 것으로 오해받는 대표적인 구약성경의 구절들을 살펴보면서, 하나님에 대한 대중들의 부정적 인식이 과연 정당한가를 추적하며 일일이 반박한다. 이 책의 주된 내용으로 보편적인 대응 논리들을 담고 있는 만큼, 변증 전도 현장에서 유용한 참고 자료로 활용할 수 있도록 핵심만 요약해 본다.

진노하길 좋아하는 괴팍한 존재?

구약성경에서 하나님의 진노는 주로 학대와 폭력, 불의에 대한 합리적인 진노다. 그렇게 진노할 만큼 하나님은 가난한 자들과 핍박받는 자들에게 관심이 많으시다. 또한 하나님은 사랑이기에 자기 백성과의 언약을 소중히 여기셔서, 그 관계를 상징하는 언약궤에 무례를 범치 못하도록 웃사의 죽음으로 경고 메시지를 발하셨다(삼하 6:1-8). 하나님은 관계를 깨는 일이나 불의에 진노하시지만, 노하기를 더디 하신다. 이스라엘을 애굽에서 종노릇하게 한 400년 역시 가나안 땅의 죄인들에게 회개할 기회를 주시기 위한 오랜 인내의 기간이었다.

남자를 편애하는 성차별주의자?

하나님은 남자와 여자 모두를 당신의 형상으로 창조하셨다. 이때 여자를 남자보다 나중에 창조하거나 남자를 돕는 자로 창조하신 것은 여자가 열등해서가 아니다. 돕는 자는 종속적인 조력자나 종이 아니라, 동반자요, 영혼의 벗이다. 타락 이후 남자가 여자를 다스릴 것이란 말씀도 결혼한 여자에게만 국한된다. 그 의미 또한 일방적인 억압이 아니라 복종을 뜻하며, 신구약 성경에서 하나님의 백성은 서로 복종하도록 부르심을 받았다.

타락으로 남자는 여자보다 더 큰 저주와 함께 아무런 긍정의 약속도 받지 못한 반면, 여자는 메시아의 약속을 받았다. 롯이 딸들을 소돔 사람들이 강간하도록 내주려 한 대목은 성경도 부정적으로 보는 사건이다. 지금 우리에게 성차별로 보이는 율법도 실제로는 구약 시대의 고대 근동 지역에 만연한 성차별 문제를 개선하기 위한 것이었다.

선민만 중시하는 인종차별주의자?

하나님이 인종차별주의자란 오해는 19세기 그리스도인들이 구약성경에서 노아가 함을 저주한 본문을 노예 제도를 지지하기 위해 인용한 데서 비롯되었다. 그러나 노아가 저주한 대상은 함이나 함의 모든 아들들이 아니라, 가나안뿐이었다(창 9:24-27). 함의 두 아들, 구스와 애굽(미스라임)만 아프리카와 관련된다.

노아의 가나안 저주는 이스라엘이 가나안 사람들과 충돌할 것을 예시할 뿐, 다른 어떤 맥락에서도 노예 제도의 정당성을 주장하지 않는다. 구약성경이 노예 제도를 허용하긴 했지만, 노예 제도에 관한 성경의 입장은 고대 근동의 맥락에서 구속으로 향하는 진보적인 것으로, 출애굽 사건이 그 증거다.

출애굽 이후 가나안 종족 살해도 인종 청소가 아니라 조상의 땅을 되찾으려는 이스라엘이 가나안 종족을 쫓아내려는 데 초점이 있는 것으로, 이스라엘 자손에게 주실 그 땅을 통해 열방에 구원의 복을 주시려는 하나님의 궁극적인 계획과 관련된다. 가나안 종족의 진멸은 그들의 죄악으로 인한 하나님의 징계였고, 하나님은 훗날 자기 백성 이스라엘도 그들의 죄악으로 쫓아내셨다. 구약의 하나님은 사람을 외모로 보지 않으시며, 나그네를 대접하고 사랑하라고 명하신다.

폭력적이고 무자비한 존재?

이스라엘 율법에서 살인뿐만 아니라 강간과 유괴도 사형에 처한 것은, 당시 광야 생활 중이던 이스라엘에서 여자와 약자를 보호하기 위한 현실적인 조치로 타당했다. '눈에는 눈, 이에는 이'처럼 받은 대로 똑같이 돌려주는 동해보복법 역시 복수를 제한하고 범죄에 대한 편중된 처벌을 배제한다는 점에서, 고대의 관습으로 볼 때 폭력적이라기보다는 오히려 진보적인 것이었다. 하나님은 사악한 자들을 벌하거나 약한 자들을 보호하기 위해 정당한 처벌 수단으로 폭력을 사용하셨을 뿐, 궁극적으로는 이스라엘 안에서와 이스라엘과 이웃 나라 사이에 평강을 돈독히 하셨다.

까다로운 율법주의자?

하나님이 인류에게 내리신 첫 명령은 '성관계를 많이 갖고, 많이 먹어라'라는 것이었다(창 1:28-29). 하나님은 우리가 하나님 창조의 선하심과 하나님이 선물로 주신 성과 음식으로 즐거워하기를 바라는, 관대하고 율법주의적이지 않은 분이시다. 그러나 사탄은 인간에게 하나님의 명령이 선하지 않다고 속여 타락하게 만들었다. 유혹과 죄는 하나님 명령의 선하심을 문제 삼는 데서부터 비롯되었다. 그러나 안식일에 쉬라는 명령을 포함해, 인간을 타락한 상태에서 회복시켜 복을 주고 자신과의 더 깊은 교제의 관계로 들어가게 하시려는 하나님의 관대하심과 선하심, 은혜로우심이 모든 율법의 토대다.

고집불통의 완고한 존재?

하나님은 당신의 언약에 신실하신 동시에, 막상 자비를 나타내야 할 때는 유연성이 있으시다. 변함없는 하나님을 드러내는 구약성경 본문은 네 군데지만 마음을 바꾸시는 하나님을 드러내는 본문은 많은데, 인간의 중재에 반응해서 히스기야의 생명을 연장해 주신 경우처럼(왕하 20:1-6) 대체로 당신의 백성에게 긍휼을 보이시는 문맥에서다. 하나님의 가변성과 불변성을 억지로 조화시키려고 하나님의 성품은 변하지 않지만 하나님의 심판은 변한다고 말하기도 하는데, 조직 신학이 성경과 충돌할 때 수정해야 하는 것은 성경이 아니라 조직 신학이다. 문맥에 주목하는 것이 하나님의 말씀에 주목하는 것이다.

■ 예수, 신구약 하나님의 정확한 이미지

모든 종류의 불신은 '하나님의 절대적인 선하심에 대한 의심'에서 싹튼다. 따라서 하나님의 실체에 대해 어떤 이미지를 가지느냐가 그분과의 올바른 관계가 핵심인 한 사람의 신앙에 결정적인 영향을 준다. 하나님에 대한 부정적인 오해가 풀리지 않아 비신자들이 여전히 교회 안으로 들어오지 못하고, 기존 신자들이 끝내 교회를 떠나는 일들이 심상치 않게 일어나고 있다.

세상 사람들이 성경을 오해하는 것도 문제지만, 교회 안에서 성경을 오해하는 문제도 하나님의 본래 이미지에 심각한 왜곡을 일으킬 수 있다. 노예 제도 옹호뿐만 아니라 십자군 전쟁이나 종교 재판, 심지어 반유대주의처럼 교회가 저질러 온 그릇된 폭력의 역사 또한 성경을 잘못 이해한 데서 빚어진 해프닝이다. 지금이라도 그러한 왜곡된 교회 역사 자체가 성경적인 가치관에서 비롯된 것으로 오해받지 않도록 바로잡을 책임이 있다.

지금 한국 교회는 구약의 하나님에 대해 대중들이 가진 일반적인 편견을 오히려 증폭시키는 이미지를 띠고 있진 않은가? 이런 때일수록 대중들의 오해나 편견을 적극적으로 풀어 가는 데 초점을 맞춘 변증 전도적 접근이 신자나 비신자 모두에게 유용하다. 포털 사이트의 기독교 관련 기사에 달리는 반기독교성 악플들에 대해 합당한 대답으로 오해를 풀어 주는 사이버 전도대 같은 전도자의 활동도 필요한 때다.

하나님에 대한 가장 정확한 이미지는 예수님이시다. 이 지점에서 구약과 신약의 하나님이 완벽한 조화를 이룬다. 구약의 심판은 눈에 보이는 역사 속에서 진행되고, 신약의 심판은 시간의 끝에 일어난다. 구약과 신약을 통틀어 인류 각자가 받아야 할 심판을 대신 지고 십자가에 달린 예수님이 곧 하나님이시라는 진리가 기독교의 유일성이다.

리처드 도킨스마저 예수님만은 좋게 평가하는 분위기에서, 복음 전도 과정에서 이 성육신의 진리를 올바로 변증해 내는 일은 아무리 강조해도 지나치지 않다. 하나님에 대한 폭군 이미지나 독재자 이미지를 불식시키는 신학적 대안 찾기 또한 이러한 변증적 노력의 일환이 될 수 있을 것이다.

• 더 깊은 탐구를 위한 연관 질문

1. 무신론자들이 성경 속의 하나님을 복수심이 강한 악의적인 불한당쯤으로 취급하는 묘사에 대해 개인적으로 공감한 적이 있는가? 그러한 묘사가 오해라고 할 만한 정당한 성경적 근거는 무엇인가?

2. 소문으로 듣는 하나님에 대한 평판과 성경에서 올바로 이해한 평판은 어떻게 다른가? 하나님의 이미지에 대한 세상의 소문과 성경적인 진실 사이에 왜 이런 차이가 발생한다고 생각하는가?

: 더 깊은 탐구를 위한 관련 도서 :

- **《고난이 묻다, 신학이 답하다》**(알리스터 맥그래스, 국제제자훈련원)

고난의 문제로 하나님의 선하심을 의심하는 모든 이들에게, 기독교 신앙은 하나님의 성육신인 예수님의 십자가로 고난과 고통의 문제를 회피하지 않고 정면으로 맞섬으로써 하나님의 사랑을 드러낸다는 사실을 강조한 책.

"'철학자들의 신'은 기본적으로 인간의 자비심에서 추출된 요소들로 구성된, 완벽하고 이상적이며 추상적인 존재에 불과하다. 이 신의 특징은 주로 전능함, 전지함, 선함이다. 그 신뢰성은 고난에 의해 즉시 손상된다. 철학적 신학의 신은 인간의 발명품, 인간 이성의 산물이다. 하지만 기독교 신앙과 신학에서 말하는 하나님은 살아있고 사랑이 많으신 분, 그리스도와 성경과 개인의 경험을 통해 우리에게 자신을 알리시는 분이시다. 우리는 더 이상 홀로 고난을 받으면서 아무도 우리에게 주목하지 않는다고 말할 수 없다. 하나님이 직접 고난을 경험하셨다"(pp.82-84).

- **《그리스도의 십자가》**(존 스토트, IVP)

하나님과 인간, 기독교 공동체 안팎의 사람들 그리고 폭력과 고난이라는 중대한 문제를 대하는 그리스도인의 태도에 대변혁을 일으키는 그리스도의 십자가에 대한 신학적, 실천적 통찰을 집대성한 책.

"하나님은 결코 자기 자신과 모순되지 않으시므로 그분의 성품의 완전성과 철저히 일관되게 행하심으로써 자기 자신을 '만족시켜야' 한다. 이 내적인 필연성은 하나님이 자기 자신의 일부에 대해서만 진실해야 한다든지(그분의 율법, 명예, 거룩), 그분의 속성 중 어느 하나(사랑 혹은 거룩)를 표현하기 위하여 다른 쪽 속성을 희생해도 된다는 의미가 아니다. 오히려 그것은 그분이 충만한 도덕적 존재로서 언제나 변함없이 그분 자신이어야 한다는 의미다. 십자가 위에서 현시된 것은 이 두 속성 사이의 반작용이 아니라 결합된 행동이다"(pp.251-252).

4
하나님은 왜 내 기도에 응답하지 않으시는가?

《기도하면 뭐가 달라지나요?》(필립 얀시, 포이에마)

기도는 하나님에게 나의 삶과 생각을 맞추는 것이다.
원래부터 하나님에게 드려야 할 기도를 찾아가는 과정이 내 삶의 성숙이다.
기도가 없다면 어디서 하나님과 나를 비교할 수 있을까.
기도의 응답은 나의 변화지, 하나님의 변화가 아니다.
하나님은 늘 같은 자리에서 응답하신다.
기도는 내가 그 자리에 더 가까이 나아가는 통로다.

"기도로 뭘 구한다 해도 하나님의 뜻이 아니면 안 이뤄지고, 기도 안 해도 하나님의 뜻이면 이뤄질 테니 결국 기도가 무슨 소용인가?" 기도의 효용을 놓고 심심찮게 터져 나오곤 하는 볼멘소리다. 초대 교부 오리겐도, "하나님이 장차 무슨 일이 있을지 미리 아시며 만사가 그대로만 진행된다면 기도는 쓸데없는 짓"이라고 비슷한 말을 했다. 이런 의문은 '하나님이 다 아시는데 굳이 기도할 필요가 있나?', '기도는 정말 현실 세계에 영향을 미치나?' 하는 질문을 거쳐 결국 '기도가 하나님의 뜻을 바꿀 수 있나?' 하는 질문으로 귀착된다.

어쩌면 기도는 간구하는 사람의 뜻과 응답하시는 하나님의 뜻이 만나고 충돌하고 씨름하는 지점이라는 면에서 신정론의 한 영역에 속한다. '개인의 기도에 응답하지 않고 그의 고통을 그냥 그대로 묵인하는 듯한 하나님은 과연 정당한가?' 이런 의문과 함께 기도의 효용에 대한 회의론과 하나님의 존재를 의심하는 불가지론에 본의 아니게 제법 무게감 있는 정당성이 부여된다. 기도에 응답받는 삶인가 아닌가로 신자와 비신자의 삶의 정체성을 가리려는 이들에게, 이런 문제는 꼭 한 번은 짚고 넘어가야 할 변증 전도의 과제이기도 하다.

기도에 대한 네 가지 정의

미국 복음주의의 최고 작가로 불리는 저자가 기도의 원리와 방법에 대해 다양한 사람들을 인터뷰하고 방대한 관련 자료들을 집대성해 써 낸 이 책을 읽다 보면, 의외로 이 문제에 대한 답이 금세 손에 잡힌다. 기도란 무엇인가에 대한 오해가 기도와 관련된 하나님의 선하심과 정당하심에 의문을 품는 모든 문제의 뿌리다. '기도가 하나님의 뜻을 바꿀 수 있나?'라는 질문에 답하기 위해, 먼저 이 책 곳곳에서 저자가 소개하는 기도에 대한 정의와 그 실천적인 풀이를 네 가지로 요약해 본다.

첫째, 기도는 하나님의 임재 앞에 삶 전체를 들고 나와서 정결하게 씻어 내고 제 모습을 되찾으라고 초청하는 안내장이다.
인간은 자신의 참모습을 발견하고 받아들일 때에야 정상적으로 살아갈 수 있는 존재다. 근본적으로 기도는 자세, 즉 자신을 어디에 놓느냐의 문제다. 하나님을 찬양하기는커녕 제한하려고 발버둥치는 세상에서 진리를 믿고 따르는 길은 오직 기도뿐이다. 하나님은 휴가를 즐기자고 우리를 초청하신다. 우리가 잠시 하나님 노릇을 쉬면, 그분이 친히 하나님이 되시겠다는 것이다. 그렇게 기도는 방어벽을 바짝 낮추고 다른 누구의 모습도 아닌 자신의 진정한 자아를 이미 모든 걸 알고 계시는 하나님에게 최대한 보여 드리는 과정이다.

둘째, 기도는 하나님을 가까이 불러오는 도구가 아니라, 거룩한 임재에 반응하는 방식이다.
기도하는 쪽에서 실감하든 못 하든, 주님은 엄연히 그 자리에 계신다.

무엇을 요청하든 나를 위해서가 아니라 하나님의 뜻을 위해 간구하는 기도의 주목적은, 생활을 더 편하게 만들거나 기적적인 능력을 얻는 게 아니라, 하나님을 아는 데 있다. 주님이 주시는 그 어떤 선물보다 하나님 그분이 우리에게는 더 필요하다. 기도하는 이유가 유익뿐이라면, 인격적인 관계는 설 자리가 없어진다.

셋째, 기도는 하나님에게 새로운 정보를 드리는 의식이 아니다.
"주님은 제게 이것이 필요하다는 걸 아십니다"라고 고백하는 편이 타당하다. 서로를 깊이 알면 알수록 커뮤니케이션에 필요한 정보의 양은 줄어들게 마련이다. 기도할 때 내면의 대화 상대는 자기 자신이 아니다. 하나님의 영이 내 안에서 기도하며 아버지의 뜻을 전달하신다. 그러나 하나님과 우리는 모든 면에서 차이가 나는 대화 상대이므로, 의사소통하는 방법을 끝없이 공부해야 한다. 이러한 사실을 인정하고 무릎을 꿇을 때 비로소 귀가 열린다. 엄청난 차이를 무릅쓰고 하나님을 따른다면, 입이 열리고 이어서 마음까지 활짝 열릴 것이다.

넷째, 기도는 꾸밈없이 정직하게 하나님에게 이야기하는 것이다.
시편의 절반 이상이 세상에서 부딪히는 모순에 대해 탄식하고 저항하며 불평하는 시가다. 매사에 낙관적인 복음주의 교회가 행복한 이야기만 나누고 즐거운 노래만 부르는 건 비현실적이다. 시편은 성내고, 짜증부리고, 쩨쩨하게 굴고, 후회하고, 격정적이고, 시끄럽고, 불손한 면모를 모두 담고 있어 지극히 인간적이다. 하나님은 기도에 제의적 탄식이 끼어드는 걸 환영하시는 것처럼 보인다. 하나님이 자녀들에게 감정을 마음껏 분출하도록 허락하고, 더 나아가 장려하시는 걸 보면 기도를 통한 파트너십의 결속력이 얼마나 강력한지 알 수 있다.

하나님과 인간의 파트너십을 위한 매개체

'기도는 하나님의 뜻을 바꾸는가, 아니면 나를 변화시키고 내 뜻을 바꾸는가'에 대한 질문의 답은 일찌감치 '나를 바꾼다'는 것으로 정해져 있었다. 하나님의 절대 주권을 강조하는 칼빈주의의 영향으로 기도의 초점은 '주님에게 미치는 영향'에서 '간구하는 인간에게 미치는 영향'으로 바뀌었다. 실제로 칼빈은, 하나님이 짐짓 기도에 설득되어 뜻을 바꾸셨다는 듯 사랑을 베푸실 뿐이라고 말했다(p.233).

그러나 성경에는 하나님이 변치 않으신다는 말씀만큼이나 마음을 바꾸신다는 말씀도 많다. "나 여호와는 변하지 아니하나니"(말 3:6)라는 말씀이 있는가 하면, "내 마음이 내 속에서 돌이키어 나의 긍휼이 온전히 불붙듯 하도다"(호 11:8)라는 말씀도 있다. 그래서 이 책에서도 저자는 이 문제를 놓고 섣불리 단순한 대답을 구하지 않는다. 해답의 실마리를, 기도가 하나님과 인간의 동역 관계, 곧 파트너십을 위한 매개체라는 사실에서 찾는다.

저자에게 기도는 파트너십, 즉 하나님과 인간이 미묘하게 상호 작용하면서 거룩한 뜻을 이뤄 가는 과정이다(p.195). 그래서 어느 한쪽만의 일방적인 강요나 완승을 전제하지 않는다. 어디까지나 인격적인 교제를 통한 상호 교감이 먼저 이뤄져야 한다. 그렇게 하나님과 협력하는 가운데 은혜가 작동되면서 자연스럽게 파트너십이 형성된다. 어떻게 전능하신 하나님이 인간의 기도를 듣고 반응하실 수 있는가 하는 문제도 이 파트너십의 관계를 통해서만 올바로 이해할 수 있다.

"하나님이 세상을 다루는 일에서 제대로 아는 것도 없는(게다가 자가당착에 빠지기 쉬운) 인간의 조언을 듣고 싶어 한다는 건 천부당만부당한 생각이다. 주님이 흔히 얘기하는 것처럼 전지전능하다면 무엇이 최선인지 모르실 리가 없지 않은가? 그리고 정말로 선한 분이라면 기도하든 말든 그 일을 행하시지 않겠는가? 기도뿐만 아니라 인간의 모든 행위에도 똑같은 논리가 적용된다. 왜 손을 씻는가? 하나님이 손을 깨끗하게 해 주기로 작정하셨다면 굳이 닦지 않아도 말끔해질 것이다"(C. S. 루이스, p.239).

저자는 C. S. 루이스의 독특한 생각을 좀 더 확장해 나간다. 창조주는 뭔가를 간단히 조작해서 음식을 먹지 않아도 초자연적인 현상이 일어나서 저절로 영양이 공급되며, 공부하지 않아도 지식이 쌓이게 만드실 수 있다. 그러나 주님은 세상을 통치하는 방식으로 인간이라는 대리자를 세우고 그의 선택을 존중하는 파트너십을 채택하셨다. 파스칼의 표현대로, 사랑하는 인류를 위해 '인과율의 권위'를 인정해 주기로 하신 것이다. 하나님은 등장인물 하나하나가 연극 자체에 영향을 미치게 하고 배우들의 행동을 모두 조화시켜 최종적인 결과물을 만들어 내는 극작가처럼 일하신다. 이렇게 C. S. 루이스는 인류 역사의 드라마를 '작품'으로 규정하면서, 그 안에서 기도의 자리를 찾았다(p.240).

"인류 역사는 줄거리를 이루는 장면들과 전반적인 틀은 작가가 확정해 놓고 그다지 중요하지 않은 세부 묘사는 배우들이 즉석에서 처리하도록 만들어진 연극이다. 하나님이 인간으로 하여금 현실 속에서 벌어지는 갖가지 사건에 개입하게 하신 이유는 언제까지나 수수께끼로 남을지 모른다. 하지만 다른 방법이 아니라 기도를 통해서 그런 일들을 감당하게 하셨던 것만큼은 전혀 이상할 게 없다"(C. S. 루이스, p. 241).

이러한 상호 관계 속에서 기도할 때 하나님의 자녀들이 취해야 할 가장 중요한 태도는 솔직함이다. "하나님이 요구하시는 고통스러운 길을 '사랑의 선물'로 합리화하며 무조건 받아들이는 태도를 버리는 게 올바른 기도 방식이다. 고대 예언자들은 주님의 가혹한 심판에 대해 기계적으로 고개를 끄덕이지 않았다. '뜻이 이루어지이다'라고 기도하는 대신 '뜻을 바꿔 주소서'라고 요구했던 것이다. 설령 상대가 주님이라 할지라도 결코 저항을 포기하지 않았다. 세상의 불공정하고 불공평한 현실을 잠자코 받아들일 수만은 없지 않은가? 하나님의 약속과 그분의 성품을 일일이 짚어 가며 해명을 요구해야 한다"(pp. 163-165). "하나님과 싸우는 씨름꾼의 마음가짐을 가질 때만 가장 고상한 기도를 드리고 가장 위대한 성공을 거둘 수 있다"(E. M. 바운즈, p. 169).

물론 이렇게 정직하게 간구하는 신자는 그 간구의 과정에서 자연스럽게 하나님의 뜻을 발견하게 된다. 기도는 내 뜻을 하나님 뜻에 맞도록 아뢰는 것이기도 하기 때문이다. 내 뜻은 이러한데 하나님 뜻과도 이러저러하게 맞지 않는지 여쭤볼 수도 있다. 기도에서 내 뜻을 처음부터 뭉개 버리고 없는 듯이 하면, 하나님의 뜻에 맞추기 위해 걸림돌이 되는 내 문제가 무엇인지 감지할 수 없다.

하나님이 좋아하실 만한 기도만 드리려는 마음은 인격적으로 서로 소통하며 교제를 나누려는 마음이 아니다. 하나님과 대화로 교제하려면 내가 원하는 것도 솔직하게 말해야 한다. 그렇게 나의 말로 내 뜻을 표현하고 전달하는 가운데 오히려 하나님의 뜻을 깨닫고 복종하게 되는 통로가 기도다.

"견고한 신앙은 기도하는 이가 하나님의 동역자로서 공동 작업에 필요한 것들을 구할 때만 생긴다. 하나님과 긴밀하게 동역하는 이들일수록 그분이 세상에서 성취하고자 하시는 일이 뭔지 파악할 능력이 점점 커지게 마련이고, 누가 시키지 않아도 거기에 맞춰 기도하게 된다"(p. 421). "기도는 하나님을 조종해서 자신의 의지를 관철시키는 것이 아니다. 오히려 주님의 사랑이 가득한 연못에 한 방울의 사랑을 보태어 그 동심원의 폭을 더욱 넓힐 따름이다"(p. 548).

◤ 하나님에게 가는 가장 쉽고도 어려운 길

기도는 하나님에게 가는 가장 쉽고도 어려운 길이다. 그만큼 기도는 그리스도인의 삶에서 가장 중요하면서도 소홀히 여겨지기 쉬운, 그래서 더욱 힘든 어떤 것이다. 이스라엘 백성의 광야 여정에서 하나님의 임재를 상징하는 성막은 사람이 하나님에게 나아가는 길을 보여 준다. 성막의 구조는 사람이 하나님을 만날 수 있지만, 아무렇게나 만날 순 없다는 진리를 드러낸다. 그렇게 하나님을 내 맘대로 만날 수 없는 것처럼, 하나님을 만나는 통로인 기도 역시 내 맘대로 못 한다.

사실 기도가 단순한 요청의 도구가 아니라 신자가 하나님의 동역자로서 그분과 상호 교감하는 만남과 교제의 통로라면, 기도가 하나님의 뜻을 바꿀 수 있는가 하는 문제는 부차적이다. 기도를 내 뜻을 관철시키거나 내 유익을 도모하는 도구로 삼으려 한다면, 이미 그 동기 자체가 기도에 대한 무지를 드러낼 뿐이다. 기도는 내 존재를 들여 하나님을 전인격적으로 만나는 통로다. 그래서 존재를 가진 자는 누구나 기도할 수 있지만, 존재보다 소유에 욕심을 내면 기도하기가 어렵다.

기도가 없이는 하나님이 얼마나 오묘하고 위대한 분인지를 잘 모른다. 내 기도가 응답되지 않는 일들을 경험하며 오히려 그분이 나보다 얼마나 크신지를 체험한다. 기도를 거절당하면서 하나님이 누구신지, 내가 누구인지를 배우게 되는 것이다. 결국 기도는 존재의 문제이자 일상 그 자체와도 연결된다. 일상에서 하나님과 동행하는 것이 기독교 신앙이며 기도다. 그래서 기도가 깊어지면, 믿음도 전인적으로 깊어진다.

기독교 신앙은 사람이 만들어 낸 특정한 개념이나 사상이 아니라, 참되고도 유일한 예배의 대상에 대한 상호 인격적인 관계다. 기도는 하나님이 누구신지를 알게 해 주고, 그분의 관점을 가지고 나와 세상을 바라보게 하는 것으로 믿음을 성숙시킨다. 결국 기도는 하나님의 임재 안에서 내 모습 그대로를 정직하게 노출시키며, 내 안에 있는 소원을 있는 그대로 아뢰는 가운데 하나님의 뜻을 온전히 사모하게 해 준다. 그 사랑의 교제로 인해 하나님을 닮아 가는 변화를 경험한 신자 한 사람, 한 사람을 통해 이 땅에 하나님의 뜻을 이뤄 가는 매개체가 기도다. 기도에 대한 올바른 성경적 이해는 기독교 복음의 정체성을 바로잡아 이 시대 그리스도인들의 믿음을 더욱 견고케 해 줄 것이다.

"인간이 드릴 수 있는 가장 큰 보답인 동시에 창조주라 할지라도 억지로 요구할 수 없는 선물은 바로 사랑이다. 자식을 키우는 부모라면 아이들이 스스로 보여 주는 사랑이야말로 무엇보다 소중한 선물이며,

강요해서 끌어낼 수 있는 게 아니라는 걸 잘 알 것이다. 그런데 사랑을 명령하셨다는 게 조금 이상하게 들리지 않는가? 그러나 예수님은 하늘 아버지를 향한 사랑을 인생의 가장 중요한 목표로 설정하고 강조하셨다. 오직 기도하는 가운데만 마음과 목숨과 뜻을 다해 하나님을 사랑하는 법을 배울 수 있다"(pp. 574-575).

• 더 깊은 탐구를 위한 연관 질문

1. 기도는 하나님과 친밀한 교제를 나누기 위한 수단인 동시에 신자의 필요를 구하는 요청이기도 하다. 기도가 응답되지 않았을 때 당신은 기도를 통해 하나님과 교제한 것만으로 만족할 수 있는가?

2. 내가 기도하든 안 하든 어차피 하나님의 뜻만 이뤄진다고 여기는 태도와, 나의 기도가 합력해서 하나님의 뜻을 이뤄 가는 통로가 된다고 믿는 태도에는 어떤 차이가 있는가? 기도를 통해 신자는 궁극적으로 어떤 유형의 성숙을 기대할 수 있는가?

: 더 깊은 탐구를 위한 관련 도서 :

- **《하나님이 기도에 침묵하실 때》**(제럴드 L. 싯처, 성서유니온)

기독교 신앙이 효과가 없는 것처럼 보이는 때에 관심의 초점을 맞추고, 응답되지 않은 기도의 원인이나 그 상황 자체에 대해 정답을 찾는 것보다 그런 신비를 어떻게 대하는지가 더 중요하다는 사실을 강조한 책.

"비록 미래를 알 수 없다 할지라도 우리는 미래에 영향을 미치기 위해 기도할 수 있다. 그때 하나님께서 어떻게 하실지를 추측하지 않아도 된다. 하나님께서 우리에게 하시기로 약속하신 것들을 성경에 기록된 대로 주장할 수 있기 때문이다. 하나님의 감추어진 뜻은 하나님께서 알아서 하실 일이다. 그러나 하나님의 밝혀진 뜻은 우리가 해야 할 일이다. 용기가 있다면 우리는 하나님의 밝혀진 뜻을 위해 기도할 수 있고 또 기도해야 한다"(p.225).

- **《회의하는 용기》**(오스 기니스, 복있는사람)

'나는 존재한다. 그러므로 나는 회의한다'는 명제를 모토로 믿음의 여정에서 회의가 무엇이며 어떻게 다뤄야 하는지를 다룬 책. 회의를 낳는 아홉 가지 요소로 배운망덕, 잘못된 하나님관, 약한 기초, 헌신 부족, 성장 부족, 사나운 감정, 숨은 갈등, 궁금증, 조급증을 들었다.

"적극적 습관을 반복하면 당신은 강해진다. 소극적 습관을 반복하면 당신은 약해진다. 이 경우 우리가 들이는 습관은 감정과 무관하게 하나님을 신뢰하는 연습이다. 그럴 때 어떤 상황에서도 신뢰가 우리에게 제2의 천성이 된다. 그럴 때 믿음은 조변석개하는 감정의 희생양이 아니라 우리 삶의 통제 원리가 된다. 우리 감정의 질은 믿음의 질에 달려 있고, 믿음의 질은 이해의 질에 달려 있다"(p.188).

5
구원과 멸망을 정해 두신 하나님, 과연 공평한가?

《선택이란 무엇인가》(브루스 웨어 외, 부흥과개혁사)

'누가 태어나게 해 달랬냐? 왜 날 세상에 태어나게 해서 고생시켜?'
하나님에게 이렇게 반항하는 이들이 있다.
부모는 왜 서로 사랑했냐고 항의하는 것과 같다.
사랑은 하나님과 사람의 본질이다.
존재가 없으면 사랑을 나눌 수 없어 자유 의지도, 생명도 주셨다.
그러나 하나님과 사람 간에도 공의 없는 사랑은 맹목이며,
사랑 없는 공의는 공허하다.

"합리적으로 생각할 줄 아는 사람들치고 무조건적인 이중예정론이 이치에 합당하다고 여길 사람이 있을까?" 한 교계 뉴스 사이트에서 본 댓글이다. 이런 논리가 안티 기독교 사이트로 가면 훨씬 더 과격해진다. 거의 대부분이, '처음부터 무조건 천국 갈 사람, 지옥 갈 사람 다 정해 놨다면서 자길 안 믿었다고 심판하는 건 또 뭐냐? 믿을 기회조차 안 준 그 심판이 어떻게 정당할 수 있느냐?'는 식이다. 그래서 이중예정론은 기독교 진리의 합리성을 기초로 삼는 변증 전도에서도 가장 큰 신학적 장애물 가운데 하나다.

칼빈주의 이중예정론은 하나님이 구원받을 자와 버려질 자를 처음부터 무조건적으로 작정해 두셨다는 교리다. 이 배타적인 선택론이 여러 반론에 직면할 것을 가장 잘 의식했던 사람은 이 교리의 창안자인 칼빈 자신이다. 그는 《기독교 강요》(크리스천다이제스트 역간) 제3권 23장에서 그 반론의 다섯 가지 논리를 이렇게 소개한다. "첫째, 선택 교리가 하나님을 폭군으로 만든다는 논리, 둘째, 선택이 사람의 책임을 제거한다는 논리, 셋째, 하나님이 사람들을 편파적으로 대하신다는 논리, 넷째, 선택의 교리가 올바른 삶을 향한 열심을 무너뜨린다는 논리, 다섯째, 선택의 교리가 모든 권고들을 무의미하게 만든다는 논리."

무조건적 이중예정론에 대한 반론들

교회사에서 제기된 이중예정론에 대한 반론들은 칼빈이 염려한 다섯 가지 논리 안에 다 들어 있다. 존 웨슬리는 가장 단호한 반론을 제시한 이들 중 한 사람이었다. 웨슬리는 이중예정론이 하나님의 절대적 통치권을 강조한 나머지, 그의 사랑과 공의를 무시하면서 균형 잃은 이상한 하나님상을 제시한다고 공격했다. 구원의 은혜는 모든 사람에게 값없이 공평하게 주어지며, 하나님은 누가 자신을 사랑하게 될지를 미리 알고 그 개인을 구원으로 선택하신다는 조건적인 예지예정론을 주장했다.

칼 바르트는 여기서 한 걸음 더 나아갔다. 하나님은 처음부터 예수님만을 예정하셨고, 그 외에는 모두 그를 구주로 믿는 사람들의 공동체를 예정하셨다고 주장했다. 성경에서 구원의 예정에 대해 말하는 대다수의 구절들이 개인이 아닌 교회 공동체를 지칭한다고 본 결과다. 그는 십자가에서 사람은 다 구원으로, 예수님은 저주로 예정되었다고 보았다. 죄인을 구원하려고 죄로 인한 모든 저주는 하나님 당신에게 돌리기로 예정하신 것을 복음 그 자체로 놓고, 십자가를 곁다리 취급하는 무조건적 이중예정은 처음부터 성경에 없다고 주장한 셈이다.

이 책은 개인의 구원과 관련된 예정론을 테마로 가장 논란이 될 만한 성경 구절들을 각기 다른 다섯 가지의 신학적 입장에서 조명했다. 브루스 웨어는 칼빈주의적 절대 이중예정론, 잭 코트렐은 알미니안 웨슬리주의적 예지예정론, 로버트 레이먼드는 일관성 있는 타락 전 선택론, 토머스 탈보트는 보편적 화해로서의 포괄적 선택론 그리고 클락 핀녹은 하나님의 공동체적, 소명적, 열린 선택론에 대해 소개했다.

이 장에서는 서로 신학적 관점의 차이가 가장 뚜렷한 칼빈주의 이중 예정론과 알미니안 웨슬리주의적 예지예정론의 입장을 중심으로 개인의 구원에 대한 하나님의 선택이 무조건적인가, 조건적인가에 대해서만 살펴보고자 한다. 이 과정에서 무조건적인 절대 이중예정론의 하나님이 과연 공평하고도 성경적인지가 자연스럽게 드러날 것이다.

야곱은 사랑하고 에서는 미워한 하나님은 공평한가?

"하나님의 선택의 무조건적 본질에 대한 가장 명확하고 강력한 주장은 바울이 로마서 9장 10-16절에서 주장한 것이다. 곧 에서가 아닌 야곱에 대한 하나님의 선택은 무조건적이라는 것이다. 바울은 두 사람이 태어나기도 전에, 그래서 이들이 어떤 선한 일이나 악한 일을 하기도 전에, 즉 그 두 사람이 미래에 어떤 일을 할지, 어떤 사람들이 될지에 대한 고려함 없이, 하나님은 자신의 목적에 따라 둘 중에서 한 사람을 택하셨다는 것이다"(브루스 웨어, pp. 31-32).

브루스 웨어의 말대로, 로마서 9장 10-16절은 개인의 구원에 대한 무조건적 이중예정론을 지지해 주는 가장 강력한 근거 구절이다. 그러나 잭 코트렐은, "이 구절에서 말하는 선택은 사역에 대한 것이지 구원에 대한 것이 아니다"(p. 117)라고 잘라 말한다. 클락 핀녹 역시, "로마서 9장에 나오는 에서와 야곱은 개인들에 대해 말하는 것이 아니라 민족들에 대해 말하는 것"(p. 548)이라고 본 노만 가이슬러와 비슷한 입장을 취한다.

"하나님은 단순히 에서와 그의 자손들보다는 야곱과 그의 자손들을 자신의 목적을 위해 택하셨다. 이것은 하나님의 주권적 선택과 관련된 것이지 개인 구원과 관련된 것이 아니다. 바울이 말하고자 하는 것은 개인들이 아니라 두 민족에 대한 것이었기 때문에 이를 말해 주는 말라기 선지자의 말을 인용했던 것이다. 이 본문은 모두, 어떤 새로운 형태로도 토기를 빚으실 수 있는 융통성 있는 토기장이로서의 하나님에 대한 것이다(롬 9:21)"(클락 핀녹, p. 548).

알미니안주의자들은, 하나님이 에서보다 야곱을 더 사랑하셨다는 말씀은 구원과는 상관없이 구속사의 계보에서 쓰임 받는 각 개인이나 민족의 특정 역할을 중시한 사역적 예정이었다고 본다. 개인의 구원이 아닌 이러한 사역적 예정은 무조건적 선택이었다고 인정한다. 예루살렘 성전 재건을 위해 고레스를 예정하셨다는 말씀(사 44:28)이나 예수님이 가룟 유다가 포함된 제자들 모두를 가리켜 "너희가 나를 택한 것이 아니요 내가 너희를 택하여 세웠나니"(요 15:16)라고 말씀하신 부분도 마찬가지다. 예레미야나 바울의 선택 역시 그들의 구원이 아닌 특별한 사역에 대한 예정이었다(렘 1:5; 갈 1:15-16).

이스라엘 백성을 선민으로 택하신 것 또한 그들을 제사장 나라로 삼아(출 19:6) 모든 열방이 구원에 이르도록 하는 데 축복의 통로로 삼기 위한 것일 뿐, 그들 모두를 무조건 구원받도록 예정하신 것은 아니었다. 토기장이가 하나는 '귀히 쓸' 그릇을, 하나는 '천히 쓸' 그릇을 만들 권한이 있다는 말씀(롬 9:21)도 같은 맥락에서 이해된다. 하나님이 바로를 완악하게 하신 것(롬 9:18) 역시 그가 구원받지 못하도록 하신 것이 아니다. 출애굽 사역과 관련된 특정 역할로 그를 세우신 과정의 연장선상에서 행하신 일이었다(롬 9:17).

잭 코트렐은 사역이 아닌 개인의 구원에 대한 선택은 무조건적이지 않다고 말한다. 하나님은 피조물에 의해 조건화되거나 하나님 외부의 그 어떤 것에 반응할 수 없고 단지 주관하실 수만 있다는 칼빈주의자들의 주장에 대해 그는 이렇게 반박한다. "주권성이 무조건성을 요구한다는 개념은 근거 없는 전제다. 이런 전제는 참된 자유의지를 갖도록 창조하기로 하신 하나님의 주권적 선택에 정반대되는 것이다. 만약 우리가 참으로 자유하다면, 우리에 대한 하나님의 결정과 행동들은 때로 반응 혹은 반작용이 되어야 한다. 즉 하나님의 결정과 행동들이 피조물들로부터 생겨난 상황들에 조건화된다는 것이다"(pp. 195-196).

■ '미리 아심'에 따른 예정, 무슨 뜻인가?

칼빈주의자들이 구원의 여정의 '황금 사슬'이라고 부르는 로마서 8장 29-30절 말씀 또한 무조건적 이중예정을 뒷받침해 준다고 보는 주요 구절이다. 칼빈주의자들에게 하나님의 '미리 아심'은 무조건적으로 택한 자들과 관계 맺고 은혜를 주려는 하나님의 일방적인 호혜 성향에 가깝다.

"로마서 8장 29-30절은 하나님이 미리 아신 자들을 또한 미리 정하셨다고 말하고 있다. 그러나 그 예지된, 그래서 예정된 그들에 대한 어떤 다른 정보, 특별히 그들이 미래에 가질 믿음에 대한 어떤 정보를 주고 있는 것은 아니다. 하나님이 구원을 주기 위해 사람들을 선택할 때 그런 정보들을 근거로 삼으셨다는 어떤 암시도 본문으로부터 끌어낼 수 없다. 달리 말하면, 이 본문에서 말하는 예지는 사람들에 대한 어떤 구체적인 명제적인 지식이 아니다. 오히려 하나님과 그 사람들이 갖고 있는 관계적 지식이다"(브루스 웨어, p.61).

이런 관점에서는 예지가 곧 무조건적으로 미리 사랑하신 것, 미리 선택하신 것이라는 의미와 동일시된다. 그러나 예지예정론자들은 하나님의 예지가 미리 사랑하거나 선택하신다는 경험적 관계는 배제된 지식으로, 단순히 미리 아는 인식적인 앎 이상의 무엇은 아니라고 본다. 어떤 아는 행위도 사람의 정체성을 창조하거나 사람을 다른 사람으로부터 구별시키는 역할을 하지 않는다는 것이다. 오히려 "또 누구든지 하나님을 사랑하면 그 사람은 하나님도 알아주시느니라"(고전 8:3)라는 말씀에 따르면, 하나님의 예지는 조건적이라고 주장한다(pp.170-172). 이러한 예지의 결과가 곧 개인에 대한 구원의 선택과 작정이다.

"베드로전서 1장 1-2절에서 사용된 명사 미리 아심(프로그노시스)은 '미리 알다'에 대한 비칼빈주의적 이해와 일치한다. 이 본문은 미리 아심을 따라 선택받은 사람들에 대해 말해 주고 있다. 이것은 예지와 선택이 서로 구별된 것이라는 사실을 분명히 말해 주는 것이다. 이 본문을 보면 예지가 미리 아는 것이라는 기본적인 의미 외에 다른 의미를 가지고 있다고 말할 어떤 이유도 없다. 따라서 이 본문에서의 예지와 선택의 관계는 로마서 8장 29절에서의 예지와 예정의 관계와 정확히 일치한다고 볼 수 있다"(잭 코트렐, p.174).

▪ 조건적 예지예정론이 더 합리적이라고 보는 이유

전적 타락을 전적 무능력으로 받아들이는 칼빈주의는 하나님이 특정 개인들을 무조건적으로 선택해서 불가항력적 은혜를 주서야만 그들이 구원받을 수 있다고 본다. 그러나 인간은 전적으로 타락했지만 하나님이 모든 인간에게 하나님의 초대에 응할 수 있을 만큼의 공평한 선행 은총을 주신다고 보는 알미니안 웨슬리주의는, 하나님이 그 초대에 반응할 개인들을 미리 알고 구원으로 예정하셨다고 주장한다. 따라서 알미니안 웨슬리주의의 입장은 적어도 '무조건적 이중예정론의 하나님은 불공평하다'는 비신자들의 공격에 정당하게 맞설 수 있다.

칼빈은 어거스틴의 구원론을 종교 개혁기에 부활시켰다. 어거스틴은, 구원은 믿음으로부터, 교회로부터 그리고 신적 작정에 의해 받는다고 주장했다. 특별히 교회에도 구원의 권위를 둠으로써 가톨릭 전통 형성에 신학적 이론의 기초를 제공했다. 이후 가톨릭교회를 통한 구원에 세례나 기부, 선행이 중시되면서 은혜와 믿음의 교리가 약해지고 행위 구원의 조짐이 강해지며 타락해 가자, 종교 개혁이 일어나 은혜와 믿음을 강조하게 되었다.

이때 칼빈은 하나님의 은총을 더 확고하게 강조하려고 어거스틴의 신적 작정론을 그대로 가져와 그의 구원론과 예정론에 도입했다. 행위 구원이 횡행하던 당시로서는 은총과 하나님의 주권을 강조하는 일이 중요했지만, 그러다 보니 무조건적인 절대 이중예정론으로까지 치우치게 되었다.

원래 철저한 칼빈주의자였던 알미니우스는 당시 칼빈의 예정론에 반대하는 드릭크 쿠른헤르트의 입장을 반박하려고 성경을 연구하다가 오히려 칼빈의 이론에 반기를 들고 지금 알미니안주의로 알려진 교리를 발표했다. 이것을 존 웨슬리가 목회 현장에서 실천 신학적으로 균형 있게 다듬었다.

그러나 이 책에서 잭 코트렐은, 어거스틴 이전에 이미 공교회 안에 알미니안주의적 교리가 형성되어 있었다고 지적한다. "교회사가 필립 샤프는 어거스틴에 이르기까지 모든 헬라 교부들은 오직 조건적 예정만을 가르쳤고, 그들은 예정이 사람들의 자유 행위에 대한 예지에 의존한다고 생각했다고 관찰한다. 심지어 어거스틴도 칼빈주의적인 견해를 갖기 전, 초기 저작에서 이런 생각을 공유하고 있었다"(pp. 178-180).

나는 개인적으로 칼빈주의보다는 알미니안 웨슬리주의의 신학적 입장이 더 성경적이라고 보는 노선에 서 있지만, 칼빈주의 신학의 여러 장점들을 인정한다. 천국에는 칼빈주의자와 알미니안 웨슬리주의자가 다 있을 것이다. 넓게 보면 성경을 중심으로 온건한 칼빈주의와 온건한 알미니안 웨슬리주의가 만나는 접점에서 좀 더 합리적인 예정론이 도출될 법도 하다.

어쩌면 찰스 스펄전이 말한 대로, 양 진영의 입장을 사람의 신학으로 조화시키려 하거나 어느 한쪽의 완승만을 노리려 하기보다, 둘 다를 성경에 있는 그대로 인정하고 때에 따라 목회적 강조점을 달리하는 게 최선일지도 모른다. 적어도 이제까지처럼 서로의 차이점에 대해 한 치의 양보도 없이 서로를 백안시하거나 공격 일변도로 평행선을 달리는 태도라도 재조정할 필요가 있다. 그렇게만 해도 이중예정론으로 빚어지는 불필요한 오해를 불식시키고, 배타적 권위주의에 반감을 갖고 공동체적 정의 관념에 민감한 포스트모더니즘 시대의 복음 전도에 좀 더 유연하게 부응하는 선교적 접점 찾기가 가능해지지 않을까.

• **더 깊은 탐구를 위한 연관 질문**

1. 하나님이 애초부터 천국 갈 사람, 지옥 갈 사람을 미리 정해 두셨다면, 하나님을 안 믿었다 해도 개개인을 심판할 정당한 근거가 없어진다는 주장은 타당한가? 개인의 구원 문제에서 창조주의 주권과 개인의 자유 의지는 어떤 관계여야 하는가?

2. 하나님 나라의 사역을 위해 선택받는 것과 구원을 위해 선택받는 것에 차이가 있다는 주장은 성경적으로 얼마나 설득력이 있는가? 이것이 이중예정론의 허점을 들어 하나님이 불공평하다고 공격하는 비난에 맞설 대안이 될 수 있는가?

: 더 깊은 탐구를 위한 관련 도서 :

• 《예정과 자유의지》(존 파인버그 외, 부흥과개혁사)
하나님의 주권과 인간의 자유가 갖는 의미와 연관성에 내해 '하나님은 모든 것을 정하신다'는 하나님 결정설, '하나님은 모든 것을 알고 계신다'는 하나님 전지설, '하나님은 자신의 힘을 제한하신다'는 하나님 능력 제한설, '하나님은 자신의 지식을 제한하신다'는 하나님 지식 제한설의 네 가지 신학적 관점으로 고찰한 책.

"규범적 의미의 하나님 뜻에는 오직 선만이 포함된다. 어느 정도의 악이 허락되는 것은 허락적 의미에서의 하나님의 뜻 안에서만이다. 우리의 삶에 대한 하나님의 규범적 뜻은 죄를 짓지 않는 것이다. 그러나 하나님의 허용적 뜻은 죄를 허용한다. 이는 하나님의 섭리적 뜻 안에서 우리의 죄에서조차 선을 가져올 수 있도록 하기 위해서다"(pp.123-124).

• 《가룟 유다 딜레마》(김기현, IVP)
하나님이 인간의 구원을 위해 가룟 유다를 예정하고 사용하신 것이라면 인간의 자유 의지는 무슨 의미가 있는지를 테마로, 가룟 유다와 유다복음이 제기하는 신학적이고도 신앙적인 의문들, 곧 가룟 유다 딜레마들을 놓고 성경과 신학, 교회의 역사적 답변을 추적한 책.

"유다의 배반은 그 자신의 자유로운 선택과 결단이었다. 하나님은 그 누구도 충동질하지 않으신다. 하나님은 어떤 피조물이라도 죄를 짓도록 미리 확정하지 않는다. 그와 반대로 자기 아들을 아끼지 않으실 정도로 우리가 돌아오길 바라신다. 우리의 갈 길은 책임을 남에게 전가한 아담의 길이 아니라 자신에게 부과한 둘째 아담 예수 그리스도의 길이다"(p.55).

6
무신론자들은
왜 신을 믿기 힘들어하는가?

《무신론의 진짜 얼굴》(라비 재커라이어스, 에센티아)

세상의 경영자가 그 세상을 아주 조금 뒤흔들거나 정지시키거나 해도
그분이 평소에 얼마나 많은 일을 하고 계신지 알 수 있다.
세상의 어떤 탁월한 정치가나 경영자도
하나님을 대행해서 그분의 일을 대신할 순 없다.
질적으로나 양적으로 무한한 존재가 아니라면,
본질상 누구든 이 세상을 단 한순간도 운영할 수 없다.

"존재하지도 않는 신을 증오할 수 있는가?" 영화 〈신은 죽지 않았다〉에 나오는 대사들 중 기억에 남는 말이다. 신이 없다고 굳이 강변하는 건 신이 존재하기 때문이다. 그러고 보면 이 세상에 순수한 무신론자는 없다. 신에 대한 애증이 없다면 무신론자가 못 된다. 무신론은 신이 없었으면 좋겠다는 또 다른 믿음일 뿐, 확실한 물증이 없다는 게 큰 단점이다.

미국의 대표적 기독교 변증가인 저자가 쓴 이 책은 무신론의 실체와 딜레마를 다룬 변증서다. 주로 19세기 이후 서구인들이 어떻게 무신론을 견지하게 되었는지, 무신론이 인류의 삶에 어떤 영향을 미쳤는지에 대해 조명하고, 기독교 유신론의 정당성을 입증함으로써 무신론을 극복할 대안과 해결책을 제시한다.

이 과정에서 저자는 무신론의 기원과 실체를 철학적, 과학적, 도덕적 측면에서 꼼꼼하게 점검한 후 무신론의 진짜 얼굴을 다음의 네 가지 특징으로 명시한다. '원초적 인과관계를 향한 무지의 도약, 도덕성의 상실, 의미의 부재 그리고 희망의 죽음'(p. 230). 이러한 무신론의 특징들을 하나씩 풀어낸 것이 이 책의 골자다. 무신론이란 '신이 없다고 믿는 신조'다. 그러나 저자에 따르면, 이 신조는 "나는 무한한 지식을 가진 존재가 없다고 하는 무한한 지식을 갖고 있다"고 말하는 것과 같은 자기모순이다(p. 46).

무신론자들이 직면한 세 가지 딜레마

무신론자들의 자기 이해에 근본적인 결함이 있다는 걸 전제로 저자가 짚어 낸 무신론의 실체와 딜레마는 다음의 세 가지로 요약된다.

첫째, 과학적 측면에서 '원초적 인과관계를 향한 무지의 도약'이란 표현은 인간의 기원에 대한 무신론자들의 억지스런 몸부림을 가리킨다. 저자는 이 몸부림의 실상을 기원과 존재의 패러다임으로부터 신을 몰아내는 데 거대한 추진력을 제공한 다윈주의 진화론의 허구성을 드러냄으로써 예리하게 공박한다. 진화론의 한계는 다윈 이후 유전학의 발달로 돌연변이에 대한 지식이 증가하고 진화의 메커니즘에 대한 다양한 이론이 제기되면서 여실히 드러났지만, 당시로선 무엇보다 종교적으로 큰 파문을 불러일으켰다.

"인류가 동물의 세계로부터 자연선택에 의해 진화했다는 사상은 종교적인 신앙의 뿌리에 도끼를 내리치는 것과 같았다. 다윈의 이론이 나온 직후에는 유신론 자체가 격렬한 공격을 받았고 무신론적인 마음가짐은 그때부터 과학적으로 지지를 받는 현실이 되었다"(pp. 27-28).

저자의 분석에 따르면, 다윈의 진화론이 등장하기 전에 기독교 신앙과 교회의 권위에 심각한 타격을 입힌 최초의 시발탄이 이미 터져 나온 상황이었다. 교회가 주장해 온 천동설을 뒤집어엎은 갈릴레오의 지동설이 바로 그것이었다. 그의 설명을 들어 보자.

"갈릴레오의 업적이 대중의 마음에 가했던 진짜 위협은, 실제로 우주가 과학적인 연구에 굴복하게 된다는 점도 아니요, 프톨레마이오스의 지구 중심적 견해를 포기하게 된다는 점도 아니었다. 수많은 사람이 내던져버려진 것은, 이제 순전히 기계론적으로 설명되는 우주 안에서 섭리와 기도 같은 관념들이 지니는 유효성이었다. 이런 식의 적용은 점점 위로 확대되어 갔다. 만약 세계 자체가 기계론적인 모델을 제시한다면, 그것은 인간에게 적용되어야 하는 것 아닌가? 결정론이란 말이 철학과 심리학 사전에서 친숙한 단어가 돼 버린 것이다. 갈릴레오의 발견이 가져다준 영향력은 엄청난 파문을 남긴 셈이다"(p.27).

결국 갈릴레오의 지동설이 제기한 위협이 의미한 바대로, 초자연적인 하나님의 개입보다는 기계론적, 결정론적 세계관에 대한 인식이 크게 확산되면서 자연 선택설에 기초한 다윈의 진화론이 들어설 토양이 마련되었다. 이 흐름을 타고 그 후 무신론적 자연주의, 과학만능주의적 세계관이 번성해 갈 사상적 지반 또한 자연스럽게 형성되었다고 볼 수 있다.

이렇게 갈릴레오 효과(섭리에 대한 불신)에다 다윈의 이론(창조주 하나님에 대한 불신) 그리고 뒤이어 마르크스주의자의 전제(무신론에 바탕을 둔 새로운 경제 이론)로 이어지는 강력한 펀치 외에도 교회는 프로이트의 종교 분석의 펀치를 맞아야 했다. 프로이트는 신성해야 할 결혼을 한낱 성적인 대체물의 일종으로 평가하고, 종교를 사적인 강박의 공적인 형태로 규정하면서 윤리, 신앙, 의식 등으로부터 신성함을 제거해 버렸다(p.29).

둘째, 사상적 측면에서 도덕성의 상실과 의미의 부재를 초래한 무신론에 결정적인 영감과 그럴듯한 이데올로기를 제공한 철학자 니체도 허무주의를 벗어날 순 없었다.

니체는 기독교를 포함한 모든 종교를 경멸했다. 유신론의 영향력을 완전히 몰아내고 삶의 무의미성, 무목적성을 철학적으로 미화시키는 작업을 무자비할 정도로 강행한 무신론자가 바로 니체였다.

그의 사상은 히틀러 같은 인종차별주의자, 프로이트나 칼 융 같은 심리학자들 그리고 자유주의 신학자들에게 지대한 영향을 끼쳐 교회의 근간을 뒤흔들었다. 신의 죽음을 선포함으로써 지성 자체가 방향을 잃게 만든 니체는 종교에 대해 믿음을 상실한 인간, 곧 무신론자의 실존을 제대로 직시한 최초의 서양 철학자였다(p.33).

이 대목에서 청년기에 문학도로서 시와 평론들을 탐독하던 시절, 한국 문학계의 여러 저자들의 글마다 '니체'의 이름이 거의 빠지지 않고 언급되던 기억이 난다. 마치 영미 복음주의자들의 책에 'C. S. 루이스'의 이름이 자주 등장하는 것과 비슷하다. 포스트모더니즘의 선구자로도 불리는 니체는 고정된 진리 체계를 참된 삶의 활력과 자율성을 빼앗는 올가미로 여겼다. 그가 없이는 현대 인본주의 문학과 예술의 가장 큰 사상적 기반도 없다.

한국에서도 예외 없이 '실험 정신'이란 미명 아래 세계의 무의미성이나 비관주의, 신과 맞대결하는 인간의 독립 의지를 형상화하려는 숱한 작가들의 몸부림 뒤에는 니체가 있다. '내일이야 어찌되든 이 순간을 즐기자'는 향락주의나 '인간다움'에 대한 지나친 연민, 무책임한 현실 도피나 자살 풍조와 같은 사회 병리 현상의 이면에도 니체식 허무주의가 도사리고 있다.

셋째, 창조주의 상실, 도덕률의 폐기, 의미 상실의 딜레마를 안고 있는 무신론의 종착지는 결국 죽음, 곧 공허함과 희망 없음의 나락이다.

바로 여기에 무신론의 진짜 얼굴이 또렷이 드러난다. "자신의 기원을 되돌아보려는 마음도 없고, 길잡이가 되어 줄 법도 없으며, 삶에 집착할 의미도 없고, 미래에 대한 희망도 없는 것"(p.147).

결론적으로, 저자는 기독교적 유신론이 왜 모든 인간에게 보편타당한 진리인가를 보여 주는 것으로 무신론의 딜레마를 풀어 주고자 한다. 무신론자들은 만들어진 우주 자체가 기적이며 자신의 존재 자체도 기적적이라는 것을 인정하지 못한다. 그래서 차라리 우연을 창조주로 삼을지언정, 초월적인 신의 존재만은 인정하지 않으려 한다. 자신의 한계를 인정하지 못한 채 하나님으로부터 독립하고자 애쓰는 자율성, 그 교만이 세상에 죄를 들여왔고, 이것이 또한 무신론의 뿌리가 되었다(p.193).

"우리가 누구인지, 그리고 우리가 무엇을 필요로 하는지를 아는 것이야말로 우리가 무엇이 될지를 결정하는 출발점이다. 문제는 교육이나 문화의 부재가 아니다. 죄가 있다는 것이 문제다"(pp.195-196). 결국 도덕성 문제의 핵심은 죄를 바르게 이해하는 데 있다. 누군가가 죄인인지 아닌지를 결정하는 것은 그 인간이 어느 정도로 사악한가가 아니라, 바로 하나님의 본성과 특성이다(p.198). 그런데 신을 없애 버린 사람들에게는 이러한 절대적인 도덕성의 기준이 없기 때문에 죄가 무엇인지에도 무지할 수밖에 없다.

이 책의 장점은 콕 집어 말하기 어려운 무신론적 자연주의 가치관의 허점들을 집요하게 조목조목 추적해 낸다는 것이다. 저자는 신 없는 자들의 삶과 세계관의 딜레마를 적실하게 잡아내려고 책 곳곳에 여러 저자들의 주옥같은 명언들을 소개한다. "절망은 고통에 찌들어서 찾아오는 것이 아니라 쾌락에 싫증이 나서 찾아온다"(p.121), "하나님은 태양과 같다. 우리는 그것을 똑바로 보지 못하지만 그것이 없다면 당신은 다른 어떤 것도 보지 못한다"(p.169)는 체스터튼의 명언은 대표적인 일례다.

▬ 무엇을 안 믿고 사는지도 모르는 통속적인 무신론자들

"우주를 탄생시킨 건 신이 아니라 중력의 자연법칙에 의한 빅뱅이다." 영국의 저명한 천체 물리학자 스티븐 호킹의 말이다. 다윈주의 생물학에 이어 물리학에서도 무신론이 분명하게 공표된 순간으로 지목될 만하다. 물론 중력도 이미 피조물이란 걸 놓치며 별 대책 없이 엄청나게 큰 틈새도 동시에 공표했다. 스티븐 호킹 같은 무신론적 과학자들은 과학이 사람이 관찰할 수 있는 것, 곧 사실과 경험적 증거에 관련된 거라 말하면서도 우주나 생명의 기원에 대해서는 자주 증거가 미비한 가설을 일방적으로 전제하거나 주입시키려 한다. 과학만능주의에 세뇌된 대중들은 그들을 교만한 권위자로 기꺼이 옹위해 준다.

과학은 인간의 기원에 대해선 알 수 없고, 인간의 존재 이유 또한 설명하지 못한다. 그러나 진화론은 아무런 물질적 실체나 힘도 없는 추상적 개념에 불과한 '우연'이란 용어를 막연한 창조나 발생의 최초 원인으로 삼으려고 한다. 이러한 시도는 귀납과 연역, 경험과 합리성의 결합을 중시하는 고전적인 과학의 방법론을 스스로 해체하고 과학의 자존심마저 무너뜨리는 어리석은 자해 행위에 지나지 않는다.

내가 느끼기에, 저자가 이 책에서 염두에 둔 무신론자들은 자연주의 세계관에 경도된 사상적, 지적인 무신론자들이다. 아쉽게도 우리 주변

에서 흔히 볼 수 있는 무신론자들은 이들과 다르다. 대다수가 하나님에 대한 무지와 무관심에 의해 무신론자라는 자기 정체성도 없이 평범하고 통속적인 무신론자로 살아간다. 그들은 자신들이 무엇을 안 믿고 사는지조차 모른다.

그러나 아무것도 안 믿고 사는 것도 실은 무신론을 믿고 사는 것이다. 그런 면에서 이 책은 창조주 하나님뿐만 아니라 무신론의 딜레마에 대해서도 무지와 무관심으로 일관하며 살아가는 그들을 깨우치는 데 유용한 도구가 될 수 있을 것 같다. 기독교 유신론의 독보적인 장점은 무신론의 명백한 허구적 실체로 인해 아무리 숨기려 해도 도저히 숨길 수 없을 만큼 자연스럽게 빛이 난다.

• 더 깊은 탐구를 위한 연관 질문

1. "인류가 동물의 세계로부터 자연 선택에 의해 진화했다는 사상은 종교적인 신앙의 뿌리에 도끼를 내리치는 것과 같았다"는 말이 지금은 왠지 낯설게 들리지 않는가? 어느새 진화론에 익숙해진 이 시대의 모습을 어떻게 선입견 없이 새롭게 되돌아볼 수 있을까?

2. '아무것도 안 믿고 사는 것도 실은 무신론을 믿고 사는 것'이란 말을 어떻게 생각하는가? 무신론자와 회의주의자가 사실은 크게 다르지 않다고 본다면 어떤 이유 때문인가?

: 더 깊은 탐구를 위한 관련 도서 :

• **《무신론의 심리학》**(폴 비츠, 새물결플러스)

무신론자의 신념에 영향을 끼친 아버지 경험과 개인의 신 관념 사이의 관계를 심리학적으로 통찰, 분석하고 대안을 제시한 책. 무신론은 과학적 이론이자 논리적 귀결이라는 외피를 쓰고 있지만 실제로는 전(前) 지성적인 정서의 상태, 유년기의 심리적 환경에서 형성된 마음의 무의식적 지향이라고 보았다.

"아버지에 대한 심리학적 표상이 신에 대한 이해와 밀접하게 연결된다는 프로이트의 가설은 이후에 오는 많은 심리학자들, 특히 정신분석가들에 의해 더욱 정교하게 발전되었다. 다시 말해 무신론자의 경우 자기 아버지에 대한 실망과 분노가 무의식적으로 신에 대한 부정을 정당화한다는 것이다. 나는 이 모든 무신론자의 결정인자들을 통틀어 '결함 있는 아버지'(defective father) 가설이라 명명한다"(pp.35-36).

• **《신 없는 사람들》**(알리스터 맥그래스, IVP)

신 존재와 종교의 가치를 전적으로 부인하고 종교를 사회악으로 간주해, 종교가 없는 세상이야말로 인간이 지향해야 할 세상이라고 주장하는 '새로운 무신론자들'에 맞서 신앙의 합리성, 종교와 과학의 관계, 믿음과 폭력 사이의 연관성, 종교의 사회적 위치 등을 테마로 무신론의 허점과 오해를 드러낸 책.

"새로운 무신론자들은 과학을 무신론으로 가는 지성의 고속도로로 간주한다. 그렇지 않다. 과학이 무신론과 공명하는 만큼, 과학은 기독교 신앙과도 공명한다. 하지만 과학 자체는 유신론에 대해 중립적임은 매우 분명하다. 과학이 과학적 방법이기를 포기하거나, 철학적인 형이상학에 빠져들지 않는다면 말이다"(p.162).

2부

과학과 신앙

누군가가 나에게 개나 고양이를 만들어 보라고 한다면 어떨까? 지구는? 나는 종이로도 못 만든다. 사람은 만드는 흉내조차 못 낼 진귀한 피조물들이 너무도 흔하다 보니 전능자에 대한 상상이 퇴화되어 버렸다. 전능자를 너무 흔하게 여기는 건 예의가 아니다.

1
성경의 창조론과 유신진화론, 양립할 수 있는가?

《타협의 거센 바람》(이재만, 두란노)

하나님과 진화를 적당히 뒤섞을 수 있다고 생각하는 건 비과학적 오해다.
완전하신 하나님이 "보시기에 심히 좋았더라"(창 1:31)고 할 만큼
처음부터 완결시킨 만물인데 무엇이 아쉬워 진화적 방법을 택하겠는가.
'생육하고 번성하라'(창 1:28)는 명령은 처음부터 완성된 생물체에만 적용된다.
신학적 상식은 과학적 상식을 크게 안 벗어난다.

'이 광대한 우주와 지구를 6일 만에 다 창조했다고? 이게 어처구니없는 신화가 아니고 뭔가?' 진화론을 과학의 정설인 양 받아들이는 현대인들에게 창세기 1장의 창조 이야기는 그 자체가 전도의 큰 걸림돌처럼 보인다. 사람들은 대체로 창조주가 있느냐보다 이 천지가 어떻게 만들어졌느냐에 더 민감하다. 그러나 6일 만에 창조되었든 더 긴 시간에 걸쳐 만들어졌든, 중요한 건 그 창조의 주체가 누구냐다. 지성적인 인격체를 창조주로 삼지 않는다면, 아무런 실체도 능력도 없는 우연을 창조주로 삼는 수밖에 없다. 성경을 믿는 그리스도인들은 전자가, 무신론적 진화론자들은 후자가 더 합리적이라고 여긴다.

　그런데 지금 한국 교회 안에서는 이 두 가지 주장을 절충한 이른바 '타협 이론'이 등장해, 젊은 세대를 중심으로 빠르게 공감대를 형성해 가는 분위기다. 진화론의 주요 뼈대에 성경의 하나님을 창조와 진화의 주체로 편입시켜 넣은 대표적인 타협 이론이 바로 '유신진화론'이나 '점진적 창조론' 등이다. 이런 타협 이론을 지지하는 이들은 기독교의 창조론이 진화론 중심의 현대 과학과 대화하고 소통하지 않으면 진화론에 익숙한 수많은 지성인들을 기독교 신앙으로 흡수하기 어렵다고 본다.

　이 책은 바로 이런 시대 분위기 속에서 진화론의 허구성을 재확인시키는 동시에, 창조론에 진화론을 혼합하려는 유신진화론과 같은 타협 이론의 부당성을 창조 과학의 입장에서 조목조목 제시한다. 저자는 특히 지질학을 전공한 전문가답게 진화론의 주된 뿌리의 하나로 든 지질학계의 '동일 과정설'과 '지질 연대표'야말로 18세기 계몽주의 시대의 사고방식을 그대로 반영한 이데올로기적 열매라고 진단한다. 이를 근거로 타협 이론에 대한 비판의 포문을 여는 서두가 이 책의 백미라 할 만큼 꽤 인상적이다.

■ '생각하기에 존재한다' vs. '존재하기에 생각한다'

저자는 중세 말 교회의 타락으로 교회 안에서 종교 개혁이 일어날 때쯤, 교회 밖에서는 계몽주의가 일어나면서 근대 이성주의 시대가 열렸다고 본다. "나는 생각한다. 고로 존재한다"라는 데카르트의 말이 근대 철학의 근본 원리가 되었는데, 이 말은 인간이 자기 존재의 확실성을 자신의 생각, 즉 이성에 두게 되었다는 뜻이다. 그러나 성경은 이와 반대로 "나는 존재한다. 고로 생각한다"고 가르친다는 게 저자의 주장이다. 자신을 존재케 한 창조주 하나님을 먼저 알고 난 후 그 안에서 생각하는 것이 바른 순서이기 때문이다(p. 25).

그러나 자신이 누구이며 어디서 왔는지에 관한 문제에서 자신의 이성을 우선시하는 '철학 시대'로 접어들면서, 이러한 근대적 사고는 18세기부터 자연 과학에 영향을 주었다. 또한 이는 자연스럽게 내가 어디에서 왔는지 그 과거를 알고자 하는 '역사 과학'(Historical science)의 영역으로까지 번져 나갔다(p. 26).

이런 분위기에 힘입어 프랑스에서는 지질학과 천문학, 생물학에서 긴 기간을 전제로 과거의 일들을 추적하는 역사 과학의 초기 이론들이 등장하게 된다. 지질학에서 뷔퐁은 지구가 혜성과 태양으로부터 왔다는 가설을 통해 지구의 나이가 75,000년이 넘을 것으로 가정했다(1778년). 천문학에서 라플라스는 원시 성운이 냉각, 수축, 회전 등을 거쳐 태양이나 여러 행성이 되었다는 성운 가설을 발표했다(1796년). 생물학에서 라마르크는 환경에 적응하고자 획득한 형질이 다음 세대에 유전되어 진화가 일어난다는 용불용설을 주장했다(1809년).

이 가설들은 모두 비과학적인 것으로 판명되어 오늘날에는 폐기되었지만, 그 당시 사람들에게는 지구와 생물이 오랜 세월에 걸쳐 변화되어 현재의 모습이 되었다는 막연한 생각을 심어 주는 데 한몫했다. 훗날 이 세 가지 이론은 무신론적 역사 과학의 시초로서 지질학에서는 '동일 과정설', 천문학에서는 '대폭발설'(Big Bang), 생물학에서는 '진화론'이 탄생하는 데 초석을 놓았다(p. 28).

이러한 역사 과학의 흐름은 영국으로 건너가면서 찰스 라이엘이 《지질학 원리》라는 책을 통해 동일 과정설을 주장하게 되는 주목할 만한 결실을 맺는다(1830년). 동일 과정설은, 지구 위의 변화는 항상 같은 속도와 같은 방식으로 일어난다는 이론으로, '현재는 과거를 알 수 있는 열쇠'라는 명제를 보편화시켰다. 예를 들어, 오늘날 침식이나 퇴적 같은 지질 변화는 아주 느리게 나타나기 때문에 과거에도 동일하게 아주 느리게 일어났을 것으로 가정하는 것이다.

자연스럽게 이 가설은 창세기 1장에 기록된 초자연적인 창조나 노아의 대홍수 같은 지구적인 대격변 사건의 발생은 불가능하다는 생각을 부추겼다. 이는 데카르트의 "나는 생각한다. 고로 존재한다"라는 계몽주의 사고의 연장선상에서, 비록 자신은 과거의 그 현장에 없었지만 현재의 이성과 경험으로 과거를 알 수 있다는 사고방식과 통한다. 마침내 다윈은 지층과 산들이 아주 느리게 형성되었다는 라이엘의 동일 과정설을 받아들여 지구가 매우 오래된 것이 틀림없다고 생각하게 되었고, 그것을 생물의 변화에 동일하게 적용하고 체계화시켜 진화론의 원전인 《종의 기원》을 펴내기에 이른다(1859년).

계몽주의적 분위기에서 다윈의 진화론은 라이엘의 동일 과정설과 맞물려, 등장하자마자 과학적 검증을 거칠 새도 없이 전 유럽을 휩쓸며 정설로 받아들여졌다. 이러한 흐름은 1872년에 라이엘이 지구의 역사를 고생대, 중생대, 신생대 식으로 구분해 그 시대별 지층에 분포하는 화석의 순서를 나열한 지질 연대표를 완성하면서 더욱더 폭넓게 대중화되었다. 저자는, 오늘날의 지질 연대표는 1872년에 만들어진 틀에 캄브리아기나 쥐라기, 백악기 같은 이름이 추가되고 시대가 좀 더 세밀하게 나뉘었을 뿐, 처음 것과 달라진 것은 거의 없다고 본다. 그러나 지질 연대표가 보여 주는 것처럼 진화론의 순서대로 화석이 고스란히 발견된 곳은 지구상에 어디에도 없다고 주장한다(p.37).

저자는, 성경의 창조론에 진화론을 혼합하려는 시도는 모두 이 지질 연대표를 사실적인 역사로 놓고 성경의 창세기 1장을 이 표에 억지로 끼워 맞춘 것이라고 본다. 진화론에서 주장하는 대로 우주는 138억 년, 지구는 46억 년에 걸쳐 만들어졌다면, 창세기 1장에 등장하는 엿새 동안의 창조 이야기는 비유나 상징으로 간주되어야 한다. 그렇게 되면 유일하게도 창조의 사건을 구체적으로 보도하는 성경의 권위는 크게 훼손될 수밖에 없다.

6일이냐, 46억 년이냐?

현재 창조론에 진화론을 뒤섞어 제시하는 복음주의권 내의 타협 이론은 유신진화론과 간격 이론, 점진적 창조론 그리고 다중격변설이다. 유신진화론은 하나님이 생물과 인간을 창조하실 때 지질 연대표의 순서대로 수십억 년에 걸쳐 진화 과정을 사용하셨다는 주장이다. 간격 이론은 창세기 1장 1절과 2절 사이에 수십억 년이 흘렀다는 주장이고, 점진적 창조론은 하나님이 인간을 창조하시기 전에 수십억 년 동안 창조와 멸종을 반복하셨다는 주장이다. 한국에서 양승훈 교수가 강하게 주장한 것으로 알려져 있는 '다중격변설'은 창조와 멸종이 반복될 때마다 노아의 대홍수 심판 같은 격변들을 사용하셨다는 주장이다.

이들 가운데 저자가 이 책에서 가장 주되게 비판한 타협 이론은 유신진화론이다. 특히 서울대에서 천문학을 가르치는 우종학 교수의 책, 《무신론 기자, 크리스천 과학자에게 따지다》(IVP)에 소개된 유신진화론의 내용들을 비판하는 데 책의 많은 분량을 할애한다. 나 역시 우 교수의 책을 읽었는데, 저자가 우 교수의 책에서 인용한 창조 사건과 관련된 언급들은 유신진화론자들이 대표적으로 주장하는 내용들의 핵심을 두루 담고 있는 대목들로 보인다.

"신이 자연 선택이나 유전자 변이 등과 같이 인과관계를 설명할 수 있는 진화의 방식을 사용해서 인간을 창조하지 않아야 할 이유는 없다"(p.84). "인간과 침팬지가 매우 유사한 유전자를 갖는다는 것은 인간과 침팬지가 각각 과거에 같은 조상에서 진화해 왔다는 것을 보여 준다"(p.166). "원죄가 사회적으로 혹은 영적으로 전승되는 것이라면 아담이 모든 인류의 조상일 필요는 없다. 원죄는 대표성의 원리에서 이해하는 것이 바람직하다"(p. 234).

이런 타협 이론의 영향으로 이미 복음주의 신학자들 중에는 아담의 역사성에 강력한 의문을 제기하는 이들도 등장하고 있다. 저자는 이 책에서 충분히 진화된 원숭이 같은 동물 집단에 하나님이 당신의 형상을 입혀 주심으로 사람이 만들어진 것이라면, 첫 사람 아담과 마지막 아담 예수의 대비가 무너지면서 구원의 복음에도 큰 변질이 일어난다고 주장한다. "죄를 시작한 '한 사람'이 첫 사람 아담이 아니며, 그의 범죄로 인해 모든 사람이 죽게 된 것이 아니라면, 마지막 아담이신 예수님 안에서 모든 사람이 살게 된다는 것을 설명할 수 없다"(p. 125).

저자는 또한 창세기 1장이 육하원칙에 따라 창조 과정을 설명하고 있지 않다는 우 교수의 주장에 대해서도, 창세기 1장에는 문자 그대로 볼 때 육하원칙에 입각한 창조의 과정이 빠짐없이 드러나 있다고 반박한다. 이런 관점에서 보면 결국 교회 안의 타협 이론이 제기하는 최대 이슈는 하나님이 엿새 동안 천지를 창조하셨다는 창세기 1장의 기록을 문자 그대로 받아들일 것인가, 비유적으로 해석할 것인가이다.

진화 이론과 무신론적 진화주의는 참된 과학인가?

현재 창조 과학계는 하나님이 창세기 1장 이후 모세 시대의 분명한 역사적 맥락에서도 친히 엿새 동안 천지를 만들고 일곱째 날 쉬셨다고 언명하신 데서(출 20:11, 31:17) 창조 시의 하루를 문자적인 24시간으로 여기는 젊은 지구론을 견지한다. 안식일이 하루라면, 엿새도 저녁이 되고 아침이 되는 동일한 사이클의 동일한 하루다. 그 하루하루의 창조가 하나님 보시기에 좋을 만큼 완벽했다. 수십억 년의 긴 시간 동안 생존 경쟁과 자연 선택과 죽음이 반복 진행되어야 하는 진화의 과정을 창조에 사용하셨다면, 이렇게 말씀하실 수가 없다.

우 교수는 자신의 책에서 "138억 년 동안 우주는 멋있게 변해 왔다"(p.242)고 말하지만, 저자는 "우주 역사는 인간에 의해 관찰되거나 실험으로 검증된 적이 한 번도 없다"(p.142)고 반박한다. 진화론 자체가 실험 과학이 아니라, 시공간적으로 아주 제한적인 데이터와 모델에 따른 가상의 역사를 전제하는 역사 과학이라는 한계를 인정해야 한다는 것이다.

저자는 결론적으로, 창조론에 진화론을 수용하려는 타협 이론은 성경과 일치하지도 않고, 엄밀하게 과학적이지도 않으며, 초월적이고도 완전하신 하나님의 속성에도 어울리지 않는 이론이라고 비판한다. 리처드 도킨스를 비롯한 무신론적 진화론자들이 어떤 형태로든 진화론과 기독교는 결코 양립할 수 없다고 보는 것도 저자의 결론을 뒷받침해 주는 듯하다.

우 교수는 자신의 책에서 진화와 진화 이론 및 진화주의를 구분하면서, 진화는 자연 현상 자체라고 볼 수 있고, 진화 이론은 진화라는 자연 현상을 설명하는 하나의 과학 이론이라고 정의한다. 그러나 진화주의는 진화 이론을 무신론적으로 해석한 하나의 세계관이어서, 과학이 아니라 철학적 논증에 가깝다고 주장한다(pp.38-39). 이 말에는 무신론적 진화주의를 제외한 진화나 진화 이론은 공인된 과학으로 받아들일 만하다는 전제가 깔려 있다.

그러나 진화론 자체가 진화론자들 스스로 소진화가 축적되어 대진화가 일어나는 메커니즘에 대한 과학적 설명이 불가능하고, 전이 형태의 화석이 없다는 치명적인 문제점을 지닌다고 시인한 하나의 가설에 불과하다. 과학의 발전이 교회가 천동설 같은 잘못된 가정을 근거로 이해했던 성경의 텍스트를 재조명하게 해 주는 건 사실이다. 그러나 그 과학 자체가 정설로 검증되지 못한 진화론이라면, 이런 전제를 정당화시키지 못한다. 진화론은 중력 법칙이나 지동설처럼 반복적으로 확인되는 참된 과학의 범주는 아니다.

　오히려 교회는 이렇게 불완전한 진화론을 성경적 창조론에 섣불리 혼합하려고 시도할 것이 아니라, 창조주 하나님의 존재 자체의 정당성이나 합리성에 대해 좀 더 치밀하게 도전해야 한다. 무한하고도 완전한 지성을 가진 창조주의 존재를 인정하지 못하는 이들에게는 어차피 6일 창조나 예수의 동정녀 탄생, 부활 같은 사건이 동일하게 다 못 믿을 이야기다. 성경의 창조 이야기에서도 비신자들은 6일 창조 이전에 신이란 존재가 어떻게 말 몇 마디로 천지를 만들었다고 하는지에 대해 큰 의문을 갖는다.

　'논리(logic)의 어원이기도 한 로고스(logos)에 의한 질서 있는 창조가 왜 우연에 의한 진화론보다 모든 면에서 이치에 맞는가?' 이런 질문을 던지면서 창세기에 등장하는 창조주 하나님의 존재를 설득력 있게 변증해 나가는 것이 창조론을 진화론에 적당히 뒤섞어 놓으려는 혼합주의적 접근보다 훨씬 더 안전하고도 이성적인 복음 제시가 될 것이다.

• 더 깊은 탐구를 위한 연관 질문

1. 교과서에서 고생대나 중생대, 신생대 식으로 지구의 역사를 구분해 시대별 지층에 분포하는 화석의 순서를 소개한 지질 연대표를 단 한 번이라도 의심해 본 적이 있는가? 과거의 일들을 추적하는 역사 과학은 실험 과학과 어떻게 다른가?

2. 창조주의 존재를 믿지 못하면 6일 창조나 동정녀 탄생, 부활 사건도 비슷하게 다 못 믿을 수밖에 없다는 주장에 동의하는가? 진화론 중심의 현대 과학과 대화하고 소통하지 않아서 진화론에 익숙한 현대인들을 전도하기가 어렵다고 느낀 적이 있는가?

: 더 깊은 탐구를 위한 관련 도서 :

• **《유신진화론 비판》**(J. P. 모어랜드 외, 부흥과개혁사)

스물다섯 명의 전문적인 과학자, 철학자, 신학자들이 유신진화론, 곧 기독교적 유신론에 결합된 다윈주의의 과학적, 철학적, 신학적, 성경적 결함에 대해 다룬 포괄적인 비판서. 생물의 역사 속에 일어난 사건들에 대한 과학적 설명으로서의 '신(神) 가설'이 유의미한 강력한 근거들을 제시한다.

"과학은 현대 사회에서 모든 영역에 스며들어 있고, 많은 사람은 과학을 우리의 모든 주요 문제들을 해결해 주는 수단으로 간주한다. 많은 사람에게 과학은 새로운 종교가 되었으며, 우리의 궁극적인 질문들에 대한 답을 줄 것이라 기대하는 대상이 되었다. '나/우리는 믿기를…'과 같은 문구들은 일부 과학자들 사이에서, 특히 진화생물학과 우주론 분야에서 보편적인 표현이 되었다"(p.627, 상권).

• **《지질학과 기독교 신앙》**(한국교회탐구센터, IVP)

오늘날 지구의 모습에 대한 지질학적 설명과 함께 지구 형성 이론에 대한 과학사적 고찰, 지구의 연대에 관한 신학적 논의를 통해 과학과 기독교 신앙이 병존 가능하다고 보고, 창조 과학에 대한 비판적인 입장에서 진화론에 대한 진지한 이해로 기독교 신앙이 오늘날의 과학과 어떻게 소통해야 할지를 제시한 책.

"19세기에 접어들어 지구와 관련된 지식이 폭발적으로 늘어나며 지질학은 독자적인 학문으로 확립된다. 지질학 연구방법론도 확립된다. 현재의 지질학적 현상을 발생시키는 물리적 과정은 과거에도 동일한 현상을 발생시켰을 것이며, 그 과정이 암석과 지층에 남긴 기록을 통해 그 과정을 재구성해야 한다는 생각이 뿌리를 내리게 된 것이다. 한 세기 전과 달리 지구의 역사를 구성하기 위해 성경을 찾는 일은 현저히 줄어들었다"(pp.72-73).

2
기적을 일으키시는 하나님, 창조주의 자격이 있는가?

《기적》(C. S. 루이스, 홍성사)

기적을 못 믿어 기적적인 존재인 하나님을 못 믿겠다고들 한다.
그렇다면 정자와 난자가 만나 뼈와 치아, 머리카락과 눈, 손발, 혈액과
온갖 정교한 장기들이 빚어지는 건 기적이 아닐까.
나라는 사람의 존재 자체가 기적적이라는 걸 못 믿으면 신도 못 믿는다.
내가 사는 땅, 곧 허공에 떠 있는 둥근 지구 또한 이미 불가사의한 기적이다.

내가 만나 본 비신자들 중에는 유독 '과학주의'에 물든 이들이 많았다. 그들이 기독교 신앙을 갖는 데 가장 큰 걸림돌은 단연코 성경에 '너무도 일상적인 사건인 듯 태연스럽게' 등장하는 여러 기적에 대한 이야기다. 얼핏 보기에 기독교 진리의 핵심은 모두 기적에 바탕을 둔 듯 같다. 말씀을 통한 창조, 하나님의 성육신, 예수의 동정녀 탄생과 부활이 다 그렇다. 물론 창조주 하나님의 존재 자체도 실은 이들 못지않게 기적적이다. 과학주의를 신봉하는 요즘 사람들에게 이런 이야기들로 전도하기란 그래서 더더욱 만만치 않다.

이 책의 저자인 C. S. 루이스는 이러한 딜레마를 해결하려고 꽤 날카로운 메스로 기적의 메커니즘을 해부한다. 기적의 가능성을 부정하는 현대인들의 사고방식 배후에 자연주의가 도사리고 있다는 진상을 간파하고 그 세계관의 허점을 예리하게 도려낸다. 기적을 "자연에 대한 초자연적 힘의 간섭"(p.15)이라고 정의하는 저자는 이 책의 전반부에서 자연주의로는 인간이 가진 이성과 도덕성의 출처가 해명되지 않는다고 진단하고, 이러한 논증을 바탕으로 후반부에서는 성경에 등장하는 기적의 특성과 타당성을 제시한다.

■ 자연주의의 빈틈=기적의 통로

자연을 실체의 전부로 파악하는 자연주의자는, 현재 이성적 사고나 추론이라 부르는 유형의 정신적 행위는 자연 선택, 즉 생존에 덜 적합한 유형의 점진적 도태 과정을 통해 진화되어 온 것이라고 생각한다. 그러니까 전적으로 우리 자신의 외부에 원인을 둔 그 사고는 자극에 대한 반응에 불과했다. 그리고 자연 선택을 통해 그 반응 중에서 생물학적으로 해로운 반응은 계속 제거되어 왔고, 생존에 적합한 것은 증가되어 왔다고 본다. 그러나 반응은 아무리 향상을 거듭한다 해도 결코 통찰의 행위로 변할 수 없고, 지식은 실험과 거기서 나온 이성적 추론에 의해 성취된 것이지, 반응의 향상으로부터 나온 것은 아니라는 게 저자의 반박이다(pp. 39-40).

초자연주의를 인정하는 유신론자는 이성(하나님의 이성)이 자연보다 더 오래된 것이며, 거기서 자연의 질서 정연함이 비롯되었다고 여긴다. 그에게 인간 정신의 앎의 행위는 신적 이성의 조명을 받아서 일어나는 것이다(p. 47). 그래서 우리가 자연이라는 개념을 세울 수 있는 것 자체도 추론을 통해서다. 이성은 자연에 앞서 주어진 것이고, 자연에 대한 우리의 개념은 이성에 달려 있다(p. 48). 따라서 이성적 사고는 자연 체계의 일부가 아니라는 점이 명백해진다.

물론 실제로 선악에 대한 모든 이상이 환상에 불과하고, 인간이 느끼도록 조건화된 충동에 의해 바깥세상에 투사된 그림자에 지나지 않는다(p. 74)고 말하는 자연주의자들의 주장 역시 현실 세계에 엄연히 존재하는 인간의 도덕성과 객관적인 선악의 가치관으로 볼 때 억측에 불과하다. 사람의 양심 역시 자연만의 산물이 아닌데, 그 양심이 타당성을 가질 수 있으려면 어떤 절대적인 도덕적 지혜의 산물이어야 한다 (p.77). 따라서 이성적 사고뿐만 아니라 선악에 대한 인간의 관념 또한 초자연적인 원천을 가진다는 사실을 인정해야 한다(p.77). 각 인간 정신 안의 이성적이고도 도덕적인 요소는 초지연이 자연 속으로 들어오는 작용점이라고 보아야 한다(p.80).

저자에 따르면, 세상 안에 인간의 이성성이 존재한다는 것 자체가 이미 하나의 기적이다. 결국 "초자연은 인간의 신경과 근육에 작용하는 인간 뇌를 방편으로 하는 식 말고 다른 식으로도 시공간 속에 특정한 결과들을 낳을 수 있는가?"(p.87)라는 질문이 가능하다. 하나님이 자연을 창조하셨다면, 자연은 그 전체가 이미 초자연이 낳은 거대한 결과물이다. 그 하나님은 인간 정신이 있는 곳이면 어디든 자연을 통해 들어오고 계시다. 자연의 존재가 유지되는 것도 아마 하나님 덕분일 것이다. 그렇다면 하나님은 그런 일 외에 다른 일도 자연에게 하시는가를 물어야 한다(p.87). 기적은 바로 그 '다른 일'을 의미한다.

■ 성경에 등장하는 기적의 네 가지 특성

이 책의 백미는 저자가 성경에 나오는 기적들의 특성을 명쾌하게 규정지어 주는 대목이다. 성경 속의 기적을 이런 시각으로 해명해 낸 사례가 없는 만큼, 아주 독특하고도 치밀하며 논리적이다. 물론 먼저 자연주의의 허점들을 구체적으로 드러내지 않고 처음부터 '믿음' 운운하며 성경에 등장하는 기적 이야기의 정당성만 강조했다면 이만한 설득력을 얻지 못했을 것이다. 저자가 이 책의 후반부에서 제시하는 성경 속의 기적이 갖는 특성을 네 가지로 간추려 본다.

성경 속 기적은 기독교 신앙의 전체적 구조와 긴밀하게 연결된다

짐승이나 얼음이 난데없이 사람으로 변하고, 사람이 나무로 변하기도 하며, 나무나 집 안의 물건들이 불쑥 말을 건네기도 한다. 일반적인 신화나 전설, 동화나 디즈니 애니메이션에 등장하는 기적 사건들의 분위기다. 그러나 성경에 등장하는 기적들은 이런 부류와는 그 구조나 성격이 다르다.

다른 어떤 형태의 초자연주의보다도 성경 속의 기적들은 기독교 신앙의 전체적 구조와 긴밀하게 연결된다. 힌두교나 이슬람교의 경우는 거기서 기적의 부분을 다 제거하더라도 본질적 요소는 전혀 손상을 받지 않는다. 그러나 기독교는 그 자체가 하나의 거대한 기적 이야기다. 자연주의적 기독교는 기독교의 고유한 요소를 모조리 제거한 기독교에 불과하다(p.132).

어떤 경우는 기적의 신뢰성과 그 종교의 신뢰성이 서로 반비례하기도 한다. 만약 자연은 벗어나야 할 환영에 불과하다고 가르친 붓다가 자연계에 어떤 효과를 낳는 기적을 행했다고 한다면 앞뒤가 안 맞다. 그러나 기독교에서는 현존하시는 하나님이 어떤 분이며 또 어떤 목적을 위해 이 세상에 오셨는지를 더 잘 이해하면 할수록 기독교의 기적들에 대해 더 큰 신뢰를 갖게 된다(p.264).

성경 속 기적은 자연법칙을 깨뜨리지 않는다

저자에 따르면, 하나님이 어떤 물질을 없애거나 창조하거나 변형시키는 것은, 그분이 그 지점에 어떤 새로운 상황을 창조하시는 것이다. 그러면 그 즉시 모든 자연은 이 새로운 상황에 주소를 정해 주고, 그것이 자신의 영역에 자리 잡게 해 주며, 다른 모든 사건을 거기에 적응시킨다. 그 사건은 모든 자연법칙에 순응하게 된다. 이렇게 하나님이 한 처녀의 몸 안에 기적적인 정자를 창조하신 것은 어떤 자연법칙을 깨뜨리신 것이 아니다. 자연법칙은 즉시 그 사건을 떠맡는다. 임신이 뒤따르고, 모든 정상적인 법칙에 따라 아홉 달 후면 아이가 태어난다. 기적적 포도주는 마찬가지로 사람을 취하게 만들고, 영감으로 쓰인 책들은 본문 변조라는 정상적 과정을 다른 책들과 비슷하게 겪게 되며, 기적적인 빵은 마찬가지 방식으로 소화된다(pp. 114-115).

따라서 자연법칙의 규칙성을 인정하면서도 기적의 가능성은 열어 둘 수 있는데, 저자는 이 사실을 쉬운 일상의 예를 들어 설명해 준다. 누군가가 자기 방의 책상 서랍에 6페니를 넣어 놓고 다음 날에 다시 6페니를 더 넣어 두었는데 중간에 도둑을 맞았다면, 그 서랍에는 2페니밖에 안 남았을 수 있다. 그러나 이 상황에서도 '6+6=12'라는 산수 법칙, 곧 자연법칙이 깨진 것은 아니다. 그 서랍이 깨졌거나 국법이 깨졌을 뿐이다. 도둑으로 인해 생긴 상황은 본래의 상황과 같이 산수의 법칙을 따른 것이다. 하나님이 기적을 행하시는 것은 과학자의 관점에서 볼 때 이와 비슷한 일종의 조작이나 간섭, 도둑질과 같은 것이다. 기적은 과학자가 고려하지 않았던 어떤 새로운 요소, 즉 초자연적 힘을 그 상황 속에 도입한다(pp. 112-113).

성경 속 기적은 성육신 기적의 변형판이다

"그리스도인들이 주장하는 중심 기적은 성육신입니다. 다른 기적은 모두 이 기적을 예비하는 것이거나, 이 기적을 전시하는 것이거나, 이 기적에서 유래하는 것들입니다"(p. 211). 이 책에서 저자는, 성육신의 기적은 초자연과 자연의 경계에서 영혼과 육체가 결합된 인간의 복합체적 성질을 보여 주기도 하지만, '하강과 재상승'이라는 세상 전체에 쓰여 있는 친숙한 패턴 또한 잘 보여 준다고 강조한다(p. 219).

식물은 먼저 씨앗으로 자신을 축소시켜 땅 밑으로 들어가야 새 생명으로 올라오고, 동물과 인간 역시 태 안에서 정자와 난자로 먼저 낮아지고 작아져야 한다. 사람의 도덕적, 정서적 삶에서도 자기 부인의 죽음을 거쳐야 원숙한 인격으로 재상승할 수 있다. 자연 안에 이런 패턴이 있는 것은 이 패턴이 먼저 하나님 안에 있었기 때문이다. 이는 그리스도의 십자가와 부활 사건에서도 마찬가지다(pp. 219-220).

성경 속 기적은 하나님이 늘 해 오시던 일들의 축소판이다

"기적은 하나님이 하시는 다른 행위들과 동떨어진 행위가 아닙니다. 실상 기적은 하나님이 평상시에 너무 크게 하고 계신 일, 그래서 사람들이 제대로 주목하지 못하는 일을, 바로 가까이에서 작게, 그래서 또렷하게 보이도록 해 주시는 것이기 때문입니다. 또 그 기적들은 장차 하나님의 '자녀'가 되어 '영광스러운 자유' 속으로 들어가게 될 모든 사람이 갖게 될 능력을 예기해 주는 것들입니다. 그리스도가 남다르신 것은 특별난 존재라서가 아니라 개척자라서 그런 것입니다. 그분은 그분 유의 최초이십니다. 그분이 마지막이진 않을 것입니다"(p. 268).

예수님이 가나의 혼인 잔치에서 물로 포도주를 만드신 사건은, 매년 자연 질서의 일부로서 포도주를 만드시는 하나님의 일을 축소판으로 드러낸다. 그분은 물과 토양과 햇빛을 주스로 바꾸어 놓을 수 있는 식물 유기체를 창조하시며, 그렇게 만들어진 주스에 석절한 조건이 맞춰지면 포도주가 된다. 어떤 의미에서 하나님은 이렇게 늘 물을 포도주로 바꾸고 계신 것이다. 모든 음료가 다 그렇듯, 포도주 역시 결국은 물이 변해서 된 것이다.

그런데 하나님이 어느 해에 한번은 성육신하신 분으로서 그 과정을 단축시켜 보이셨다. 순식간에 포도주를 만드신 것이다. 물을 담고 있는 그릇으로 식물 섬유조직 대신 어떤 토기 항아리들을 사용하셨을 뿐이다. 그러나 그것들을 사용해서 그분이 하신 일은, 그분이 늘 하고 계신 그 일이었다. 기적이란, 말하자면 지름길로 가는 것이다. 그러나 기적이 만들어 내는 그 일 자체는 평범한 것이다. 기적이 일어날 때 자연 속으로 들어온 것은 전혀 반자연적인 영이 아니다(p. 269).

오병이어의 기적도 마찬가지다. 매년 하나님은 몇 개의 밀알로 다량의 밀을 만들어 내고 계신다. 씨가 뿌려지면 증식이 일어난다. 물고기도 증식시키셨는데, 평소에 무수한 알로 바다를 가득 채우며 늘 해 오던 일을 자신의 인간 손, 노동자 손을 가지고 바로 가까이서 작게 행하셨던 것뿐이다(pp. 270-271).

동정녀 탄생 역시 비슷한 패턴이다. 정상적 생식 행위에서 인간 아버지는 전혀 창조적인 기능을 하고 있지 못하다. 정자와 난자의 만남을 통해 자궁 안에서 태아가 재현한다고 하는 선행 인류 유기체의 형태가 전달되는 일이 일어난다. 이렇게 모든 정자의 배후에는 우주의 전 역사가 자리 잡고 있다. 그러나 한번은 특별한 목적을 위해 하나님이 그분의 도구인 그 긴 행렬을 사용하지 않고 일하신 적이 있다. 수태하는 모든 여자들을 위해 그분이 늘 하고 계신 일을, 이 기적에서는 작게, 또 바로 가까이서 행하셨다(pp. 273-275). 치유의 기적 역시 하나님이 사람의 몸에 주신 자연 치유력을 회복의 동인으로 직접 사용해서 낫게 해주신 것이다(pp. 276-277).

예수님이 물 위를 걸으신 기적이나 부활은 새 창조의 기적인데, 물 위를 걸으신 기적은 영과 자연의 관계가 개조되어 영이 원하는 일은 무엇이든 자연이 따르는 모습을 보여 준다. 이는 장차 새롭게 회복될 세상에서 인간도 어떤 조작이나 기술을 통해서가 아니라, 그저 원하는 것만으로도 물질에 어떤 효과를 일으킬 수 있는 지점이 있을 것을 예기해 준다(p. 297). 또한 예수님의 육체적 부활과 승천은, 기독교에서 말하는 천국이 단순히 영의 상태가 아니라 몸의 상태이기도 하다는 것, 따라서 자연의 상태이기도 하다는 것을 보여 준다(p. 320).

'성육신이나 동정녀 탄생, 부활과 같은 기적은 과학적 사고로 믿을 수 없다'는 말은 순수한 의미에서의 과학적 사고가 아니다. 자연주의라는 철학적 사고에 바탕을 둔 과학적 사고다. 원래 플라톤 당시부터 과학적 사고란 신의 섭리와 활동을 인정하는 세계관과 병행되었다. 또한 신의 설계와 초자연적 이성의 개입 가능성을 인정하는 유신론적 과학은 오랜 과학의 역사에서 항상 정통 과학으로 간주되어 왔다.

그런데 다윈의 진화론과 자연주의 철학이 결합되면서부터 사람들은 방법론적 자연주의만을 과학적 사고로 인정하려 했다. 결국 창조주를 배제한 과학 지상주의가 만연한 세상은 엄청난 기만 가운데 창조 질서를 왜곡시킨다. 어쩌면 이 책에서 루이스는 우주와 지구 그리고 사람의 존재 자체가 이미 기적이라는 진리를 '기독교주의' 없이 에둘러 보여 주고 싶었는지 모른다.

• 더 깊은 탐구를 위한 연관 질문

1. 이미 우리에게 익숙한 자연 세계가 초자연이 낳은 거대한 결과물이라면, 자연 세계에서 초자연적인 기적은 전혀 불가능하다고만 말할 수 있을까? 기독교가 초월적인 존재로 말미암기에 그 안에서는 기적도 자연스럽다는 논리는 타당해 보이는가?

2. 물만 먹은 나무가 상당한 시간이 지나 포도 열매를 맺는 것은 기적이 아닌 자연이고, 물을 곧장 포도주로 만드는 것은 왜 자연이 아닌 기적이라고 하는가? 순수한 과학적 사고와 방법론적 자연주의 철학이 가미된 과학적 사고는 어떻게 다른가?

: 더 깊은 탐구를 위한 관련 도서 :

- **《기적인가 우연인가》**(리 스트로벨, 두란노)

요즘 사람들에게 일어난 치유나 기적적인 사건들을 포함해 예수의 생애와 관련된 역사적 사건, 창조의 기적 등을 소재로 기적에 대한 과학적, 철학적, 신학적 증거들을 탐색한 책. 자연주의적, 무신론적 선입견과 같은 반론들을 함께 다루면서 기독교 신앙 안에서 기적이 갖는 참된 의미와 기적의 사실성을 설득력 있게 규명한다.

> "그리스도의 고난과 죽음과 빈 무덤은 하나님이 왜 기적의 손길로 개개인의 삶에 개입하기 원하시는가 하는 문제에도 답이 된다. 기꺼이 십자가형을 감당하신 예수를 보면 그런 비상한 행동을 통해서라도 개개인을 반항적인 삶의 결과로부터 구해주시려는 하나님의 마음을 알 수 있다. 우리를 그렇게까지 사랑하시는 분이라면 때로 한 손으로 자연의 세력을 저지하신 채 다른 손으로 고난당하는 이를 기적적으로 치유해 주실 만도 하다"(p.374).

- **《하나님에 관한 질문》**(박명룡, 누가)

'하나님은 누가 만들었는가?', '창조주가 기독교의 하나님인가?'와 같은 하나님의 존재 여부나 우주와 생명의 기원에 관한 다양하고도 솔직한 질문들에 대해 답변한 책. 과학과 철학, 신학의 변증적 근거들을 토대로 객관적이고도 논리적인 추론을 통해 이해하기 쉽고도 명확한 답을 제시한다.

> "필연적 존재는 이 세상에 반드시 존재해야만 하는 것이다. 필연적으로 존재해야만 하는 것은 그 자체의 본성에 의해서 반드시 존재해야만 한다. 필연적 존재는 시작도 없고 끝도 없으며, 존재하지 않는 것이 불가능하다. 논리적으로 볼 때 우연적이며 유한한 물질체인 우주가 생성되기 위해서는 반드시 변하지 않고 무한한 필연적 존재(necessary being)가 먼저 존재해야만 한다"(p.37).

3
과학자들은 왜 신을 죽이려 하는가?

《신을 죽이려는 사람들》(존 레녹스, 두란노)

성경에서 하나님을 만나지 못한 사람들은
성경에 기록된 그분의 말씀들이 어리석어 보인다.
피조된 만물과 문명의 위대함은 과학자나 예술가들의 것으로 느껴지고,
하나님은 그저 신화 해설가나 군소민족 대상의 전형적인 종교꾼쯤으로 비친다.
창조주 하나님이 종교적 우상일 뿐이라면,
그분의 피조물인 인간에게도 종교심 외에는 다른 능력이 없어야 한다.

"시간이 충분하면 무생물도 생물이 되고, 식물에서 동물이 나오는 것도 가능하다고 봅니다." 자연과학을 전공하는 한 명문대생을 전도하던 중 들어야 했던 말이다. 신이 있다는 걸 인정할 바에야 차라리 우연을 신으로 삼고야 말겠다는 자신만만한 어투였다. 신과 우연 사이의 제3지대에 인간의 턱없는 자존심이 존재한다는 실상을 확인하는 순간이었다.

이 청년을 포함해 지금 세상의 많은 지식인들은 이른바 '진화주의' 가치관에 깊이 물들어 있다. 진화론자들 스스로도 진화론의 허점을 잘 안다. 그러나 진화론의 허점을 인정하기보다 신을 인정한다는 것이 그들에게는 더 곤혹스럽다. 그래서 확실한 증거가 많다 해도 초월적인 창조주의 존재를 인정하느니, 차라리 증거가 빈약해도 진화론을 옹호하는 게 더 낫다고 노골적으로 공언한다. 자신들이 하나님을 믿지 못하는 데 그치지 않고, 그 불신의 가치관을 체계화하며 선전해 온 것이 진화론이다. 지금은 그것이 '진화 이데올로기'로 격상되어 무소불위의 권력을 행사하며 계속 진화 중이다.

빈틈의 신, 빈틈의 진화

'과학은 신을 매장했는가'라는 질문을 부제로 단 이 책에서 저자가 일관되게 고발하고자 하는 것은, 정통 과학인 듯 위장하고 있는 진화 이데올로기의 교묘한 허구성이다. 이 작업을 위해 그는 무신론적 진화론자와 유신론적 과학자들의 말을 두루 인용하면서 자신의 논지를 확신 있게 펼쳐 간다. 저자가 '생명의 기원' 전문기인 노벨물리학상 수상자 로버트 로플린의 말을 인용한 대목에 이 책의 주된 논조가 담겨 있다.

"현재의 생물학 지식은 상당 부분 이데올로기적이다. 이데올로기적 사고방식의 핵심 징후는 함축하는 바도 없고 시험될 수도 없는 설명이다. 나는 논리적으로 막다른 그런 지경을 반(反)이론이라고 부른다. 그런 설명은 진짜 이론과 정반대의 결과를 초래하기 때문이다. 그런 설명은 생각을 자극하는 것이 아니라 중단시킨다. 가령, 다윈이 위대한 이론으로 구상했던 자연 선택에 의한 진화는 최근 들어 창피스러운 실험적 결함을 은폐하고, 잘해야 의문스럽고 최악의 경우 잘못이라고 말할 수준도 못 되는 연구 결과를 정당화하는 데 동원되는 반이론의 기능을 하게 되었다. 단백질이 질량 작용 법칙을 위배한다—진화가 그것을 해냈다! 복잡하게 얽힌 화학반응들이 닭이 된다—진화다! 인간의 뇌는 어떤 컴퓨터도 모방할 수 없는 논리적 원리들에 따라 작동한다? 진화가 원인이다!"(로버트 로플린, pp. 285-286).

그동안 무신론적 진화론자들은 창조론자들이 "과학이 설명할 수 없으니 하나님이 하신 일이야"라고 말하는 경향이 있다고 비판해 왔다. 이는 창조론자들이 지적 게으름으로 인해 '빈틈의 신'을 신봉하는 것이라고 조롱해 왔다. 그러나 이 책에서 저자는, 진화론자들이야말로 생명의 기원 등의 문제에서 무엇이든 설명하기 어려워지면 "진화가 했다"고 얼버무린다고 지적한다. 그리고 '빈틈의 신'에 빗대어 그들 역시 '빈틈의 진화'를 믿고 있는 '신자'들이라고 꼬집는다(pp. 284-285).

저자는 이 책에서 물리학자들과 우주론자들 그리고 생물학자들의 자연주의적 견해를 비판하면서, 철저히 현재 널리 수용되는 표준적인 현대 과학에 근거해서 논증한다. 특히 이 과정에서도 곳곳에 이해하기 쉬운 비유들을 들어 진화 이데올로기의 허구적인 문제점들을 잘 드러낸다. 이 장에서는 저자가 든 비유를 중심으로 진화 이데올로기의 주된 허점들을 짚어 본다.

비유 1. 마틸다 이모의 케이크

"마틸다 이모가 멋진 케이크를 만들었다고 생각해 보자. 우리는 그 케이크를 세계 최고의 과학자 집단에게로 가져간다. 영양학자들은 케이크의 칼로리와 어떤 영양을 공급하는지 들려줄 것이다. 생화학자들은 케이크 안에 있는 단백질, 지방 등의 구조를 알려 줄 것이다. 화학자들은 케이크의 원소들과 그 결합에 대해 말할 것이다. 이제 내가 그 자리에 모인 전문가들에게 최후의 질문을 한다고 해 보자. '이 케이크는 왜 만들어졌을까요?'"(p. 78).

이 비유는 과학에 한계가 있다는 사실을 잘 보여 준다. 흔히들 말하는 대로 과학이 '어떻게?'에 대한 답을 준다면, 종교는 '왜?'에 대한 답을 준다. 그래서 원칙적으로 우주의 시작이나 생명의 기원에 대해서는 과학이 답할 수 없다. 그러나 진화 이데올로기는 이러한 상식을 인정하지 않고 과학이 존재의 모든 측면을 다룰 수 있다고 주장한다. "무신론자와 신자를 가르는 문제는 궁극적 사실에 의문을 제기하는 것이 타당한지 여부가 아니라, '어떤 사실이 궁극적인가?' 하는 질문이다. 무신론자의 궁극적 사실은 우주이고, 유신론자의 궁극적 사실은 하나님이다"(오스틴 파러, pp. 338-339).

■ 비유 2. 포드 자동차와 포드

"세계의 외딴 지역에서 온 어떤 사람이 현대의 공학 기술에 대해 아무것도 모르는 상태로 난생 처음 그 차를 보고는 엔진 안에 신(포드 씨)이 들어 있어서 차를 가게 한다고 상상한다. 충분히 생각할 수 있는 상황이다. 더 나아가 그는 엔진이 잘 굴러가는 것은 그 안에 있는 포드 씨가 자신을 좋아하기 때문이고, 엔진이 말을 듣지 않는 것은 포드 씨가 자기를 싫어하기 때문이라고 생각할 수 있을 것이다. 물론, 이후에 그가 공학을 공부하고 엔진을 분해한다면 그 안에 포드 씨가 없다는 사실을 발견하게 될 것이다. 대단한 지성의 소유자가 아니라 해도 그는 엔진의 작동을 설명하기 위해 포드 씨를 끌어들일 필요가 없음을 알게 될 것이다. 비인격적 내부 연소의 원리를 파악하는 것으로 엔진의 작동 원리를 설명하기에 충분할 것이다"(p. 85).

이 비유에서 저자는 범신론적인 신들을 믿고 살던 고대인들의 우주관과 과학이 발달한 시대의 사람들이 갖게 된 과학주의적 사고방식을 비교한다. 우주를 작동케 한 비인격적 원리들에 대한 이해가 우주를 설계하고 만들고 보존하는 인격적인 창조주의 존재를 불필요하거나 불가능하게 만든다는 생각을 가리켜 저자는 '범주 오류'라고 지적한다(p. 86).

그러나 리처드 도킨스나 피터 앳킨스처럼 무신론적 자연주의와 과학주의적 사고에 물든 신무신론자들은 과학이 자연의 특정 현상들을 설명할 수 있기 때문에 그런 현상들이 일어나도록 설계한 행위 주체가 따로 존재한다고 여길 필요는 없다는 오류를 범한다. 이것이 진화 이데올로기의 기저에 광범위하게 깔려 있는 비합리적인 논리다.

비유 3. 자동차 생산 공정과 인공 로봇

"차를 처음 본 사람이 있다고 해 보자. 처음에 그는 차가 사람들이 직접 만든 것이라고 생각했다가 나중에 로봇들이 제작하는 공장에서 만들어진다는 것을 알게 된다. 그런데 그 공장의 로봇들을 만든 기계는 인간이 만든 것이었다. 그가 처음에 지적 기원을 추론한 것은 틀리지 않았다. 그 지성이 구현되는 방식에 대한 그의 생각이 잘못되었을 뿐이다. 달리 표현하면, 로봇이 제작하는 공장에서 직접적인 인간의 활동을 탐지할 수 없었던 이유는 인간의 지적 활동의 궁극적 결과가 공장 자체와 기계들의 존재이기 때문이다"(pp. 165-166).

이 비유는 애초에 미세하게 조정된 우주가 없거나 생명체가 존재하지 않았다면(따라서 창조자가 없었다면), 자연 선택과 같은 진화의 과정 자체도 일어날 수 없다는 사실을 드러낸다. 이것을 우리 삶 속에 익숙한 비유로 바꿔 보면 좀 더 쉽게 이해할 수 있다. 자동차 생산 라인의 조립대가 아무리 많아도 조립대는 조립대를 못 만든다. 이와 같이 내 부모의 부모를 거슬러 올라가도 부모는 사람의 창조자가 아니다. 사람과는 차원이 다른 독립적인 초월자가 꼭 필요한 이유다.

생물학적 기능을 보유한 단백질에는 적어도 100개의 아미노산이 관여한다. 이 단백질은 고도의 분자적 민감성을 보이는데, 멀쩡한 단백질에서 아미노산 하나만 다른 것으로 대체되어도 재앙이라 할 만한 실패가 일어난다고 한다(p.283). 세포에 대해 연구하는 분자생물학이 밝혀 낸 생물체 내의 미세 조정과 같은 특정화된 복잡성은 생명체가 무작위한 기원에서 생겨났다는 진화 이데올로기의 주된 가설을 뒤엎는다.

"생명을 만들어 내는 데 필요한 믿기 어려울 만큼 복잡한 배열을 보면 지성이 관여했음이 틀림없다는 것을 알 수 있다"(앤터니 플루, p.319).

잘 알려진 대로 철학자 앤터니 플루가 50년 넘게 신봉하던 무신론을 버리고 유신론을 받아들인 결정적인 이유다. 이것 하나만으로도 현대의 과학계와 사람들의 사고방식을 지배하고 있는 무신론적인 진화 이데올로기의 버팀목은 허물어질 수밖에 없어야 맞다. 그러나 현대 과학의 실질적인 성과가 일반 대중들이 이해하기에는 어려워 충분히 대중화되지 못한 데다 유물론적 성향을 띠는 현대의 철학 사상 자체가 무신론적 진화론을 옹호하는 역할을 하고 있어, 여전히 진화 이데올로기는 대중들의 무지와 오해 가운데 날로 더욱 번성하고 있다.

참된 과학은 유신론을 지지한다

일전에 한 장관 후보자가 진화론을 거부하는 창조과학회의 주요 멤버였다는 경력으로 큰 논란이 되었다. 진화론자들에 의해 유사 과학, 비주류 과학으로 취급받는 창조론 추종자는 한 나라의 장관 자격으로 부적합하다는 것이었다. '창조 과학=개인의 종교관'이라는 청와대의 인식에 대해 '창조 과학=반지성적 세계관'이라고 맞받아치는 과학계의 반응이 대조적이었다. 후자의 눈에는 무신론적 지성만 합당하고 거듭난 유신론적 지성은 미개하게만 보였던 셈이다.

정교분리 정책은 사람들에게 신앙의 자유를 보호하고 장려한다. 그렇다면 과학과 종교의 분리, 곧 '과교분리'를 통해 진화론을 따르든 창조론을 따르든, 이 문제로 공적 영역에서 차별받아선 안 될 것이다. 그러나 과학이 권력화되면 헌법이 보장한 신앙의 자유마저 위축시킬 위험 요소가 크다. 이러한 추세에 힘을 더해 주고 있는 무지막지한 과학 권력이 바로 진화 이데올로기이며, 그리스도인 장관 후보자 해프닝은 이러한 이데올로기의 권력 지형과 영향력을 잘 보여 준다.

물론 공적 영역을 떠나서라도 결국 과학과 종교가 양립할 수 있는가 하는 문제는 남는다. 두 영역이 어떤 형태로든 사실들을 다룰 때는 많은 공통분모들로 인해 양립 가능하다. 창조가 사실이고 세상을 만든 창조주가 성경의 저자라면, 과학과 성경의 내용물에 겹치는 영역들이 있다. 그 영역이 창조의 과학적 증거가 될 것이다.

이 책에서 "과학은 '신조가 되는' 전제들에 의거한다는 점에서 신앙과 비슷하고, 이 전제들이 우주의 질서 및 이해 가능성과 관련이 있기에 우주를 질서 있는 창조물로 보는 유신론적 우주관과도 닮았다"(p.117)고 말하는 저자는, 더욱이 유신론자들은 우주에서 볼 수 있는 질서가 어떻게 가능한지 파고드는 방식으로 과학적 탐구 정신을 한껏 밀어붙이고 우주의 존재와 본질에 대한 가장 근본적인 기술과 설명을 추구하는 것처럼 보인다고 진단한다(p.118).

그러나 무신론적 과학주의는 "과학이 진리로 가는 유일한 길이고 적어도 원리적으로는 모든 것을 설명할 수 있다"(p.75)는 가치관으로 다분히 이데올로기적이다. 그래서 신이나 종교, 종교적 경험에 대한 모든 논의가 과학의 바깥에 있다고 여기고, 따라서 객관적인 참이라고 보지 않는다(p.76). 그러나 과학만 진리를 전달할 수 있다는 주장은 참이 아니다. 한 편의 시나 노래나 그림이 졸작인지 천재의 작품인지를 과학적 방법론만으론 다 판단할 수 없다(p.77).

여기서 한 걸음 더 나아가, 저자는 모든 과학의 핵심 기저에는 우주가 질서 정연하다는 확신이 놓여 있다면서, 과학의 뿌리는 다름 아닌 유신론이라고 주장한다(p.42). "사람들이 과학적이 된 것은 자연에 법칙이 있을 것이라고 기대했기 때문이고, 그들이 그런 기대를 품은 이유는 입법자의 존재를 믿었기 때문이다"(C. S. 루이스, p.43). 그래서 갈릴레오 역시 "자연법칙은 하나님의 손가락이 수학의 언어로 작성한 것"(p.48)이라고 말할 수 있었다.

결국 "신에 대한 불신은 신에 대한 믿음 못지않게 과학적 정통성을 보증하지 못한다"(p.52)는 게 저자의 공평한 판단이다. 따라서 과학과 종교 간에 갈등이 있다기보다 실제로는 정반대의 두 세계관, 즉 자연주의와 유신론 간의 갈등이 있을 뿐이다(p.56). 유신론과 무신론 중 어느 쪽 세계관이 과학과 잘 어울리는가를 놓고 양쪽 진영 과학자들의 견해들을 균형 있게 소개하며 치열한 논증을 진행해 나간 이 책에서 저자는, 과학은 자연주의를 지지하지 않고 오히려 유신론을 지지한다는 증거를 제시함으로써 "과학은 신을 매장하지 않았다"고 결론짓는다. "과학의 결과는 하나님의 존재를 가리킬 뿐 아니라 과학 활동 자체가 그분의 존재로 인해 정당성을 인정받을 수 있다"(p.382).

• **더 깊은 탐구를 위한 연관 질문**

1. 과학은 '어떻게?'에 대한 답을 주고 종교는 '왜?'에 대한 답을 준다면, 과학과 종교는 어떻게 양립할 수 있는가? 이 세상이 어떻게 만들어졌는지를 아는 지식은 왜 만들어졌는지를 아는 것에 어떻게 기여할 수 있는가?

2. 과학이 진리로 가는 유일한 길이라고 말하는 무신론적 과학주의의 주장에는 어떤 허점이 있는가? 신이나 종교적 경험처럼 과학으로 알 수 없는 영역은 진리일 수 없다는 주장은 합리적인가?

: 더 깊은 탐구를 위한 관련 도서 :

• 《**과학, 과학주의 그리고 기독교**》(J. P. 모어랜드, 생명의말씀사)

오직 자연과학만이 실재에 대한 지식을 제공하는 지적 권위를 갖고 있다고 주장하는 과학주의에 대한 본격적인 비판서. 과학은 우주의 기원, 자연의 근본적인 법칙들, 우주의 미세 조정, 의식의 기원, 도덕과 합리성, 심미성의 객관적 법칙과 내재적 가치 속성들을 설명할 수 없다는 근거를 들어 '과학주의는 철학이지 과학이 아니다. 과학주의에 맞서 진정한 과학을 옹호해야 한다'고 결론짓는다.

"최소한 세 가지 이유 때문에 과학은(원칙적으로라도) 우주의 기원을 설명할 수 없다. 첫째, 과학은 우주의 한 측면을 설명할 때, 우주의 다른 측면을 활용한다. 보통 이 두 가지를 자연의 법칙 아래 포함시켜서 연관 짓는 방법을 사용한다. 둘째, 과학의 설명은 관련된 법칙에 따라 현재 진행 중인 일시적인 상태나 상태의 변화에 적용된다. 셋째, 존재하게 되는 것은 과정이 아니라 즉각적으로 이루어지는 일이다"(pp.194-196).

• 《**신을 탐하다**》(에드거 앤드류스, 복있는사람)

리처드 도킨스가 쓴 책, 《만들어진 신》의 대항마로 쓰인 이 책의 원제는 《Who made God?》. 제목이 시사하는 대로 성경의 '하나님 가설'을 논의의 출발점으로 삼아 진화론의 주장과 근거들을 주제별로 소개하고 조목조목 비판한 다음, 같은 주제에 대한 하나님 가설의 입장과 그 타당성을 제시했다.

"우리가 신을 '창조되지 않은 만물의 창조자'로 정의한다면 어떻게 될까? 그러면 '누가 신을 창조했는가?'라는 질문의 무의미함이 금세 드러난다. '창조되지 않은 자를 누가 창조했는가?'가 되기 때문이다. 만약 우리가 신을 '다른 존재에 의해 창조된 그보다 못한 존재'로 정의한다면, 출발점으로 되돌아가게 된다. 그러니 그러지 말고 앞으로 나아가자"(pp.31-32).

4
성경의 우주와 현대 과학의 우주, 일치할 수 있는가?

《쿼크, 카오스 그리고 기독교》(존 폴킹혼, SFC)

종교는 주관적 가치, 과학은 객관적 사실을 다룬다는 건 이분법이다.
기독교는 합리적 지식 체계로서의 과학은 인정하지만,
자연주의적 세계관과 방법론만을 인정하려는 과학은 배격한다.
이런 과학은 과학자의 무신론적 믿음이 반영된다는 점에서 주관적이다.
무신론적 진화주의는 유사과학조차 넘어선 철학적 과학이다.

지구 나이 46억 년 설은 지구 화학을 전공한 클레어 패터슨이란 이름의 한 미국인 대학원생이 박사 학위 과제로 제출하려고 시작한 연구에서 우라늄과 납 연대 측정법을 적용해 운석을 분석한 결과로 도출된 것이다. 이 실험실의 나이는 철석같이 믿으면서도 '내가 엿새 동안 천지를 창조하고 하루 쉰 것처럼 너희도 일주일을 그렇게 살아라'(출 20:11)라는 하나님의 말씀은 무식하게 여긴다. 교회 바깥의 세상에서야 원래 성경을 그리 취급해 왔으니 참을 만한데, 지금은 교회 안에서도 이런 풍조가 당연시된다. 교회 안의 반지성주의도 위험하지만, 교회 내 엘리트들의 지적 허영이 섞인 교만은 더 위험한 수준이다.

이런 분위기를 부추겨 온 것이 바로 성경이 말하는 창조와 자연계에서 관찰된다고 주장하는 진화를 적당히 뒤섞은 유신진화론의 심상찮은 영향력이다. 지금 이 흐름은 상당히 민첩하게 기독교 지성 사회를 장악해 가고 있다. 이제 6일 창조설과 같은 젊은 지구론을 믿는다고 하면 반지성주의자로 낙인찍히기 십상이다.

창조 과학의 모든 내용이나 방법론에 다 동의하는 건 아니다. 다만 창조 과학이든 성경적 과학이든, 이름이야 어떻게 붙이든, 성경에 기록된 창조의 사실을 객관적이고도 공정한 잣대로 해석해 나가려는 교회의 더욱 면밀한 노력은 '진화 이데올로기'가 지나치게 득세하는 이 시대에 반드시 필요하다. 기독교 복음의 가장 중요한 역사적 기초가 되는 창조의 사실에 대한 성경의 실제적인 권위가 무너지면, 변증 전도니 뭐니 하는 노력도 다 물거품이 되고 만다.

영국의 저명한 물리학자이자 템플턴상을 수상한 성공회 사제인 저자의 이 책은 유신진화론적인 관점으로 쓰였다. 물론 이 관점을 전제하고서라도 자연계를 정직하게 관찰하는 데 충실한 과학자라면 누구든 창조주 하나님의 존재를 믿는 게 이상하지 않다는 사실을 차분하게 잘 기술하여 변증적 가치가 꽤 높은 준수한 책이다.

오히려 유신진화론의 관점으로 인해 과학과 종교의 연관성을 풀어내는 저자의 유연한 시각이 더욱 돋보일 뿐만 아니라, 쿼크(quark)나 카오스(chaos)와 같은 여러 물리 현상들에 대한 사실적이고 기독교적인 진술이 이색적인 매력을 더해 준다. 그러나 바로 그러한 관점으로 인해 성경적으로는 논란과 비판의 여지를 많이 남기는 책이기도 하다.

▰ 유신진화론자들의 속내를 뚜렷하게 보여 주는 책

이 책에서 저자는 하나님의 주권과 인간의 자유 의지의 문제나 기도 응답의 메커니즘, 악과 고통의 문제 등 그리스도인들에게 이미 익숙한 변증적 이슈들을 과학자의 눈으로 능숙하게 재해석해 낸다. 이 과정에서 핵을 구성하는 기본 입자로서 양자역학의 비결정성을 상징하는 쿼크와 예측 불가능성을 상징하는 카오스 이론을 토대로 하나님이 세상을 섭리하시는 역동적인 방식을 조명한다. 또한 "신의 섭리적 은혜와 자연의 자율성이 섞여 있어 신이 모든 일을 다 하거나 아무 일도 하지 않는 것이 아니라, 스스로 독립성을 부여한 창조계의 과정들에 인내와 사랑으로 반응한다"(p.110)는 유신진화론적 관점도 최대한 활용한다.

연륜 있는 과학자로서 자연 과학의 생리를 내부에서 충분히 들여다본 저자가 그 현장 경험을 바탕으로 창조주 하나님의 존재에 대한 당위성을 입증하려는 것 자체가 범상치 않은 통찰력을 제공한다. 그러나 과연 저자가 과학자이자 신학자로서 관찰하고 판단한 결과로 이끌어 낸 유신진화론의 성경적 정당성까지 넉넉하게 확보했는가 하는 문제에서 나는 회의적이다.

이 책에서 저자가 제시한 유신진화론적 주장들은 성경적인 창조론의 관점에서 비판받을 여지가 많다. 유신진화론의 핵심은 하나님이 창조의 방법으로 진화의 메커니즘을 사용하셨다는 것이다. 원숭이와 인간의 공통 조상이 동일한 가운데 수백만 년에 걸쳐 인류가 진화해 왔고, 수많은 돌연변이와 자연 선택의 과정에서 끼어든 우연과 임의성은 모두 하나님의 통제 가운데 있었다고 본다. 이 책에는 유신진화론을 수용하는 그리스도인 과학자들이 어떤 속내로 그러한 주장을 하는지가 곳곳에서 뚜렷하게 드러난다.

"다윈이 그의 진화 이론을 통해 신적인 설계자의 간섭 없이도 겉보기에 설계처럼 보이는 현상들을 설명해 낼 수 있다는 걸 보임으로써 긴 세월 동안의 자연 선택을 통해 끈질긴 누적과 작은 변화들의 전이가 이루어짐으로써 이런 디자인의 흔적들이 자연스레 만들어질 수 있다는 이 한 방에 종교는 가장 강력한 자연적 논증을 잃어버렸다"(p.44).

"최소한 우리가 살고 있는 우주 정도의 크기가 되어야만 탄소에 기반한 생명체가 진화하는 데 필요한 140억 년을 견뎌 낼 수 있다. 일 세대

별들이 탄소를 만드는 데 100억 년이 필요하고, 인간 존재와 같은 복잡한 형태들이 생성되는 데 40억 년이 걸린다"(p.56). "인류와 같은 복잡한 존재를 진화시킬 수 있는 능력을 가진 우주는 참으로 매우 특별한 우주라는 통찰을 심각하게 받아들이는 것이 정당하다고 본다"(p.58).

"유전자의 돌연변이는 우연이다. 그것은 그저 가끔씩 발생한다. 그래서 새로운 형태의 생명체가 발생하고, 그것은 질서정연한 환경 안에서 자연 선택에 의해서 걸러지고 보존된다. 만일 유전자 정보가 아무런 변화 없이 한 세대에서 다른 세대로 전이된다면, 새로운 것이 생길 수 없다. 반면에 유전자 정보가 충분히 잘 전달되지 않는다면, 아무것도 영속될 수 없다. 이처럼 비옥한 우주가 되려면, 너무 완고해서도 안 되고 너무 느슨해서도 안 된다. 그것은 우연과 필연을 둘 다 필요로 한다. 우리는 진정한 새로움(novelty)이 '혼돈의 가장자리'에서 발현한다는 것을 깨닫게 된다. 우연은 새로움을 만들어 내는 엔진이다. 필연은 풍성함을 유지시킨다"(p.68).

■ 성경이나 과학 모두 해석의 여지를 남긴다

우연과 필연이 상호 작용하는 오랜 진화의 과정이 가능한 환경이 조성되는 데 지구 나이 46억 년 설은 필수적이다. 그러나 이러한 저자의 주장이 과연 성경적인 창조의 기록과 일치할까? 아이로니컬하게도 이 책에서 저자가 피력한 유신진화론의 허구성을 드러낼 실마리는 자연 과학의 기본적인 탐구 방법론에 대한 저자의 지론에서 찾을 수 있다. 저자는 일단 창세기 1-2장의 진술을 고려하지 않고 자연계 자체만을 과학적으로 잘 관찰해 보면 진화를 인정하지 않을 수 없다는 논리를 갖고 있다. 그러나 이것 역시 해석의 일종이다.

"과학자들은 '눈 뒤에 안경'을 쓰고 있다고 누군가 말한 적이 있다. 과학자들이 무엇을 보는가뿐만 아니라 어떻게 보는가가 중요하다. 다른 말로 하자면 과학에는 사실과 의견이 섞여 있다는 것이다. 물론 어떤 의견은 그에 따르는 이유가 별로 적절치 않게 보일 때 수정될 수 있다. 하지만 의견들 없이 과학을 할 수는 없다"(pp. 23-24).

저자는 자연계의 현상을 관찰할 때 과학자들이 개인적으로 갖는 의견이나 관점이 창세기 1-2장을 해석하는 데도 동일하게 적용될 수 있다고 본다. 따라서 유신진화론을 따를 것인지, 성경적인 창조론을 따를 것인지도 결국 창세기 1-2장을 어떤 관점으로 해석하느냐에 달려 있다는 사실을 자인한다.

"시를 산문처럼 읽는 것은 엄청난 실수다. 마찬가지로 창세기 1-2장을 신이 보증해 준 과학 교과서로 읽는다면, 그것은 엄청난 실수다. 실제로 창세기 1-2장은 그보다 훨씬 흥미롭다. 그것은 신학적인 글이다. 그리고 그 주목적은 존재하는 모든 것이 신의 의지에 의해서(하나님이 가라사대 … 있으라) 존재하게 되었음을 확언하는 것이다. 초기 기독교인들은 그것을 알고 있었다. 사람들이 문자적 해석을 주장하기 시작한 것은 단지 중세 후기와 종교 개혁 시대이다. 과학이 문자적 해석을 불가능하게 만들었을 때, 창세기 1-2장은 다시금 적절한 신학적 역할을 하도록 해방되었다"(pp. 80-81).

결국 이 책에서 저자는 창세기 1-2장을 시적인 양식의 신학적 진술에 그칠 뿐, 역사적 사실을 담은 기록으로는 인정하지 않는다. 따라서 하나님이 엿새 동안 천지를 창조하는 사역을 완성하셨다는 진술을 사실로 받아들이지 않고, 식물과 동물, 인간의 창조를 분명하게 구분해 동식물은 '종류대로', 인간은 '하나님의 형상'을 따라 창조하셔서 처음부터 번식이 가능한 완전한 생명체로 지으시고는 스스로 보시기에 심히 좋았더라고 천명하신 사실을 부인한다. "실제로 신은 이미 완성된 세계를 만들어 내지는 않았다. 창조주는 그보다는 뭔가 더 현명한 방식을 사용했다. 즉, 스스로를 구현할 수 있는 세계를 만든 것이다"(p.81).

■ 과학과 과학주의는 구분되어야 한다

창조주 하나님의 존재가 개입되는 창조의 사실에 관한 한 성경의 창조 기록을 어떻게 해석하느냐가 어쩌면 자연 현상을 관찰하고 해석해 내는 과학자들의 관점보다 더 우선되어야 한다. 자연을 해석하는 관점과 성경을 해석하는 관점이 혼잡해질 경우, 성경의 우주와 현대 과학의 우주는 일치하지 않을 수도 있다. 그래서인지 리처드 도킨스는 일찍이 성경적 창조와 진화는 양립할 수 없다고 못 박았다. 따라서 저자가 이 책에서 견지하는 창세기 해석의 입장을 따를 경우, 성경이 성경 자체와 충돌하는 딜레마가 속출될 수 있다.

창조주 하나님이 출애굽 후 시내 산이라는 역사적 시공간에서 이스라엘 백성에게 십계명을 주실 때, 창세기 1-2장에 기록된 천지 창조의 엿새가 사람들이 주 중에 일하는 엿새와 동일하다고 재천명하셨다(출 20:11). 또한 예수님은 친히, "창조 때로부터 사람을 남자와 여자로 지으셨으니"(막 10:6)라는 말씀으로 본래부터 사람은 원숭이나 다른 공통 조상에서 진화된 것이 아니라고 선포하셨다(따라서 동성애를 정당화시킬 가능성도 차단하셨다).

사도 바울 역시 "아담이 먼저 지음을 받고 하와가 그 후며 아담이 속은 것이 아니고 여자가 속아 죄에 빠졌음이라"(딤전 2:13-14)라는 말로 창세기 1-3장을 비유가 아닌 역사적 사실로 인정하며, 사람과 짐승, 새, 물고기의 육체가 다 다르다고 증언함으로써(고전 15:39) 생물을 종류대로 창조하셨다는 창세기 1장의 진리를 뒷받침해 준다.

6일 창조를 비유적으로만 봐야 한다는 유신진화론은, 실은 성경과 복음 전체의 역사성을 걸고넘어지려는 지나친 모험이다. 노아의 홍수 사건은 전 지구적인 재앙이 아니었다고 보는 가운데, 창세기 1-11장은 '원시 역사'를 담고 있어 12장 이후나 구약의 나머지 역사와 다르게 비유적으로 해석해야 한다는 유신진화론자들의 주장 역시 타당성이 미약하다. 창세기 5장에 기록된 아담의 계보가 역사가 아니라면, 11장의 아브라함의 계보와 그의 믿음의 역사도 덩달아 비유로 편입되고 만다.

더구나 유신진화론은 신학적으로 더 본질적인 딜레마를 초래한다. 돌연변이와 자연도태, 적자생존의 과정을 거쳐 생물의 진화가 이뤄졌다는 것 자체가 창조주 하나님의 선하신 성품에 맞지 않는다. 또한 하나님이 오랫동안 수많은 생물들의 죽음을 거쳐 사람을 빚어 내셨다면, 곧 죽음이 첫 사람 아담의 영적, 도덕적 범죄로 인류사에 찾아든 것이 아니라 생명체의 진화 과정에서 자연스럽게 생겨난 생물학적 현상의 일종이라 한다면, 예수님이 죄로 인해 사망에 이른 인류를 대속하려고 구원자로 성육신하셔야 할 신학적 근거 또한 무색해진다. 더 나아가 창조, 타락, 구속이라는 기독교 세계관의 틀도 어그러진다.

무신론적 자연주의를 기조로 하는 과학주의와 과학은 다르다. 본래의 순수 과학이 탐구 대상으로 삼는 창조 세계는 성경과 기독교 신앙의 무대이기도 하며, 기독교의 하나님은 자연의 저자인 동시에 성경의 저자이시다. 그 성경은 문맥에 따라 문자적으로나 상징적으로 해석될 수 있다. 다만 성경에서 적어도 역사적 내러티브라는 큰 맥락 가운데 기술된 모든 내용들은 일단 문자적으로 먼저 읽고 해석해야 할 필요가 있다. 성경은 타종교의 경전들처럼 단순히 창시자의 교훈만이 담긴 도덕서의 하나가 아니라, 창조의 사건들을 포함해 인류 각자의 실제적인 구원에 중대한 의미를 가진 역사적 사실들이 담긴 책이기도 하기 때문이다.

유신진화론자들은, 교회가 하나님이 창조의 과정에 진화의 방법을 사용하셨다고 말하면 과학주의에 물든 현대인들을 전도하는 데 유용하다고 주장한다. 한때 나도 그 의도에 찬성했지만, 지금은 반대한다. 하나를 얻는 대신 둘 또는 전부를 내줄 위험성이 있어서다. 지금 일부 진보적 지성주의자들에 의해 주도되는 유신진화론을 교회가 막지 못하면 성경의 권위는 크게 훼손된다. 주류 자연 과학계와 성경적 창조론의 대화는 필요하고 의미도 있다. 그러나 그 모든 작업이 성경의 권위와 창조의 실체를 타협하는 거라면, 그 대화로 누가, 무슨 유익을 얻을 수 있을까?

• **더 깊은 탐구를 위한 연관 질문**

1. 창조 시에 하나님은 완성된 피조물을 만들기보다 스스로를 구현할 수 있는 세계를 만들어 진화의 메커니즘을 활용하셨다는 유신진화론의 주장에는 어떤 오해가 있는가? 하나님이 창조의 과정에 굳이 진화의 방법을 사용할 타당한 신학적, 철학적 이유는 무엇인가?

2. 리처드 도킨스는 왜 창세기가 말하는 방식대로의 창조와 진화는 양립할 수 없다고 주장했을까? 진화에 수많은 죽음과 돌연변이, 자연도태, 적자생존의 과정이 반복되어야 하는 것이 성경의 창조주 하나님의 성품과 정면충돌한다고 보아서일까?

: 더 깊은 탐구를 위한 관련 도서 :

• 《창조 기사 논쟁》(트렘퍼 롱맨 외, 새물결플러스)

성경의 권위와 무오성을 믿는 복음주의 구약 신학자들이 창세기 1-2장을 해석하는 다섯 가지 관점을 소개하고, 발제와 토론의 형식으로 이 문제에 대한 성경신학 차원의 주요 쟁점들을 다룬 책. 크게 창세기 1-2장에 대한 문자적 해석을 옹호하는 입장과 문맥에 따른 해석이나 고대 우주론이 반영된 배경을 전제로 한 입장이 대립된다.

"창조 기사는 그것이 구전으로 전해졌든 직접 주어졌든 관계없이 모세에게 초자연적으로 계시되어야 했다. 첫 5일 동안 일어난 창조 행위를 증언할 사람이 없었기 때문이다. 왜 하나님이 고대 근동 신화를 사용하여 이 독특한 사건에 담긴 자신의 진리를 모세에게 전달하셨겠는가? 이스라엘은 고대 근동의 사고방식을 따르라는 명령을 받지 않았다. 만약 창세기 1-11장의 관점이 고대 근동의 세계관과 반대된다면, 왜 그 세계관을 따라 작성되었다고 말해야 하는가?"(pp.131-132).

• 《빅뱅인가 창조인가》(존 레녹스, 프리윌)

스티븐 호킹이 쓴 《위대한 설계》(까치글방 역간)에 대항해서 쓰인 책으로, 원제는 《God and Stephen Hawking》이다. 우주가 존재하게 된 것은 신의 덕분이 아니라 약 150억 년 전에 일어난 빅뱅과 같은 어떤 물리적 법칙의 필연적 결과 때문이라고 말한 스티븐 호킹의 주장에 대해 과학과 철학의 최신 방법론과 이론들을 활용해 명쾌하게 반박한다.

"스티븐 호킹은 신을 부정하려면 기독교의 하나님도 똑같이 부정해야 한다고 생각했지만, 이는 큰 인식의 오류다. 다신론에서의 우상 신과 기독교의 하나님은 전혀 다른 존재다. 기독교의 하나님은 '인간이 자신의 이미지를 형상화한 또는 인간이 자신의 염원을 투영한 어떤 형상'이 아니라 로고스이다. 로고스는 형상이 없다"(p.43).

5
성경은 정말 오류가 없는 책인가?

《성경 무오성 논쟁》(R. 알버트 몰러 외, 새물결플러스)

성경은 과학 현상을 논술이 아닌 이야기체로 선포한다.
지구가 자전한다고 서술하기보다 사람 입장에서 그냥 해가 뜬다고 표현한다.
그렇다고 해서 하나님의 창조와 여러 과학적 현상들에 대한
성경 기록의 신성한 권위가 폄하될 순 없다.
성경이 문자적으로도 분명한 과학적 현상을 언명하는 경우에는
과학주의보다 성경이 우선이다.

1960년대에 나사(NASA)의 과학자들이 행성의 궤도를 연구하다가 하루가 없어진 걸 발견했는데, 그 시점은 B.C. 1400년경 여호수아 시대였다는 이야기가 한때 널리 회자되었다. 교회 안팎으로 큰 화제가 되자 나중에 나사는 과거로 거슬러 올라가 특정한 때의 시간이 비었다는 것을 계산하기란 원리적으로 불가능하다고 해명했다. 결국 실종된 하루에 대한 이야기는 뜬소문에 불과했다는 것으로 알려져, 지금은 터무니없는 낭설로 취급받고 있다. 문제는 그렇다고 해서 성경에 기록된 이 사건(수 10:12-14)의 역사성마저 낭설로 취급받아도 좋은가 하는 것이다.

지금은 복음주의 신학자들 중에도 "여호수아 사건의 본질과 무관한 이런 기적 이야기의 역사성 여부는 중요하지 않고, 알 수도 없다"고 말하는 이들이 실제로 있다. '태양이 중천에 머물렀다'(수 10:13)는 표현부터가 지구의 자전에 무지한 천동설의 고대 세계관이 반영된 시적 표현일 뿐이라고 본다.

성경에 오류가 있는가, 없는가를 따지려는 성경 무오성 논쟁도 결국 이런 난제를 비껴갈 수 없다. 복음주의 안에서는 이 문제를 놓고 '무오성'(inerrancy)과 '무류성'(infallibility)의 입장이 대립해 왔다. 무오성은 성경에는 신자들의 믿음과 실천뿐만 아니라 역사나 과학 등과 관련된 내용에서도 오류가 없다고 믿는 입장이고, 무류성은 성경의 진실성과 신뢰성을 신자들의 믿음과 실천의 영역에만 국한시키는 입장이다. 창세기 1-2장의 해석을 놓고 벌어지는 최근의 유신진화론 논쟁도 결국 성경 무오성과 무류성 간의 싸움이다.

성경 무오성 논란의 중심, 시카고 성경무오선언서

1978년에 북미의 복음주의자들이 시카고에 모여 발표한 '시카고 성경무오선언서'는 성경 무류성이 아닌 무오성의 입장을 확고하게 천명한 기념비적 문서로 잘 알려져 있다. "전적으로 그리고 축어적으로 하나님으로부터 주어진 성경은 모든 가르침에서 오류나 실수가 없으며, 개인의 생명에 대한 하나님의 구원 은총에서도 오류나 실수가 없을 뿐만 아니라 창조에서의 하나님의 행위, 세계사의 사건들, 무엇보다 성경 자체의 문학적 기원에 관해 성경이 진술하는 것에서도 오류나 실수가 없다."

모두 25항으로 구성된 이 선언서에는 프란시스 쉐퍼, 제임스 패커, 노먼 가이슬러, 제임스 보이스, R. C. 스프로울 등과 같은 당대 최고의 복음주의 신학자들과 목회자들이 서명에 참여했고, 그런 만큼 복음주의 역사에 오랫동안 지대한 영향력을 끼쳤다. 그러나 이 선언서의 내용에 동의하느냐 않느냐로 복음주의자와 비복음주의자, 때론 파당적으로 아군과 적군을 구별 짓는 정치적 무기로도 이용되면서 지금까지 성경 무오성 논란의 중심에 서 있다.

이 책은 바로 이 선언서를 공통된 텍스트로 삼아 다섯 명의 현역 복음주의 신학자들이 성경 무오성 교리에 대한 자신의 입장을 밝히고 서로 논평해 준 내용들을 한데 모아, 현재 복음주의 신학계에서 활발하게 진행되고 있는 성경 무오성 논쟁의 진상을 그대로 담아냈다.

각 기고자들의 지론을 토대로 신구약 성경에서 대표적인 오류처럼 보이는 난제들, 곧 여리고 성의 기적적인 붕괴(수 6:1-21), 사도 바울의 다메섹 도상 회심 체험과 연관된 주변 사람들의 불일치한 경험(행 9:7, 22:9) 그리고 가나안 족속 진멸을 명령하신 구약의 하나님(신 20:16-17)과 원수까지도 사랑하라고 하신 예수님(마 5:43-48)이 신학적으로 어떻게 조화될 수 있는가 하는 문제들을 놓고 서로 다른 해법을 제시하는 접근도 무척 흥미롭다.

▬ 성경 무오성에 대한 다섯 가지 복음주의 입장

이 책의 기고자들이 성경의 무오성 문제를 놓고 각각 내세우는 자신들의 복음주의적 입장 가운데 무오성과 무류성의 특징을 구분 짓게 해 주는 내용을 중심으로 인상적인 대목만 먼저 짚어 본다.

첫째, 알버트 몰러(남침례신학교 총장)는 성경 무오성의 근거로 내적 증거(벧후 1:21), 교회가 성경을 하나님의 말씀으로 수호해 왔던 역사 그리고 성경의 권위를 지켜야 하는 교회의 실질적인 필요를 든다.

그에게 성경의 무오성은 축자영감, 즉 하나님이 성경 원본에 사용된 모든 단어를 결정하셨다는 사실을 요구하고 정의한다. 이러한 무오성에 바탕을 둔 계시 교리야말로 해석학적 허무주의와 형이상학적 반실재론으로부터 벗어날 수 있는 길이다. "성경이 바로에게 이르시되"(롬 9:17)라는 말씀이 보여 주듯, 성경이 말할 때 하나님이 말씀하신다. 예수님도 친히 성경은 폐할 수 없고(요 10:35), 일점일획도 없어지지 않는다고 주장하신다(마 5:18). 성경은 하나님에 의해 기록된 언어 계시이고, 그 계시는 그리스도 안에서 성취되며, 그에 대해 증언한다(pp. 41-63).

둘째, 피터 엔즈(이스턴대학교)는 이 책에서 성경 무오성 교리에 가장 분명하게 반대하는 해체주의적 입장을 보여 준다.
그에게 무오성은 어떻게 정의되든지 성경이 행하는 바를 설명하지 않는다. 성경은 하나님의 행위들에 대해 말하지만, 발생하지 않았거나 수세기에 걸친 전승 과정을 통해 상당 부분 수정되고 변형되었을 수도 있는 사건들도 전달한다. 성경의 행위는 고대 문명 가운데서 발생한 텍스트로서의 시대적 제약을 갖는다. 건전한 지적 추구에 필수적인 비평을 무효화하는 시카고 선언서와 같은 문자주의적 해석학은 창조와 홍수 기사의 역사성을 고찰하기 위해 고대 역사 연구나 과학적 발견, 곧 우주와 지구의 장구한 나이와 태고에 관한 인류의 과학 지식에 호소하는 것을 허용치 않는다(pp. 115-157).

셋째, 호주 신학자인 마이클 버드(퀸즈랜드대학교)는 미국의 무오성 교리가 미국 바깥의 복음주의를 위해서는 불필요하며, 규범적인 교리도 아니라는 입장이다.
그는 시카고 성경무오선언서로 대변되는 미국의 무오성 교리가 텍스트의 무오성을 설파하지만, 실제로는 자신들의 해석의 무오성을 답습하는 입장에 불과하다고 본다. 전형적인 성경 무류주의자로서 무오성 보다 '진실성' 또는 '신적 진실성'이 더 적합한 용어라고 보는 그는, 성경의 진실성은 표면상의 불일치나 모순들의 조화에 달려 있지 않은 만큼 무엇보다 기독론이 성경의 통일성과 일관성의 핵심이 되어야 하며, 신자들의 삶을 구성하고 주된 교리를 제공하는 면에서 성경은 조금도 오류나 모순이 없다고 강조한다(pp. 201-219).

넷째, 케빈 밴후저(트리니티 복음주의신학교)에게 무오성은 성경의 난제들을 해결하지 못하고 다만 '진리는 언젠가는 드러난다'는 믿음의 확신을 표현한다.
그래서 무오성의 목적은 성경의 난제들에 직면한 독자를 훈련시키는 것이다. 그에게 성경이 무오하다는 말은 성경 저자들이 그들이 확언하는 모든 것에서 진리를 말하고 있으며, (올바른 독자들이 제대로 읽을 때) 결국 그들이 참되게 말했다는 것이 드러나리라는 믿음을 고백하는 것이다. 우리는 성경 저자가 제안하는 명제가 무엇인지(문자적 의미), 그 명제에 어떤 종류의 관심이 요구되는지(문학적 감수성)를 제대로 이해하는 문해에 정통한 해석자가 되어야 할 뿐 아니라, 성경에 있는 각각의 의사전달 행위에 올바르게 반응하는 바른 마음과 심장(성령으로부터 주어진 문해력)을 지닌 독자가 되어야 한다(pp. 279-328).

다섯째, 존 프랭키(옐로스톤신학교)는 성경의 영감과 증거에서 하나님이 인간의 말과 언어라는 피조된 통로를 사용하셨다고 해서 성경이 신성화되는 것은 아니라고 주장한다.
성육신하신 예수님의 인성처럼, 언어는 하나님의 말씀의 통로로서 그것의 적절성을 위태롭게 하는 일 없이, 피조물의 속성에 내재된 역사적, 사회적, 문화적 제약과 상황에 여전히 영향을 받는다. 무오성은 성경에 적용되는 신학적 범주이지만, 그 성경은 텍스트가 발생한 특정한 문맥적 어휘들의 유한한 한계 안에 있다. 교회의 궁극적 권위는 성경을 통해서뿐만 아니라 성경 안에서 말씀하는 성령이시다. 성령은 성경으로 현재의 다양한 환경 속에 사는 독자에게 말하는 과정을 통해 세상을 창조하신다. 성경이 증언하고 있는 바는 사건 자체, 즉 하나님의 임재다. 신적 경륜 안에서 성경은 언제나 목적이 아니라 사건의 과정에서 수단이다(pp. 373-398).

▰ 태양이 멈춘 이야기, 얼마나 신빙성 있나?

각 기고자의 주장들이 워낙 치밀하고 함축적이어서 약간 난삽한 느낌마저 주는 이 책에서 가장 선명하게 부각되는 최대 쟁점은 결국 무오성이냐, 무류성이냐다. 개인적으로는 서두에 소개한 여호수아 10장의 기적 이야기에 담긴 성경 무오성에 대한 함의가 이 쟁점을 풀어 나가는 데 일말의 유의미한 실마리를 제공해 준다고 본다.

    무류주의자들은 이 기적 사건의 역사성에 물음표를 던진다. 천체의 운행 질서에 묶인 지구가 어떻게 저 홀로 멈출 수 있는가에 대한 과학적, 합리적 의심 탓이다. 이런 태도는 이 책에서 창세기 6장에 있는 노아 홍수 사건의 역사성을 부인하는 브라이언 맥라렌에게 이르러서는 심각하게도 왜곡된 신론의 문제와 정면으로 맞닥뜨린다. "유례없는 대량 학살로 이끈 의도적이면서도 초자연적인 재앙을 명하신 하나님은 믿을 가치가 없으며 경배할 가치는 더더욱 없다"(브라이언 맥라렌, p. 78).

성경이 하나님의 말씀인 이유는 거짓 없는 역사성이 기본적인 배경이어서다. 역사라는 시공간에 펼쳐진 사건들에는 과학적 검증이 따르기 마련이다. 역사 속에 일어난 사건이지만 과학적 검증이 어려운 경우 기적으로 간주된다. 그러나 창조주 하나님의 존재가 인정될 경우, 그가 허용하시는 기적은 과학보다 항상 더 크다.

지구의 자전 속도는 시속 1,600킬로미터, 공전 속도는 시속 10만 7천 킬로미터다. 이렇게 엄청난 속도로 움직이는 지구가 갑자기 멈추게 될 경우, 원심력과 중력의 변화로 땅 위의 사람들이 공중에 붕 떠 버리거나 하는 일들이 일어날 수 있다. 그러나 여호수아 10장에 보면, 태양이 갑자기 딱 멈춰 버린 게 아니다. "중천에 머물러서 거의 종일토록 속히 내려가지 아니하였다"(수 10:13)고 말한다. 지구가 아주 천천히 돌아가게 하면서 운동하던 물체가 급정거할 때 생길 만한 관성의 법칙에 따른 충격을 최대한 완화시키셨을 것이다.

하나님에게 큰 기적은 어렵고 작은 기적은 쉬운 경우는 따로 없다. 하나님은 정교한 과학의 법칙들을 친히 다 만든 분이셔서, 그 과학 아래 계시지 않는다. 그 모든 것을 초월해 존재하시며, 임의로 행하실 수 있다. 성경에 기록된 하나님의 일하심의 역사성을 판단하는 기준이 현재까지 발달해 온 과학이라면, 그 기준 자체가 이미 완전하지 않다.

이 책의 기고자들도 여리고 성 붕괴 사건을 놓고, 고고학 자료와 성경이 실제로 발생했다고 말하는 부분이 서로 상충하는 경우 성경의 무오성을 어떻게 고수할 수 있는가에 대해 성경의 우선성을 중시한다. "신앙이나 심지어 불신앙을 고고학 기록과 서로 연결시키는 일은 불가능하다. 왜냐하면 이 기록들은 계속해서 학문적 수정을 받아야 하기 때문이다"(마이클 버드, p. 232). "고고학은 과학과 마찬가지로 하나님이 행동하시는지의 여부를 단언하거나 부정할 수는 없다. 발굴한 증거를 어떻게 이해할 것이냐를 두고 서로 다른 해석이 충돌하기도 한다. 요약하면 증거는 결정적이지 않다는 것이다"(케빈 밴후저, p. 315).

■ 무오성과 무류성, 어떤 관계인가?

과학적으로 불충분한 증거를 가졌다는 것이 반드시 증거의 완전한 부재를 의미하진 않는다. 성경은 태양이 멈춘 기적 사건의 특별한 역사성을 강조하려고 '전에도 없었고 후에도 없었던'(수 10:14) 사건이라고 말한다. 이 사건은 이사야서(사 28:21)와 하박국서에 다시 언급된다. "날아가는 주의 화살의 빛과 번쩍이는 주의 창의 광채로 말미암아 해와 달이 그 처소에 멈추었나이다"(합 3:11).

성경이 믿음과 실천에 있어 온전히 하나님의 말씀으로 신뢰할 만한 내용을 가진 책이라면, 그 역사적 배경이 되는 여러 기적적인 사건들을 포함하는 역사나 과학의 문제에서도 신뢰할 만해야 한다. 그 둘은 떼려야 뗄 수 없이 연관되어 있다. 노아의 때와 같이 세속에 빠져 사는 사람들의 삶에 대해 경고하신 예수님의 말씀은 노아 홍수의 역사성을 전제한다(마 24:37-39). 가나안 정복 과정에서 이스라엘 백성에게 승리를 안겨 주면서 가나안 족속이 신으로 섬긴 해와 달에 대한 우상 숭배의 죄를 드러내신 영적 교훈에는 해와 달을 멈추신 기적 사건의 역사성이 전제된다.

하나님은 안식의 중요성에 대한 교훈을 주려고 친히, "이는 엿새 동안에 나 여호와가 하늘과 땅과 바다와 그 가운데 모든 것을 만들고 일곱째 날에 쉬었음이라"(출 20:11)고 말씀하셨다. 6일 창조든 출애굽의 홍해 기적이든 여리고 성 붕괴든, 과학적인 근거가 아무리 미심쩍어 보이는 사건이라 해도 그 모든 역사는 기독교적 믿음과 실천의 문제와 곧바로 연결된다. 무오성이 전제되지 않고는 사실 무류성도 설 자리가 없다.

"만일 성경에서 진리와 반대되는 어떤 것으로 인해 내가 당혹스러워한다면, 나는 주저하지 않고 사본에 오류가 있거나, 번역자가 그 의미를 제대로 잡아 내지 못했거나 혹은 나 자신이 이해하는 데 실패했다고 생각한다"(어거스틴, p.329). "무오성이란 결정적으로 입증할 수 있는 것이 아니라 성경의 본질에 관한 그리스도와 사도의 가르침에 수반되는 믿음의 항목으로서 유지되어야 한다"(제임스 패커, p.284).

• 더 깊은 탐구를 위한 연관 질문

1. 성경은 신자들의 믿음과 실천뿐만 아니라 역사나 과학 등과 관련된 내용에서도 오류가 없다고 믿는가? 성경이 기록될 당시의 문화적 상황이나 시대적 제약이 성경의 무오성 교리에 부정적으로 끼치는 영향은 무엇인가?

2. 신자들의 믿음과 실천에 관한 성경의 진실한 교훈은 그것과 관련된 역사적 사건 또한 진실하다는 전제가 있어야만 가능한가? 역사적 사건의 사실성이 미비하다 해도 신자들의 삶에 대한 영적 교훈을 전하는 데는 큰 문제가 없다는 주장에 동의하는가?

: 더 깊은 탐구를 위한 관련 도서 :

- **《IVP 성경난제주석》**(월터 카이저 외, IVP)

성경은 고대의 특정 문화 속에서 특정한 언어로 기록되어 사상적으로나 언어적으로 이해하기 어렵거나 오해하기 쉬운 구절들이 있는데, 이러한 난해 구절들에 대해 원어의 의미와 본문의 문맥, 사회적·역사적 배경 등을 고려해서 성경 전체의 의미와 조화를 이루도록 이해하기 쉽게 해설해 놓은 책.

"점술과 신탁, 초연한 예언 등의 이야기가 이교 나라들의 역사에 풍성하지만, 기독교 외의 다른 종교 경전의 예언은 세계사와 구속을 아우르는 지속적인 신의 계획에서 거의 아무 부분도 차지하지 못한다. 단지 특별한 궁금증을 만족시키는 호기심거리나 즉각적이고 개인적인 곤경에 처한 군대 혹은 정치 지도자의 모의를 돕는 정도다. 전지구적이고 우주적이며 구원사적인 연결은 전무하다"(p.60).

- **《하나님에 관한 불변의 진리》**(조쉬 맥도웰 외, 두란노)

절대 진리를 부정하는 포스트모던 문화에 맞서 기독교 신앙을 하나님의 창조와 성육신, 재창조에 대한 기독교의 열두 가지 불변의 진리로 변증해 낸 책. 하나님의 존재와 그분의 말씀, 원죄, 성육신, 대속, 이신칭의, 변화된 삶, 부활, 삼위일체, 하나님 나라와 교회, 재림에 대해 다루었다.

"역사적 문서의 신빙성을 평가하기 위한 흔한 기준 중 하나는 다른 문서들이 해당 문서의 내적인 주장을 뒷받침하느냐 부인하느냐 하는 것이다. 역사를 통틀어 성경은 가장 널리 참조되고 인용된 책이다. 예를 들어, 신약만 해도 다른 고대 문서들에서 얼마나 광범위하게 인용되었는지 그 문서들만으로도 마태복음에서 요한계시록까지 27권 전체를 다시 짜깁기할 수 있을 정도다"(p.121).

6
예수의 부활, 딱 부러진 물증이 있는가?

《부활 논쟁》(게리 하버마스 외, IVP)

예수님이 죽기 직전에 제자들은 다 도망갔다.
그들에게 예수님은 실패한 리더였다.
부활이 없었다면 무엇이 제자들에게 죽음을 무릅쓰고라도 예수를 전하게 했을까.
무엇이 로마 카타콤에서부터 유럽을 정복하고 지금 한반도에까지
우후죽순 교회가 생겨나게 했을까.
부활의 가장 큰 증거는 지금도 남아 있는 그 확고한 영향력이다.

'예수는 정말 부활했는가?' 비신자들이 이런 돌직구 질문을 던진다면 어떻게 대답해야 할까? 예수님이 실제로 부활하지 않았다면 기독교 신앙 자체가 다 헛것이다. 반면에 부활이 정말 일어났다면, 기독교의 모든 이야기는 사실 그대로다. 부활 사건의 역사성 하나로 전체 기독교의 진위가 판가름 난다. 그만큼 부활 사건에 대한 확고한 증거를 붙잡는 일은 기독교 신앙을 굳건히 세우고 전하는 데 결정적이다.

그렇다면 세상에 부활의 증거들을 어떻게 전하는 게 효과적일까? '성경에 예수님의 부활 사건이 기록되어 있으니 사실인 거고, 그러니까 당연히 믿어야지!' 신자들에게는 은혜로운 논리일지 몰라도, 비신자나 무신론자들에게 이런 논리는 단순한 순환논리로 치부되고 만다. 성경을 우선적으로 내세우지 않고도 무신론자를 포함해 누가 들어도 수긍할 만한 증거와 논리로 부활 사건의 사실성을 입증할 도리는 없을까?

이 책은 철저히 비신자들의 시각에서 그들도 납득할 수 있는 합리적 논리와 역사적 정황 증거들을 들어 부활 사건의 타당성을 입증하고자 했다. 이러한 객관성을 처음부터 끝까지 견지하고자 한 것이 이 책의 가장 큰 매력 포인트다. 이런 분위기에 탄력을 받아서인지, 이 책의 편집자인 데이비드 바게트는 오히려 합리적 증거를 가볍게 여긴 채 교조적 무신론에 집착하는 비신자들을 이렇게 꼬집기까지 한다.

"그저 증거들에 코웃음 치거나, 알 수 없는 것이라며 무시하거나, 오래전의 일이라며 의심하거나, 학자들 사이에서 완전한 합의를 이루지 못했다고 지적하거나, 주장된 사실들을 둘러싼 불분명한 지식을 인용하거나, 혹은 그저 증거가 불충분하다고 고집하거나 하는 그 어떤 접근도 이성적 확신을 담보하지 못한다. 이 중 그 무엇도 중요한 증거에 대한 정직한 검토를 대체할 수 없다"(p.147).

■ 부활 사건의 신빙성, 무엇이 걸림돌인가?

이 책은 2003년, 베리타스 포럼(The Veritas Forum)에서 열린 앤터니 플루와 게리 하버마스의 부활 논쟁을 담은 책이다. 베리타스 포럼은 전 세계 대학에서 저명한 기독교 사상가와 무신론 사상가들을 초대해 기독교 진리에 대해 강연하고 토론케 하는 포럼인데, 생애의 말년에 무신론을 버리고 유신론자로 전향한 철학자 앤터니 플루와 부활 논증에 관한 세계적 권위자 게리 하버마스가 이 포럼에서 나눈 부활 논쟁과 토론이 이 책의 1부에 담겨 있다. 예수님의 십자가 처형과 죽음, 장사, 부활에 대한 철학적, 역사적 증거들을 놓고 합리적 결론을 도출하기 위한 치열한 토론이 전개된다.

이 책의 2부에는 2004년에 전 세계의 주목을 받으며 유신론 수용을 선언한 플루와의 인터뷰와 함께 그가 어떻게 신의 존재를 믿게 되었는지를 소개한 책, 《존재하는 신》(청림출판 역간)에 대한 하버마스의 논평이 실려 있다. 그리고 3부에서는 데이비드 바게트가 앤터니 플루와 게리 하버마스의 대화와 플루가 유신론자가 되기까지의 지적 회심 과정을 비평적으로 검토했다.

"논쟁은 정확히 말하면 증거에 대한 합리적인 평가다. 그리고 우리가 이해할 수 있는 사실을 기반으로 해서 무엇이 진리인지를 알아내려는 시도다"(데이비드 바게트, p.21). 예수님의 부활 사건에 대한 증거들이 존재한다면 합리적인 이성이 과연 그것을 믿을 수 있느냐에 초점을 두고 진행된 1부 논쟁 편에서 예수의 부활 사건을 놓고 앤터니 플루가 던진 주된 의문점들에 대해 게리 하버마스가 대답한 내용들을 한데 요약해 본다.

예수는 십자가에서 정말 죽었는가?
십자가에서는 죽은 시늉을 할 수 없다. 장시간 매달려 있는 것만으로도 질식하게 된다. 만일 머리보다 팔이 더 높이 들린 상태로 매달려 있으면 늑간근, 흉근, 삼각근 등 폐 주변 근육에 몸의 무게가 실리고, 이로 인해 폐에 압박이 가해진다. 몸의 무게가 이 근육들을 끌어내리면 몸은 십자가 아랫부분으로 처지게 되고, 무릎이 꺾여 몸 전체가 고꾸라진다. 예수님은 쇼크와 울혈성심부전이 복합된 질식으로 사망했다.

예수가 잠깐 기절했을 수도 있지 않은가?
기절설의 주된 함정은 그것이 조금도 논리적이지 않다는 점이다. 만일 예수님이 힘이 빠지고 쇠약해져서 죽을 것이라 생각했는데 무덤에서 다시 소생했다면, 깨어난 예수님은 제자들에게 '나타나러' 가신 것이 된다. 땀에 젖고 상처가 터져 흉한 모습으로 쓰러질 듯 비틀거리며 가는 곳마다 핏방울이 떨어져 흔적을 남겼을 것이다. 예수님은 자신이 살아 있었다는 사실을 제자들에게 확신시켰겠지만, 제자들은 결코 그가 부활했다는 결론을 내리진 못했을 것이다. 부활하신 예수님이 없었다면 신자들의 부활을 받아들일 이유도 없고, 기독교도 없었을 것이다.

실제로 예수를 장사 지냈다는 증거가 있는가?

예수님이 십자가에 달리셨을 때 그 현장에 종교 지도자들이 있었고, 그들은 예수님이 죽기를 바라고 있었다. 당시 로마 군인들의 임무는 그 결과를 확인하고 일을 마무리 짓는 것이었는데, 거기에는 예수님의 시체를 매장하는 것까지 포함되어 있었다. 더구나 마태는 유대인 목격자들이 제자들이 시체를 훔쳐갔을 것이라고 말하면서 예수님의 무덤이 실제로 비어 있었다는 사실을 인정했다고 기록한다. 만일 아무도 그곳에 장사된 적이 없었다면, 그들의 그런 태도는 있을 수 없다.

제자들이 예수의 환영을 본 것은 아닐까?

예수님의 제자들이 스승의 죽음을 너무도 깊이 애도한 나머지 예수님의 환영을 보았다는 주장이 가능하다. 그러나 여러 사람들이 동일한 환영을 보는 일은 없다. 꿈만큼이나 객관성이 결여된 환영은 어떤 한 개인이 자신만의 정신적 이미지를 만들어 내는 것이다. 환영을 일으키는 흔한 원인은 배고픔이나 목마름 같은 신체적인 결핍인데, 그 상태에서 개인적으로 특정 환영을 경험할 경우 함께 있는 많은 사람이 그 환영을 동시에 경험하긴 불가능하다. 예수님의 동생 야고보와 사도 바울은 부활하신 예수님을 직접 목도하기 전엔 비신자였기에, 환영을 만들어 냈을 가능성도 없다. 게다가 일반적으로 환영은 경험자들의 삶을 바꾸어 놓지 못한다.

앤터니 플루가 신은 인정하되 기독교는 거부한 이유

이 책의 2부와 3부에서는 게리 하버마스와 데이비드 바게트가 저명한 무신론자였던 앤터니 플루가 어떻게 유신론자로 회심하게 되었는지를 비중 있게 다룬다. 플루가 무엇을 근거로 마침내 유신론을 받아들이게 되었는지는 무신론자 대상의 변증 전도가 중시해야 할 부분이 무엇인지도 잘 보여 준다.

플루는 우선 무신론자들의 가치관을 대변하는 듯 이렇게 말한다. "어떤 개인이 새로운 사안을 믿거나 믿지 않을 합리성은 그 사람이 그 새로운 사안을 맞닥뜨리기 전에 이미 합리적이라고 믿고 있던 것이 무엇이냐에 달렸다"(p.117). 그러나 그가 오랫동안 견지해 오던 무신론적 자연주의 가치관은 빅뱅 이론과 미세 조정(fine-tuning) 논증, 지적 설계(Intelligent Design) 논증 등을 비롯한 고전적인 신 존재 증명, 특히 우주론적, 목적론적 신 존재 증명에서 깨지고 만다.

플루는 신의 존재에 대한 자신의 입장을 구성하는 세 가지 철학적 논점으로 자연법칙의 기원, 생명의 조직 그리고 생명의 기원을 들었다. "우리가 보는 지구에서 목적 지향적이고 자기 복제를 하는 생명의 기원에 대한 유일하게 만족스러운 설명은 무한한 지적 정신의 존재다"(p.133). 이런 근거들을 통해 플루는 창조주 신을 인정하게 되지만, 인간에게 자유 의지를 허용한 기독교의 하나님을 통해서는 악의 문제를 풀어 낼 수 없다고 여겼다. 그래서 창조만 하고 세상에 더 이상 개입하진 않는 아리스토텔레스적인 신까지만 인정하는 이신론자에 머물고 만다.

플루는 창조 세계의 법칙을 비롯해 강력한 유신론적 근거들을 인정하고도 그리스도인이 되진 못했다. 그 이유가 무엇인지 궁금해 책을 따라가다가, 그가 하나님의 절대적 예정에 대해 깊은 반감을 가졌다는 데 눈길이 쏠렸다. 그의 말을 직접 들어 보자.

"파스칼의 내기는 영원한 형벌이라는 미래를 피하려고 대안 쪽에 내기를 거는 것입니다. 그런데 사실 미래의 삶은 전통적 기독교와 이슬람교가 말하는 예정하시는 하나님에 의해 주어집니다. 그런 하나님을 어떻게 이해해도 선하신 분이라고 볼 수는 없지요. 선에 대한 일반적 이해와도 맞지 않고요"(p.84).

플루와 같이 합리성을 중시하는 지적 무신론자들은 칼빈주의에서 주장하는 하나님의 절대 이중예정론에 대해 상당히 적대적이다. 이 부분은 내가 한동안 안티 기독교 사이트에서 안티그리스도인들과 논쟁을 벌일 때에도 자주 느꼈던 애로사항이다. 그들은 이미 천국 갈 자, 지옥 갈 자를 다 정해 놓고도 실제로는 아닌 척하며 사람들에게 믿으라고 기회를 주는 듯한 하나님, 안 믿으면 그 불신을 그들의 책임으로 돌리며 저주를 퍼붓는 하나님에 대해 도저히 용납하기 어렵다는 비판을 지금도 쉴 새 없이 쏟아낸다. 이런 반응을 대할 때마다 이 이슈에 대한 신학적 재조율이 없다면 현대의 비신자들을 복음으로 설득해 내기란 요원할 수도 있겠다는 회의감에 빠져든 적이 많다.

칼빈은 말씀과 은혜를 놓치고 공로주의와 행위 구원으로 치닫던 중세 가톨릭 시대를 성경적 가치로 되돌렸다. 그러나 칼빈적 개신교는 사람의 전통과 의지를 강조한 당대의 종교적 경향을 거부하느라 하나님의 절대 주권과 은혜를 너무 강조하면서 반대급부로 절대 이중예정론으로까지 나아갔다. 이후 청교도, 존 웨슬리의 예지예정론, 오순절 성령 운동 등을 통해 하나님의 주권과 인간의 자유 의지나 책임 간의 균형을 되찾으려는 신학적 시도가 진행되어 왔다. 이제라도 한국 교회 내에서 대승적으로 이 예정론 문제를 놓고 종교 개혁 이후 수백 년 동안 교회 공동체에 더해진 새로운 신학적 조명과 지혜를 반영하는 좀 더 충분한 신학적 반성과 성찰이 진행되길 기대해 본다.

유신론의 증거가 믿음을 낳지는 못한다

이 책에서 일단 성경에 주된 비중을 두지 않고 제시된 부활에 대한 객관적, 역사적 증거들은 '최소한의 사실들', '경험적으로 검증 가능한 역사학의 표준적인 주장'(p.143), '지적 최선'(p.194)과 같은 말로 표현된다. 이렇게 예수님의 부활 사건이 그의 신성을 보여 주는 역사적 사실이라는 입증 작업을 통해 기독교 자체가 참된 진리 체계라고 주장하는 데 이 책의 궁극적인 목적이 있다. 이것은 곧, 기독교에 창조주 신이 존재한다면, 부활은 결코 이해 불가능한 기적이 아니라는 사실 또한 자연스럽게 드러내 준다.

그런 점에서 플루가 창조주 신을 인정하고도 특별 계시나 성육신, 부활과 같은 신의 기적적인 개입을 부인한 채 2010년에 세상을 떠났다는 사실이 참 안타깝다. 그러나 그의 지적 회심 과정은 그리스도인들이 무신론적 비신자들에게 복음을 전할 때 우선해야 할 접근 방법이 무엇인지를 새삼 조심스레 돌아보게 해 준다. 그들에게 성경의 내용부터 들이대며 직설적으로 복음을 전하려 하기보다, 먼저 한 걸음 뒤로 물러서서 그들의 사고방식 안에서 진리를 표현하고 마음을 열게 해 줘야 한다.

변증 전도는 비신자들에게 먼저 신의 존재에 대한 합리적 증거들을 보여 주고, 그 유신론의 전제에서 그 신을 어디서 만날 수 있는지 안내하는 데 초점을 둔다. 기독교는 그 창조주 신이 이 땅에 사람으로 온 존재가 바로 예수라고 믿는, 다른 어느 종교나 신화에서도 접할 수 없는 아주 독특하고 매력적인 진리다. 이 사실을 먼저 설득력 있게 전달한다면 부활 사건의 타당성 또한 의외로 쉽게 전할 수 있다. 파스칼이 말한 대로, 있던 것을 다시 있게 하는 것이 없던 것을 있게 하는 것보다 훨씬 쉽기 때문이다.

이 책의 곳곳에는 무신론적 자연주의자들의 허점을 찔러 그들에게 부활 사건을 포함한 기독교 진리의 타당성을 제시하는 데 활용할 만한 대응 논리들이 가득하다. 그러나 하나님은 믿음으로 결단할 여지를 남겨 두기 위해 증거들을 헤프게 다 보여 주시진 않는 것 같다.

플루의 문제점은 "증거가 이끄는 데로 따라갔을 뿐"(p.121), 인격적인 결단을 내리고자 하지는 않았다는 데 있다. 아무리 많은 증거들을 본다 해도 의심은 쉽게 사라지지 않고 어딘가에 남아 있다. "그 어떤 종교도 예수와 같은 카리스마적 인물과 바울과 같은 최고 수준의 지성을 결합하고 있지 않다. 만일 전능한 신이 종교를 세웠다면 기독교가 바로 그 종교일 것 같다"(p.135)고 말했던 앤터니 플루에게 게리 하버마스의 다음과 같은 조언이 끝내 적용되지 못한 것이 못내 아쉽다.

"여전히 마음속에 의혹이 일어날 수 있고 다른 문제가 생길 수도 있다. 결혼도 마찬가지다. 그렇기에 신중해야 한다. 모든 정보를 한 줄로 세워 두고 과연 '네, 함께하겠습니다'라고 말할지 말지를 결정해야 한다. 예수 그리스도에 대해서 '네, 함께하겠습니다'라고 말하는 단계가 바로 믿음이고 헌약이다"(p.90).

• 더 깊은 탐구를 위한 연관 질문

1. 성경에 기록된 예수의 부활 사건과 같은 기적은 절대로 일어날 수 없다고 주장하는 사람들이 들기 좋아하는 근거는 무엇인가? 일반적으로 그 근거들이 지니고 있는 허점에는 어떤 것이 있는가?

2. '최소한의 사실들', '경험적으로 검증 가능한 역사학의 표준적인 주장', '지적 최선' 같은 합당한 증거 차원의 기준으로 볼 때, 믿을 만한 근거들이 아무리 많아도 여전히 부활 사건을 포함해 기독교 진리에 대한 믿음을 거부하는 사람들의 가장 큰 문제점은 무엇인가?

: 더 깊은 탐구를 위한 관련 도서 :

• **《예수의 부활》**(마이클 R. 리코나, 새물결플러스)

역사학자들이 일반적으로 사용하는 역사 철학과 철저한 문헌 고증, 사실주의적 접근법 등의 역사적 연구 방법으로 예수 부활의 사실성에 대해 탐구한 책. 외경과 위서, 유대교의 문헌과 성서학계 외부의 전문적인 역사가들의 문헌과 소통하고, 근대 이후부터 최근 학자들의 다양한 논의들을 총망라해 꼼꼼하게 분석하고 비판하는 가운데 부활의 실제적인 역사성을 조사하고 변호했다.

"예수는 죽음에서 부활했거나 부활하지 않았다. 그리고 이 중 어느 한쪽 입장을 취하는 역사가들은 다른 입장을 취하는 역사가들보다 옳다. 역사 지식의 불확실성 때문에 많은 역사 기술들은 관련된 학자들의 합의를 통한 승인을 결코 얻지 못할 것이다. 그렇다고 해서 역사가들이 자신의 가설이 아마도 참될 것이라고 진술하지 못해서는 안 된다. 우리는 시간을 거슬러 과거로 돌아가지 못한다. 그럼에도 과거의 잔재들이 문서, 유물, 영향의 형태로 남아 있다"(pp.97, 151).

• **《예수님은 실존 인물인가?》**(조쉬 맥도웰, 생명의말씀사)

실존 인물로서의 예수의 역사성을 입증하기 위해 예수에 대한 고대 세속 기자들의 언급을 포함한 성경 외적인 증거와 신약성경 속 증거의 역사적 신빙성을 다방면으로 검토한 변증서. 역사 지리와 고고학, 문헌학적 증거, 역사와 신화의 특성 비교, 예수의 기적과 부활 기사들의 신빙성 등에 대해 상세하게 다루었다.

"초대교회는 신비 종교에서 초자연적인 요소들을 빌려와 인간 예수를 초자연적인 인물로 둔갑시켰는가? 역사적 근거가 결여된 신비 종교는 자연의 연례적 생장 주기로 인생과 사후의 삶을 설명하려 하고, 뛰어난 인물의 우월한 특징이나, 신비로운 의식과 절차에 탐닉하고, 교리적 관심보다 감정적 관심을 강조하며, 운명이나 궁핍함, 죽음에서 벗어나는 구원을 추구했다. 그러나 기독교는 신비적 체험에 의존하지 않았고, 죄와 죄책으로부터의 구원을 통해 도덕적 인격의 변화로 인도했다"(pp.270, 280).

3부

기독교가 말하는 종말

사고로든 병사나 자연사로든 모든 사람에게는 예외 없이 죽음이 찾아오고, 잘났든 못났든 죽고 나면 무덤에는 생사 연도 숫자만 남는다. 모든 사람이 한결같이 그 죽음을 원치 않는데도 죽음이 쳐들어온다는 건 확실히 자연이 아니라 비정상이다. 이걸 폭력이 아닌 자연이라 믿고 사는 사람들은 끝내 그 죽음에 지고 만다.

1
유한한 범죄에 영원한 형벌, 너무 부당하지 않은가?

《지옥은 없다?》(프랜시스 챈 외, 두란노)

사람은 타인의 죽음은 믿어도 자신의 죽음은 안 믿는다.
실제로 사람은 결코 죽지 않아서다.
내가 느끼고 생각하는 이 의식은 죽어 없어질 성질이 아니다.
영혼과 분리되어 흙으로 돌아간 단백질 덩어리 역시
약간의 시차만 둘 뿐 영원히 안 없어진다.
사람들은 죽음을 두려워하지만,
실은 죽는 것보다 영원히 안 죽는 것이 가장 큰 문제다.

'고작 7, 80년 동안 지은 죄로 영원히 벌준다는 게 과연 정당한가?' 세상 사람들은 지옥이 있다는 것도 믿기 힘들어하지만, 거기서 영원한 형벌을 받는다는 건 더 못마땅하게 여긴다. 이 딜레마를 해결하려고 복음주의권 안에서는 존 스토트처럼 영혼 멸절설을 주장한 신학자도 있다. 얼마 전에는 미국의 랍 벨 목사가, "모든 사람은 결국 천국에 간다"는 말로 지옥이 없다는 주장을 펴기도 했다.

이 책의 저자는 랍 벨 목사가 자신의 책 《사랑이 이긴다》(포이에마 역간)에서 만인 구원설을 설파하며 영원한 지옥이 없다고 주장한 데 큰 충격을 받고, 성경에 기록된 그대로의 지옥에 대해 자세히 연구한 결과를 한데 모았다. 그래서 이 책에는 인간적인 선입견을 떠나 실제로 성경은 지옥에 대해 뭐라고 가르치는가에 초점을 둔 순도 높은 '성경적 지옥론'이 담겨 있다.

"우리가 살펴보려는 주제는 당신과 내가 마지막에 지옥에서 고통당하는 것으로 끝날 수도 있다는 내용이다. 무언가를 믿을 때 믿고 싶은 것이어서 믿지는 말라. 또한 어떤 생각을 품을 때 늘 그렇게 생각해 왔기 때문에 계속 그렇게 생각하지는 말라. 성경적인 것을 믿으라. 하나님께서 성경을 통해 우리에게 주신 소중한 말씀들에 상반되는 당신의 생각들을 테스트해 보라"(pp. 35-37).

지옥은 교정과 치유를 위한 곳이다?

미국 캘리포니아에서 교회를 개척해 열정적이고도 정직한 메시지로 사람들의 미적지근한 신앙을 강하게 일깨워 온 저자는, 이 책에서 지옥이 얼마나 실제적인 형벌의 장소인지를 적나라하게 드러낸다. 1세기 유대주의를 깊이 연구한 신약학자 프레스턴 스프링클의 리서치를 토대로 저술한 이 책에서, 저자는 만인 구원설이나 영혼 멸절설의 논리적 귀결로 영원한 지옥의 존재를 부인하는 이들의 주장과는 달리, 성경은 지옥을 영원한 형벌이 진행되는 실제적인 장소라고 가르친다고 강조한다. 그 근거로 제시한 내용을 세 가지로 요약해 본다.

만인 구원설은 성경적으로 합당한 근거가 없다

3세기에 오리겐이 옹호한 만인 구원설은 553년 콘스탄티노플회의에서 이단적인 가르침으로 간주되었다. 그러나 그 후에도 소수지만 만인 구원설을 주장하는 이들이 있어 왔고, 최근에는 랍 벨이 "최악의 '타락한 죄인들'조차도 마침내는 저항을 내려놓고 하나님께 돌아갈 것"(p.49)이란 말로 다시 이슈화시켰다.

물론 이들 역시 성경에서 자신들의 주장의 근거를 든다. "모든 무릎을 예수의 이름에 꿇게 하시고 모든 입으로 예수 그리스도를 주라 시인하여 하나님 아버지께 영광을 돌리게 하셨느니라"(빌 2:10-11). 만인 구원설을 주장하는 사람들은 이 말씀을, 모든 인생들이 이 땅에서가 아니면 죽고 나서라도 예수님을 받아들일 것이라는 의미로 해석한다. 그러나 이 말씀은 예수님이 당신의 창조 세계를 회복하려고 돌아오시는 날, 모든 이들이 그 사실을 시인하게 된다는 뜻이다. 같은 책에서 바울은, 복음을 받아들이면 구원을 받지만 거부하면 멸망하게 되며(빌 1:28), 그리스도를 대적하는 자들의 마침은 멸망(빌 3:19)이라고 거듭 경고한다(pp. 51-52).

"아담 안에서 모든 사람이 죽은 것같이 그리스도 안에서 모든 사람이 삶을 얻으리라"(고전 15:22). 이 말씀 또한 만인 구원설자들은, 바울이 모든 개개인이 완전한 구속이라는 측면에서 하나님과 화목하게 되는 날을 소망한 것으로 이해한다. 그러나 이 말씀 역시 예수님이 재림하실 때 일어날 신자들의 부활을 가리키는 것으로, '그리스도 안에 있는 모든 믿는 자들'이 다시 살게 된다는 의미로 봐야 한다(pp. 53-55).

지옥은 죄인들을 교정하거나 치료하기 위한 장소가 아니다
1세기 유대인들에게 형벌은 교정이나 치료를 위한 것이 아니었다. 다시 말해, 형벌이 그들을 구원의 길로 인도하지는 않는다. 오히려 지옥은 보응을 위한 곳이며, 개개인이 지은 죄에 대한 하나님의 형벌이 있는 곳이다(p. 73). 복음서에 기록된 지옥에 대한 예수님의 경고는 이러한 당대의 일반적인 이해를 배경으로 삼았다. 지옥을 가리키는 헬라어 '게헨나'(힌놈의 골짜기)는 예수님 시대에 유대인들이 관용적으로 말세에 악인을 불로 심판하는 장소를 언급하는 말로 사용되었고, 예수님 역시 게헨나에 대한 당시의 대중적인 믿음을 그대로 긍정하셨다(p. 83).

그러나 만인 구원설자들은 몇몇 성경 구절과 단어들을 근거로 지옥이 교정이나 치료를 위한 장소라고 주장한다. 예를 들어, 예수님이 언급하신 '영벌'(마 25:46)의 헬라어 단어들, 즉 '아이오니오스 콜라시스'는 형벌이 영원히 멈추지 않는다는 뜻이 아니라고 주장한다. 그들은 이 단어들 중 '콜라시스'는 '가지치기' 내지 '다듬기'를 의미하는 원예술에서 나온 용어라고 말한다. 따라서 지옥의 형벌은 악인들이 더 이상 악하지 않을 때까지 일정 기간 동안 그들의 그릇된 행동을 바로잡기 위한 '강한 교정 체험'이며, '영벌'이란 이 형벌을 견디는 자들이 마침내 구원을 얻을 수 있도록 교정의 시간을 주신다는 의미라고 말한다(p.100).

그러나 신약성경에서 헬라어 '콜라시스'는 단 세 군데에서 사용되었는데, 모두 분명하게 형벌을 뜻하며, 모든 주석가들이 이 단어를 '교정'이 아닌 '형벌'로 번역했다(p.101). 또한 지옥의 영벌은 "마귀와 그 사자들을 위하여 예비된 영원한 불"(마 25:41) 가운데서 진행되는데, 사람이 아닌 마귀와 그 사자들 역시 교정의 기간만 거치게 된다는 건 만인 구원설을 넘어 만유 구원설로까지 비화될 문제다.

지옥에서의 형벌의 기간은 천국에서 생명을 누리는 시간만큼 영원하다
이 책에서 저자는, 성경에서 지옥의 죄인들이 멸망하게 된다고 언급하는 몇몇 구절들(마 10:28; 살후 1:9; 벧후 2:1-3; 유 1:10)은 영혼 멸절설의 근거처럼 해석될 여지가 있다고 인정한다. 죄인들의 영원한 멸망에 대해 언급한 구절들을 놓고 영혼 멸절설을 주장해 온 사람들은, 지옥에서 악인이 당할 멸절을 영원한 형벌이라고 말한 이유가, 그 형벌의 결과가 뒤바뀔 수 없다는 의미에서 멸절이 영원하다는 것이라고 말한다. 말하자면, 성경에서 '영원한 형벌'은 형벌의 결과가 끝나지 않는다는 것을 가리킬 뿐, 형벌의 성격이 영원하다는 말은 아니라는 주장이다(p.193).

그러나 저자는 헬라어 '아이오니오스 콜라시스'를 분석하면서 '-마'가 아니라 '-시스'로 끝나는 헬라어 명사들은 그 명사가 가리키는 행위의 결과보다는 행위 자체에 초점을 맞추는 경향이 있다는 근거를 들어, 형벌의 결과가 아닌 형벌의 행위 자체가 영원하다는 의미라고 반박한다(p. 194).

또한 불 못의 형벌을 '둘째 사망'(계 21:8)이라고 표현한 것 역시 궁극적인 소멸을 의미하지 않는다. 신약의 기자들은 하나님과 분리되어 있고 그분의 생명을 떠나 있는 불신자들의 영적 상태를 가리켜 '죽었다'고 표현한다. 따라서 사망을 계속되는 형벌의 상황에서 영원히 하나님과 분리되어 있는 상태로 보았다(pp. 119-120).

천국이 영원하다면, 지옥도 영원해야 한다

물론 저자는 이 책에서 예수님은 지옥의 형벌이 영원하다는 것을 명시적으로 말씀하시지 않았다고 여운을 남기지만, 몇몇 구절에서 예수님뿐만 아니라 다른 신약성경의 기자들, 특히 요한계시록을 기록한 사도 요한은 영원한 지옥의 존재에 대해 분명하게 밝혔다고 보았다. 저자는 대표적으로 마태복음 25장 46절, 곧 "그들은 영벌에, 의인들은 영생에 들어가리라"는 말씀의 콘텍스트에 주목한다. 내세에서의 생명이 영원히 지속되기 때문에, 그와 나란히 언급된 내세에서의 형벌도 영원히 끝나지 않을 것으로 보아야 한다는 것이다(pp. 102-103).

또한 마귀와 그 사자들이 영원한 불에서 고통을 당한다면, 그 동일한 장소에서 받을 악인들의 형벌 역시 영원하다고 봐야 한다. 이 사실은 요한계시록에서 좀 더 확실하게 조명된다. 짐승의 표를 받은 자들은 누구든지 불과 유황으로 고난을 받고, 그 고난의 연기가 세세토록 올라가며 밤낮 쉼을 얻지 못한다(계 14:10-11). 이 말씀은 천년왕국 이후 마귀가 최후로 받을 심판과 동일한 양상으로 연결된다. "또 그들을 미혹하는 마귀가 불과 유황 못에 던져지니 거기는 그 짐승과 거짓 선지자도 있어 세세토록 밤낮 괴로움을 받으리라"(계 20:10). 이 말씀에는 마귀와 사람, 곧 짐승과 거짓 선지자가 동일한 장소에서 동일한 기간 동안 밤낮 고통을 당한다고 명시되어 있다.

물론 여기서 '짐승과 거짓 선지자'를 상징적으로 세상의 우상 숭배적인 제도나 인격화된 악의 세력쯤으로 여긴다면 관점이 달라진다. 롭 벨 목사가 지옥은 어느 날 저 어딘가에 존재하게 되는 것이 아니라, 사람들이 이 땅에서 경험하는 다양한 '지상의 지옥들'이 있을 뿐이라면서 인종 살상이나 강간 그리고 부패한 사회 경제적 구조 같은 것들이라고 강변한 것을 보면(pp. 69-70), 이렇게 생각할 사람들도 없진 않을 것 같다.

그러나 요한계시록은 마지막 때에 일어날 일들에 대한 역사라고 보는 관점이 지옥뿐만 아니라 천국의 실재성 또한 더욱 분명하게 드러내 준다. 지옥에서 마귀와 그 사자들, 짐승과 거짓 선지자를 포함한 모든 악인들이 세세토록 밤낮 괴로움을 받는 그림은 천국에서 구속받은 성도들이 세세토록 왕 노릇 하는 그림(계 22:5)과 유사한 뉘앙스로 대조된다.

형벌의 경중은 죄의 양이 아닌 질의 문제

저자는 마태복음 25장에서 예수님의 영벌과 영생을 판정하시는 기준이 "내 형제 중에 지극히 작은 자 하나"(마 25:40)를 어떻게 대했느냐에 있다면서, 실제로 복음서와 요한계시록에 등장하는 지옥에 대한 경고의 대상자들은 모두 신자들이나 사역자들이라고 말한다(p.21). 마지막 날에 거짓 교사로 드러날 많은 사람들도 모두 이 땅에선 한결같이 자신을 진실한 성경 교사로 착각하고 지냈을 가능성이 높다(마 7:22, 15:14, 23:13-15).

"과거와 동일한 삶을 살며 지적으로만 믿어도 된다는 가능성이 성경에 조금이라도 있을까요? 많은 사람들이 '주여, 주여'라고 하고, 입으로 고백하지만 삶으로 행하지 않습니다. 야고보서에는 지옥의 귀신들도 하나님을 믿는다고 했습니다. 그들은 심지어 떨며 하나님을 두려워하기까지 합니다. 그러므로 당신이 변화 없이 하나님을 믿는다고 한다면 그것은 귀신과 별로 다를 것이 없습니다. 사탄도 하나님을 믿습니다. 그러나 사탄은 예수 그리스도의 주권에 순복하지 않습니다"(p.24).

성경을 있는 그대로 보면 예수님은 지옥의 존재에 대해 상당히 급진적인 말씀들을 많이 하셨다. 그러나 현대 교회들은 그러한 준엄한 경고를 인간적으로 적당히 누그러뜨리다 못해, 지금은 아예 지옥에 대해 거의 설교하거나 강조하지 않는 분위기다. 객관적으로도 내세 신앙은 종교의 본연인데, 현세 중심의 신앙이 더 높은 차원의 하나님 나라 신앙이라도 되는 듯 균형을 잃어 온 지 이미 오래다. 개인적, 역사적 종말 신앙이 이제라도 진지하게 회복되어야 한다.

교회 밖의 사람들에게는 지옥의 존재나 영원한 형벌에 대해 좀 더 충분히 납득할 수 있도록 이치에 맞는 논리로 전해야 한다. 그들에게 다짜고짜 지옥 불 못의 존재부터 강조해서 공포감을 조장하면 도리어 역효과가 난다. 죄에 대한 심판과 지옥 형벌의 필연성을 강조하려면, 완전하게 거룩하셔서 죄를 조금도 그냥 용납하실 수 없는 창조주 하나님의 존재에 대해 먼저 전해야 한다. 지구상의 모든 무질서를 낱낱이 다 솎아 낼(마 5:26) 지옥이 없다면, 정교한 우주의 질서를 만드신 창조주 하나님도 없다. 지옥을 부인하려다 우연을 인격적인 창조주로 삼으려는 건 더 무모하고 비합리적인 시도다.

그렇다면 개개인이 이 땅에서 7, 80년 동안 지은 죄로 영원한 형벌을 내리시는 하나님은 공평한가? 이 딜레마는, 죄의 문제는 사람의 문제이기 이전에 하나님의 속성과 관련된 문제라는 데서 풀어야 한다. 성경적으로 형벌의 경중은 죄의 양보다 질에 달려 있다. 모든 죄는 지극히 거룩하고 영원하신 우주의 주권자를 거역하고, 그분의 형상과 영광을 훼손하는 것이다. 그래서 단 한 번 화를 내거나 거짓말한 불법의 죄질도 영원히 형벌 받기에 충분하다. 이는 7, 80년 동안의 순종으로 천국에서 영원한 상급이라는 복을 주시는 하나님의 지나친 호의가 불공평해 보이는 것과 비슷하다. 그 순종은 지극히 거룩하고 완전하신 하나님을 향한 질적인 순종이어서, 짧은 기간에 행해졌더라도 영원무궁한 가치를 지닌다.

따라서 이 땅에서 완전하신 하나님을 향해 저질러진 모든 죄는 아주 작은 것도 질적으로 영원한 형벌을 받기에 충분하다고 봐야 한다. 현재로선 제한된 기간의 죄에 대한 영원한 형벌의 문제는 이렇게 이해하고 전하는 방도 외에 다른 길이 없다. 죄에 대한 공의로우신 하나님의 영원한 진노도 불가해하지만, 그 죄를 대신 지고 죽으신 그분의 사랑 또한 온전히 다 이해할 수 없다는 역설만이 유일한 진실이다.

• 더 깊은 탐구를 위한 연관 질문

1. "모든 입으로 예수 그리스도를 주라 시인하여"(빌 2:11), "그리스도 안에서 모든 사람이 삶을 얻으리라"(고전 15:22)라는 말씀을 만인 구원설의 근거로 삼는 해석은 성경적인가? 영원한 형벌론보다 만인 구원설에 더 끌린다면, 그 이유는 무엇인가?

2. 인간이 제한된 시간 안에 범한 죄로 인해 영원한 형벌을 받게 되는 것은 하나님의 속성인 사랑과 공의에 위배된다고 보는가? 인간의 죄에 대한 하나님의 불가해한 진노는 죄인을 사랑하시는 그분의 속성과 어떻게 조화될 수 있는가?

: 더 깊은 탐구를 위한 관련 도서 :

- **《지옥 논쟁》**(데니 버크 외, 새물결플러스)

성경은 지옥에 관해 정확하게 무엇을 말하는지를 놓고 네 명의 복음주의 신학자가 '악인은 영원한 형벌을 받을 것이다'(영원한 의식적 고통), '악인은 사라질 것이다'(종결적 형벌), '악인도 구원받을 수 있다'(보편구원론), '최후 심판의 불길이 영생을 위한 잠재적 관문이다'(지옥과 연옥)라는 네 가지 견해로 지옥의 본질에 대해 논한 책.

"우리가 상상하는 신은 때로 성경이 말하는 하나님께 미치지 못한다. 우리는 마땅히 해야 할 만큼 진지하게 하나님을 받아들이지 못하기 때문에 죄와 심판도 마땅한 정도로 진지하게 받아들이지 못한다. 따라서 우리는 종종 지옥의 형벌을 하나님의 과민반응으로 간주하라는 유혹에 시달린다. 하나님은 천국의 보배이시기만 한 것이 아니라 지옥의 두려움이시기도 하다"(pp.25, 58).

- **《하나님이 이긴다》**(마크 갤리, 포이에마)

영원한 지옥의 존재를 부정한 랍 벨의 책, 《사랑이 이긴다》에 맞서 천국과 지옥, 구원에 대해 현대의 문화가 기대하는 답변이 아닌 성경의 답변을 찾아 제시한 책. 사랑과 공의의 하나님에게 지옥은 끔찍하지만 악은 아니며, 악이 처벌받는 곳이어서 도덕적으로 옳다는 사실을 증명한다.

"성경은 역설들을 해결하지 않은 채 남겨 두는 것에 만족한다. 성경은 하나님이 선하시고 정의로우시고 능력이 많으시다고 가르친다. 동시에 세상은 악으로 가득 차 있다고 가르친다. 우리가 어려운 질문들에 너무 빨리 대답하려는 유혹을 받는 한 가지 이유는, 하나님의 명성을 지키고 싶어서다. 그러나 하나님의 명성을 유지하는 것은 우리의 몫이 아니다. 하나님은 스스로 완벽하게 책임지실 수 있다"(pp.232-233).

02
천국에서는 일도 없이
맨날 놀고 쉬기만 하는가?

《헤븐》(랜디 알콘, 요단출판사)

모든 사람은 자신도 모르게 하나님처럼 산다.
자신도 모르게 사랑하고, 치밀하게 생각하고,
예술과 일을 좋아하고, 선악을 따지고, 약자를 동정하며 산다.
신앙은 이렇게 자신도 모르게 하던 것을 알면서 하도록 돕는다.
따로 신앙의 세상을 만들기보다 삶의 태도를 바꾸게 한다.
이러한 특성이야말로 천국적이다.
천국에 없으면 이 땅에도 없다.

'기독교에 흥미가 생긴다. 맹목적인 믿음은 싫고, 하나씩 알아 가고 싶다.' 천국에 대한 설교로 전도 메시지를 전한 성탄 주일에 젊은 비신자 부부가 이런 소감을 전하며 교회에 참여하기로 했다. 또 다른 비신자 한 분은 메시지를 들을 때는 '아, 그렇구나!' 싶었지만, 다 듣고 나서 딱 돌아서니 '진짠가? 진짜가 아니면 안 되는데…' 하는 아쉬움 섞인 의심이 들어 이 의심을 풀려고 교회에 더 나와 보겠다고 했다. 이런 사례를 경험하며, 나는 요즘 사람들에게도 성경적인 균형을 잡아 제대로만 전한다면 변증적인 천국 메시지가 통한다고 느꼈다.

C. S. 루이스는 《순전한 기독교》(홍성사 역간)에서 "이 세상을 위해 가장 많이 일한 그리스도인들은 바로 다음 세상에 대해 가장 많이 생각했던 이들이었다"면서 "그러나 대부분의 그리스도인들이 다음 세상에 대해 더 이상 생각하지 않게 되면서 기독교는 세상에서 그 힘을 잃고 말았다"고 진단했다. 천국을 지향하면 세상을 덤으로 얻을 것이지만, 세상을 지향하면 둘 다 잃을 것이라는 예언자적 경고도 잊지 않았다.

요즘 교회 안팎의 사람들이 천국에 무관심해진 이유가 뭘까. 교회가 성경적인 천국에 대해 올바로 가르치지 않아서가 아닐까. 많은 교회들이 영원한 천국을 무심하게도 막연한 영적 황홀경이나 하나님 임재의 어떤 영적 상태쯤으로 언급하고 마는 경우가 많다. 참으로 안타까운 일이 아닐 수 없다. 우리는 거기서 더 나아가 새 하늘과 새 땅에서 이뤄질 정확한 일상의 삶을 구체적으로 제시해 줄 필요가 있다.

대중적인 천국 간증집들과는 달리, 이 책은 분명한 성경적 근거와 신학자들의 견해를 종합해 천국은 물리적인 시공간과 문화, 문명을 가진 구체적인 나라라는 그림을 제시한다. 그래서 천국을 영석인 곳으로만 여기려는 그리스도인들의 이분법적인 천국관을 '기독교 플라톤주의'라고 비판하기까지 한다.

"기독교 플라톤주의(Christoplatonism)는 천국에 관한 성경의 내용을 이해하는 데 치명적인 영향을 미쳤다. 특히 영원한 천국인 새 땅에 관해서는 더욱 그러하다. 우리가 거의 무의식적으로 몸, 땅과 같은 물질은 영적이지 않기에 악하다고 믿는다면, 당연히 몸의 부활이나 새 땅의 물성에 관한 성경의 계시를 배척하거나 영해할 것이다"(p.65).

■ '기독교 플라톤주의'를 넘어

저자는 이 책에서 '중간 천국'과 '새 하늘과 새 땅'을 구분한다. 중간 천국은 하나님이 영원한 천국인 새 하늘과 새 땅을 회복시키시기 전에 지상에 살았던 모든 성도들이 잠시 머무는 낙원 같은 곳이다. 예수님이 재림하시고 최후 심판이 진행된 후에는 중간 천국에 있던 새 예루살렘(히 12:22)이 새 땅으로 내려온다(계 21:2). 따라서 현재의 중간 천국도 물리적인 장소라고 볼 수 있고, 결국 물리적인 새 땅이 구속받은 성도의 최후 거처가 된다.

아담은 원래 하나님에게 문화 명령을 받아 땅을 통치하기로 되어 있었다(창 1:28). 첫 사람이 타락해서 에덴동산에서 추방되었지만, 예수님의 구속 사역으로 다시 통치자의 지위가 회복되었다. 이제 구원받은 성도들은 죄 없이 그리스도와 함께 새 하늘과 새 땅에서 영원토록 땅을 통치하게 된다.

"하나님의 영원한 계획은 '하늘에 있는 것이나 땅에 있는 것이 다 그리스도 안에서 통일되게 하려 하는 것'(엡 1:10)이다. '다'(all things)라는 말은 광범위하고 포괄적이어서 그 안에 포함되지 않는 것은 하나도 없다. 이 구절은 역사의 절정과 정확하게 일치하며 계시록 21장에서 이것이 성취된다. 과거에 분리된 세계였던 하늘과 땅이 그리스도의 주권 하에서 온전히 하나가 된다. 하나님과 인간이 그리스도 안에서 화해된 것처럼 하나님과 인간의 거처, 곧 천국과 땅도 그리스도 안에서 화해된다"(p.109).

부활의 몸을 입고 저주로부터 온전히 자유롭게 되어 새 땅에 거하게 된 인간은 죄의 방해 없이 장대한 문화와 문명을 더욱 발전시키게 된다. 새 하늘과 새 땅은 이전의 하늘, 곧 우주와 땅을 새롭게 한 것이어서, 옛 땅에서 일궈진 모든 문화의 산물들은 천국 환경에 합당하지 않은 요소들만 정화되는 과정을 거쳐 새 땅에도 그대로 이어진다. "지금 인간으로서 우리가 가지고 있는 삶은 우리가 존재하는 우주에서 계속될 것이다"(달라스 윌라드, p.153).

"만국이 그 빛 가운데로 다니고 땅의 왕들이 자기 영광을 가지고 그리로 들어가리라 … 사람들이 만국의 영광과 존귀를 가지고 그리로 들어가겠고"(계 21:24, 26). 이 말씀에서 '만국의 영광과 존귀'는 하나님의 형상을 가진 인간이 영적, 도덕적, 지적 능력을 활용해 만들어 낸 2차 창조의 모든 문화적 산물들이다.

같은 맥락에서, "나라와 권세와 온 천하 나라들의 위세가 지극히 높으신 이의 거룩한 백성에게 붙인 바 되리니"(단 7:27)라는 말씀에서 '온 천하 나라들의 위세' 역시 그 나라들을 위대하게 만들어 준 그들의 문화, 예술, 운동, 과학 그리고 지식과 관련된 성취물들일 것이다. 이 모든 것들은 잃거나 파괴되지 않고 성도들에게 붙인 바 될 것이며, 성도들은 새 땅에서 하나님의 영원한 나라를 통치할 것이다. 성도들은 세상의 부와 성취물들을 관리하는 청지기들이 될 것이다(p. 211).

■ 영원한 천국의 일상에 대한 7문7답

이 책은 바로 이러한 대전제를 갖고 영원한 천국인 새 하늘과 새 땅에서의 삶이 어떠할지를 보여 준다. 천국의 일상에 대해 사람들이 가장 많이 궁금해할 만한 몇 가지 질문들을 놓고 이 책이 소개하는 핵심적인 답을 요약해 본다.

성도들은 영원토록 어디서 어떻게 왕 노릇 하는가?
"세상 나라가 우리 주와 그의 그리스도의 나라가 되어 그가 세세토록 왕 노릇 하시리로다"(계 11:15). 예수님은 이 세상 나라들을 멸망시키지 않고 그 나라들을 당신의 영원한 나라들로 부활시키신다. 성도는 어떤 무형의 하늘 세계가 아니라 땅 위에서 만국을 통치한다. 성도가 받을 면류관은 본래 통치의 상징이어서, 보상으로서의 면류관에 관한 모든 언급은 성도가 그리스도와 함께 통치할 것을 가리킨다(눅 19:17; 고전 6:2). "메시아의 나라에서 순교자들은 그들의 핍박자들에 의해 거부되었던 세상의 소유권을 되찾을 것이다"(이레니우스, p. 197).

천국에서 성도들은 무슨 일을 하는가?

"잘하였도다 착하고 충성된 종아 네가 적은 일에 충성하였으매 내기 많은 것을 네게 맡기리니 네 주인의 즐거움에 참여할지어다"(마 25:23). 이 땅에서 일한 데 대한 천국의 보상은 더 중요한 자리에서 맡을 더 많은 일이다. 천국에서도 옛 땅에서 시작했던 일을 계속할 가능성이 존재한다. 물론 타락한 세상의 성품 때문에 생겼던 직종들, 곧 의사(쇠퇴), 경찰관(범죄), 장의사(죽음), 보험 설계사(장애) 등은 새 땅에서는 더 이상 존재하지 않을 것이다. 그러나 정원사, 엔지니어, 건축가, 예술가, 동물 조련사, 음악가, 과학자, 공예가 그리고 수많은 다른 직업들이 수고와 고통, 죄의 장애물 없이 계속될 것이다. "새 땅에는 베토벤보다 더 나은 음악가들, 라파엘보다 더 나은 화가들, 지금보다 더 훌륭한 시와 드라마, 산문 그리고 계속해서 기술 발전을 이룩할 과학자들이 있을 것이다"(안토니 호케마, p. 359).

천국에서 성도들에게 우주는 어떤 곳이 되는가?

"내가 또 그에게 새벽 별을 주리라"(계 2:28). 새벽 별은 천상의 물체이며 금성을 말한다. 대부분의 사람들은 이 말씀을 비유적으로 생각하지만, 이 말씀은 하나님이 새 하늘에서 그분의 자녀들에게 행성들과 별들을 맡기실 수 있다는 걸 암시한다. 새 창조가 정말 옛 창조의 부활한 모습이라면, 결국 새 금성도 존재할 것이다. 땅과 함께 행성들과 우주 전체가 인간과 함께 타락하고 인간과 함께 부활한다면, 영원한 새 하늘과 새 땅에서 성도들이 다른 부활한 행성들에 살면서 그들을 다스리는 모습을 쉽게 그려 볼 수 있다.

천국에서 성도들은 무엇을 알고 배우겠는가?

"그 은혜의 지극히 풍성함을 오는 여러 세대에 나타내려 하심이라"(엡 2:7). 성도가 천국에 가면 모든 것을 다 알게 된다고 말하는 것은 오해다. 전지전능하신 분은 하나님뿐이다. 우리가 죽으면 만물을 보다 더 분명하게 보고 지금보다 더 많은 것을 알겠지만, 결코 모든 것을 다 알지는 못한다. 고린도전서 13장 12절은, 주님이 우리를 아신 것처럼 우리가 보다 더 분명하게 혹은 온전하게 알 것이라고 말한다. 즉, 어떤 실수나 오해 없이 주님이 우리를 아신 것처럼 안다는 것이다. 이 말은, '항상 계속해서 배운다'는 말씀으로 번역될 수 있다. "성도들은 하나님의 영광을 더욱더 계속해서 끊임없이 발견함으로써 천국에서 더 행복하며 그분 안에서 더욱 큰 기쁨을 누리게 될 것이다"(조나단 에드워즈, p. 266).

천국에도 시간이 있을까?

"하늘이 반시간쯤 고요하더니"(계 8:1). 천국의 순교자들은 자신들의 피를 신원하시도록 '어느 때까지' 기다려야 하는지 묻고, '아직 잠시 동안 쉬라'는 말씀을 듣는다(계 6:10-11). 천국에서 성도들은 밤낮 하나님을 섬긴다(계 7:15). 새 땅의 생명나무는 '달마다 그 열매를 맺는다'(계 22:2). 중간 천국과 영원한 천국 모두에는 날과 달이 있다. 한마디의 말, 한 사건은 이전의 말과 사건에 이어 나오며, 또한 다음의 말과 사건과 이어지는 연대기적 사건의 연속 가운데 우리는 영원히 살 것이다.

천국에는 남자와 여자, 결혼 생활이 있을까?

예수님이 부활하신 후에 성이 없어지지 않았듯, 천국에서도 남자와 여자의 성은 없어지지 않는다. 부활의 핵심은 우리가 본래의 우리 몸과 필연적으로 연결된 인간의 몸을 가지게 된다는 데 있다. 성은 하나님이 창조하신 인성의 한 단면이다. 이 땅에서 남자와 여자가 한 몸을 이루는 결혼의 연합은 그리스도와 성도의 관계를 가리키는 도로 표지판이다. 일단 목적지에 도달하면 그 표지판은 불필요해진다. 예수님은 인간의 결혼 제도가 그 목적을 달성하면 끝나게 되지만, 결혼한 사람들 간의 깊은 관계가 끝날 것이라고 말씀하시진 않았다.

새 땅에서 성도들은 먹고 마실 것인가?

"내 아버지께서 나라를 내게 맡기신 것같이 나도 너희에게 맡겨 너희로 내 나라에 있어 내 상에서 먹고 마시며"(눅 22:29-30). 예수님은 부활하신 후 이 땅에서 제자들과 함께 음식을 드셨다(요 21:4-14). 성경은 "내가 이제부터 하나님의 나라가 임할 때까지 포도나무에서 난 것을 다시 마시지 아니하리라"(눅 22:18), "여호와께서 이 산에서 만민을 위하여 기름진 것과 오래 저장하였던 포도주로 연회를 베푸시리니"(사 25:6)라는 말씀으로 실제적인 잔치와 포도주에 대해 말한다.

▬ 날마다 일상에서 경험하는 천국의 예배

지금 이 땅에서 그리스도인들이 모든 일을 주의 이름으로, 주님에게 하듯 해야 하는(골 3:17, 23) 이유는 천국에서의 일상이 실제로 그러해서다. 그러한 일상의 삶으로 예배하는 것이 영원한 찬양이 된다. 단순한 찬양만 찬양이 아니다. 온갖 종류의 일을 통해 이웃 사랑을 실천하는 지상 생활은 영원한 천국 생활의 맛보기이거나 사전 예행연습이다.

이 땅에서도 하나님은 창조주로서 각 사람이 필요로 하는 것들을 그때그때 늘 기적적으로 베풀어 주실 수 있다. 그러나 하나님은 사람들이 각자의 은사로 각 직업의 영역을 통해 서로의 필요를 채우게 하는 이웃 사랑의 관계 공동체로 세상의 구조를 기획하셨다. 영원한 천국에서도 하나님의 뜻과 계획 가운데 그러한 공동체적 사랑의 섬김은 계속될 것이다. 일은 하나님의 본질이다. 일과 휴식이 완벽한 조화를 이룰 천국에서 성도들이 일 없이 그저 놀고 쉬기만 한다면 난센스다.

지금 이 땅에 이웃 사랑의 일이 없다면, 애초부터 천국에도 없었을 것이다. 지금 이 땅에 여행이나 스포츠, 엔터테인먼트, 영화, 테크놀로지가 있다면 영원한 천국에도 계속 존재할 것이다. 애초부터 사람이 그러한 문화 활동을 좋아하고 추구하도록 만드신 분이 하나님이시다. 저자는 심지어 천국에도 삶의 리듬을 위해 계획하신 하나님의 완전한 선물의 하나로 잠이 있을 것이라고 말한다. 새 땅에서 성도들은 완전한 몸을 가지고 있어 잠을 안 잘 거라는 주장은 천국에선 배고플 일이 없어 음식을 안 먹어도 된다는 말과 같다고 본다(p. 276).

천국에는 더 이상 물리적 육성과 결합된 감각적 쾌감이나 휴식은 없고 영적인 기쁨만이 전부라고 여기는 건 또 다른 영육 이원론이자 기독교 플라톤주의다. 지금 사람이 알고 있는 모든 종류의 재미와 쾌락을 만드신 하나님을 칙칙한 종교적 이미지로만 그리려는 신자는 천국의 실상을 크게 오해했거나, 그 자신이 기쁨의 유일한 원천이신 하나님을 제대로 예배하지 못한 채 살아가고 있는 것이다. "사람들이 천국을 지루하게 생각하는 이유는 그리스도인의 삶이 지루해서다"(p. 352).

• 더 깊은 탐구를 위한 연관 질문

1. 달란트 비유가 지시하는 대로, 성도들이 이 땅에서 일한 데 대한 천국의 보상이 더 중요한 자리에서 맡을 더 많은 일이라면, 천국에서 각자가 받을 상급에 차등이 있다고 볼 수 있는가? 천국은 저마다의 자리에서 만족하는 공평한 의미의 계급 사회라고 말할 수도 있는가?

2. 천국에도 이 땅에서 향유하던 형태의 예술이나 문화, 엔터테인먼트, 테크놀로지, 학문, 스포츠가 있다면 거룩하지 않다고 여겨지는가? 이 땅의 모든 문화가 이미 천국의 문화를 반영하고 있다는 주장은 어떤 면에서 받아들일 만한가?

: 더 깊은 탐구를 위한 관련 도서 :

• 《축구와 하나님 나라》(마크 로크스, IVP)

천국에서도 축구 경기를 볼 수 있을까? 축구는 세상적이고 속된 것인가? 하나님 나라는 우리의 영혼만이 가는 곳인가? 거룩한 것과 속된 것을 어떻게 구별할 수 있는가? 이런 질문들을 놓고 축구와 연관 지어 답해 주는 가운데, 미래적일 뿐만 아니라 지금 여기서도 누리는 하나님 나라의 구체적인 실체를 명쾌하게 드러내 주는 책.

"우리는 하나님이 자신이 지으신 인간들이 이 세상 속에서 일하고 예배하고 쉬고 놀도록 부르셨다고 확언할 수 있다. 이것이 아담과 하와가 부름 받은 일이고, 우리들이 현재 해야 할 일이다. 축구는 하나님의 동산을 개발하고 향상시키라는 하나님의 부르심에 반응하여 인간들이 발전시킨 수많은 놀이 가운데 하나다"(pp.29-30).

• 《일터신학》(폴 스티븐스, IVP)

일요일에는 열렬한 유신론자였다가 월요일에는 실질적인 무신론자로 살며 직장이나 사업장을 '세상 일'을 해서 '돈을 버는 곳'이라고 여기는 그리스도인들에게, 그곳은 '하나님 일'을 하면서 '영성을 체험하는 곳'이라고 역설하는 책. 일터에서의 제자도와 하나님 나라의 선교적 사명에 대해 다루었다.

"기업 활동도 죄가 정화된 상태로 영구히 남아 새 하늘과 새 땅에서 자기 자리를 차지하게 될 것이다. 교회는 전통적으로 오직 '영혼과 관련된 일'만 남는다고 가르쳐 왔다. 그런데 그리스도인의 장래는 몸의 부활에 있는 만큼, '너희 수고가 주 안에서 헛되지 않다'(고전 15:58)는 말씀을 상기할 필요가 있다"(p.49).

3
인류 최후의 아마겟돈 전쟁: 상징인가, 실제인가?

《마지막 때에 관한 설교》(월터 C. 카이저, CLC)

성경에 마지막 때에 이뤄진다고 예언된 이스라엘의 국가적 회복은
절대 진리를 무시하는 포스트모던 시대에 성경의 진실성을 입증하는 중대한 역사다.
하나님은 유대인들에게 '고토 귀환'(겔 37:21)을 약속하시는데,
교회가 이스라엘을 대체했다고 믿는 이들은 현대 이스라엘이 무의미하다고 강변한다.
신학이 사실보다 앞서 이데올로기화된 결과다.

"분명히 유브라데와 아마겟돈은 모두 실제 장소가 아니라 상징적인 장소다."

한국의 무천년주의 신학자 다수가 추천한 책에서 본 종말론의 한 대목이다. 무천년설 종말론의 골자는, 구약성경과 요한계시록에 예언된 천년왕국을 교회 시대로 보고, 구약의 이스라엘은 영적 이스라엘인 교회로 영원히 대체되었다는 것이다. 따라서 지금 옛 이스라엘 땅에 한 국가로 회복되어 있는 이스라엘은 성경과 무관하며, 그 나라의 유대인들은 더 이상 하나님의 언약 백성이 아니라는 것이다.

그러나 전천년주의 종말론을 따르는 저자는 무천년설 종말론이 성경적이지 않다고 주장한다. 모두 6부로 구성된 이 책에서 저자는 구약성경의 종말론을 다루는데, 개인의 죽음과 부활에 대해 살핀 1부 이후부터는 줄곧 마지막 때의 종말 사건들과 관련된 이스라엘의 중심적인 역할에 대해 다룬다. 그런 만큼 저자의 종말론 입장은 구약의 이스라엘에 대한 하나님의 언약이 교회를 통해 다 이뤄졌다고 믿는 무천년설이나 역사적 전천년설과는 다른, 세대주의적 전천년설에 가깝다.

"마지막 때에 관한 구약의 교리 중에서 논란이 가장 뜨거운 주제 하나는, 이스라엘에 주어졌던 땅에 대한 약속이 지금도 유효한가, 아니면 이스라엘이 언약의 책임을 다하지 못했으므로 그 땅을 박탈당했는가 하는 것이다. 만약 하나님의 언약이 이스라엘의 순종 여부에 따른 쌍방적, 조건적 약속이었다면, 이스라엘은 언약을 이행하는 데 명백히 실패했으며, 그 땅은 영적인 의미로 해석하여 교회에 주어진 것으로 볼 수 있는데, 이 관점을 '대체 신학'(replacement theology)이라 한다. 그러나 하나님이 아브라함, 이삭, 야곱, 다윗과 맺은 언약이 쌍방적, 조건적인 언약이 아니라, 온전히 하나님의 신실하심에 근거한 그분의 은혜 안에서 주신 일방적, 무조건적인 언약이라면, 예레미야 32장, 에스겔 37장, 스가랴 10장의 본문들은 그 주장을 더 확대하여 보여 준다"(p.67).

■ 이스라엘 회복, 마지막 때의 종말 사건들을 푸는 열쇠

저자가 이 책에서 풀어내는 구약의 종말론은 이스라엘의 회복을 가장 큰 축으로 삼는다. 이 회복에 대한 예언의 성취로부터 그 이후 굵직한 종말 사건들이 연이어 전개되기 때문이다. 저자는 이러한 일련의 종말 사건들이 구약성경에 모두 예언되어 있다고 주장한다. 그 핵심 내용들을 세 가지로 간추려 본다.

첫째, 이스라엘의 회복은 아브라함에게 약속된 땅에 대한 구약 예언의 성취다.

저자는, "하나님이 아담과 하와, 셈, 아브라함, 다윗과 맺으신 언약은 일방적인 언약, 즉 하나님만 언약 유지의 의무를 지시는 언약이었다(예, 창 15:1-6)"(p.76)고 말한다. 이스라엘 땅에 대한 이 일방적인 언약이 이스라엘의 국가적 회복(1948년)과 예루살렘 회복(1967년)으로 이뤄졌다고 본다.

이 성취는 무천년설자들이 주장하듯, 바벨론 포로에서 돌아왔던 때의 양상과 비슷하다고 보기 어렵다. 이 귀환으로 "바벨론뿐만 아니라 온 세계에 흩어져 있던 데서 유대인들을 돌아오게 하실 것(렘 32:37)이며"(p.76), "과거와 달리 이 귀환 후에는 이스라엘이 평화와 쉼 가운데 안전히 거할 것(신 33:28)이기" 때문이다(p.77).

거시적으로 이 문제는 예수님이 신약성경에서 이스라엘 땅의 회복에 대해 남기신 예언을 참조할 필요가 있다. "그들이 칼날에 죽임을 당하며 모든 이방에 사로잡혀 가겠고 예루살렘은 이방인의 때가 차기까지 이방인들에게 밟히리라"(눅 21:24). 이 구절에서 '이방인의 때가 차기까지'는 오늘날처럼 복음이 온 세상에 다 전해져 가는 때이자(마 24:14) "이방인의 충만한 수가 들어오기까지"(롬 11:25)다. 그렇다면 예루살렘의 회복은 실제로 마지막 때가 아주 가깝다는 결정적인 징조가 된다.

역사적으로 하나님은 이스라엘이 거의 죽게 되었을 때 살리셨다. 이스라엘 민족의 시조 아브라함이 나이 많아 몸이 죽은 것 같을 때 독자 이삭을 주셨다. 400년 동안 이집트에서 노예 생활로 거의 죽어 갈 때 모세를 주셨다. 그리고 1,900년 동안 마른 뼈처럼 피폐할 때 기적적으로 지금의 이스라엘 땅에 나라를 회복시키셨다. 저자는 이 사실을 에스겔 37장에 나오는 마른 뼈들의 회복 장면을 들어 설명한다.

"선지자 에스겔이 대언하자 '그들이 곧 살아나서 일어나 서는데 극히 큰 군대'가 되었다(10절). 여기서 유일한 차이점은 에스겔의 경우 창조 때와 달리 그 생기가 여호와로부터 직접 오지 않고 '사방'에서 왔다는 점인데(9절), 여기서 '사방'은 일반적으로 전 세계 방방곡곡을 가리킨다(사 43:5-6, 렘 31:8 참조). 혹자는 뼈들이 두 단계로 회복된 것이, 마지막 때에 이스라엘이 그 땅으로 돌아올 때 회개가 없는, 영적 생명력과 활기가 없는 상태일 것을 잘 나타낸다고 본다"(p.93).

"여호와께서 너를 땅 이 끝에서 저 끝까지 만민 중에 흩으시리니"(신 28:64)라는 예언대로, 이스라엘 역사에서 유례없는 유대인들의 전 세계 이산은 역사적으로 분명했다. 그렇게 흩어지고 나서 이스라엘 땅은 "보라 너희 집이 황폐하여 버려진 바 되리라"(마 23:38)는 예언대로 황무지처럼 버려졌다. 그러나 마지막 때에 유대인들이 고토로 귀환한 후에는 "너희 이스라엘 산들아 너희는 가지를 내고 내 백성 이스라엘을 위하여 열매를 맺으리니 그들이 올 때가 가까이 이르렀음이라"(겔 36:8)는 예언대로 옥토로 변했다.

저자는 이 땅의 회복 이후 러시아와 이란을 포함한 아랍 동맹국들이 이스라엘을 치러 오는 전쟁이 일어날 것이라고 말한다. 또한 "여러 날 후 곧 말년에 네가 명령을 받고 그 땅 곧 오래 황폐하였던 이스라엘 산에 이르리니 그 땅 백성은 칼을 벗어나서 여러 나라에서 모여 들어오며 이방에서 나와 다 평안히 거주하는 중이라"(겔 38:8)는 하나님의 예언대로, 말년에 일어날 이 전쟁에 어느 나라가 참여하는지 그 명단을 공개한다(겔 38:1-6).

"'로스'는 '러시아'(Russia)라는 이름과 종종 동일시되었다. '바사'(Persia)는 북쪽의 위협적인 존재인 곡의 미래 동맹국으로 확인된 첫 국가로서, 오늘날의 이란, 파키스탄, 아프가니스탄 지역에 해당한다. '구스'(Cush)는 아프리카에 위치한 나라로서, '에티오피아'로 추정할 수 있다. 요세푸스는 '붓'(Put)의 경우, 리비아 혹은 알제리와 튀니지까지로 확장하여 본다. 헬라인들은 '도갈마 족속'(Beth-togarmah)을 서쪽의 소아시아, 후에 터키로 알려진 지역에 거주한 프리지아인(Phrygian)과 관련 있다고 보았다"(pp. 180-182).

둘째, 마지막 때에 등장할 적그리스도는 재건된 로마와 이스라엘을 중심으로 활동한다.

무천년설은 적그리스도가 천년왕국이 진행되는 교회 시대에 이미 복수로 많이 출현해 왔다고 주장한다. 그러나 저자는 그러한 적그리스도의 모형들을 토대로 마지막 때에 최후의 적그리스도가 재건된 로마를 정치적 배경으로 삼아 실존 인물로 등장할 것이라고 주장한다.

"주전 5세기, 다니엘 선지자 시대에는 하나님이 네 개의 제국, 즉 바벨론 제국, 메대 바사 제국, 헬라 제국, 로마 제국이 세계사에 등장할 것만 보여 주셨다(단 2:31-44, 7:17-27). 놀랍게도, 전 역사 가운데 징기스칸이나 나폴레옹 같은 수많은 야심가들이 로마 제국을 대신할 다섯 번째 제국을 세우려 시도하였으나 아무도 성공하지 못한 듯하다. 그러나 다니엘에 언급된 네 번째 제국인 로마 제국은 하나님이 세계 역사의 마지막 때에 부흥을 경험하게 하실 것이다. 지중해 연안과 이전의 로마 제국이 차지한 옛 영토에 속하는 10개국들의 연합 세력이 일어날 것이다(단 7:7-8)"(p. 230).

마지막 때에 옛 로마 제국 영토에 재건될 신흥 로마 제국에서 적그리스도가 등장하는 시기는 바벨론 포로기인 다니엘 시대에 예루살렘을 중건하라는 명령이 날 때부터 유대인들의 역사에 정해진 70이레(490년) 중 마지막 한 이레의 7년이 시작될 무렵이다. 69이레 후에 예루살렘 성이 중건되고, 메시아 예수님이 죽으시고, 주후 70년에 예루살렘 성이 파괴된 후부터 유대인들의 전 세계 이산이 시작된다(p. 207).

그 유대인들이 고토로 돌아와 다시 이스라엘 땅에 살게 될 마지막 때에, 그들 앞에 적그리스도가 거짓 메시아로 등장할 것이다. "나는 내 아버지의 이름으로 왔으매 너희가 영접하지 아니하나 만일 다른 사람이 자기 이름으로 오면 영접하리라"(요 5:43).

이 적그리스도의 시대에 솔로몬 성전과 스룹바벨-헤롯 성전에 이어 세 번째 성전이 건축되고, 예수님으로 인해 이미 구약의 모든 제사가 끝났음에도 불구하고 유대교의 모든 제사 의식이 복원될 것이다. 그러나 이 성전에서 적그리스도가 자신을 가리켜 하나님이라 내세우는 사건이 벌어지면서(살후 2:4) 그와 유대인들 간에 적대적인 국면이 형성될 것이고, 결국 이 불화가 아마겟돈 전쟁의 도화선이 될 것이다.

셋째, 이스라엘 땅으로 재림하실 예수님은 예루살렘에서 천 년 동안 통치하신다.

마지막 때에 예루살렘이 유대인들의 땅으로 회복되어야 하는 이유 중 하나는, 예수님이 문자 그대로 그 예루살렘의 감람 산에 재림하셔야 하기 때문이다(행 1:11-12). 예수님은 므깃도에서 시작된 아마겟돈 전쟁을 종식시키려고 예루살렘의 감람 산에 발을 내디디신다. 이때 감람 산이 동서로 갈라지는 대지진이 일어나는데(슥 14:4), 이 지진은 큰 환난기의 마지막 일곱 번째 대접 재앙으로 '큰 성(예루살렘)이 세 갈래로 갈라지고 만국의 성들도 무너지는'(계 16:19) 대지진과 일치한다(p. 249).

예수님이 지상에 재림하시기 직전에 일어날 이 마지막 대재앙은, "세 영이 히브리어로 아마겟돈이라 하는 곳으로 왕들을 모으더라"(계 16:16

는 말씀에 곧이어 기록되어 있다. 따라서 예수님이 재림하실 구체적인 장소인 예루살렘의 감람 산이 상징이 아닌 것처럼, 그때에 므깃도, 곧 아마겟돈에서 벌어질 아마겟돈 전쟁 역시 상징일 수 없다. 또한 그렇게 예수님이 재림하실 때 비로소 유대인들이 그를 메시아로 알아보고 전 민족적으로 회개할 것이며(슥 12:10; 롬 11:25-26), 예수님은 예루살렘을 중심으로 모든 시대의 성도들과 함께 천년왕국 통치에 들어가실 것이다(사 24:1-23; 계 20:1-6).

저자는 에스겔 40장 이후에 등장하는 성전을 천년왕국 성전과 동일시한다. 이 성전의 가장 중요한 특징은 그 안에 언약궤가 없다는 것인데(렘 3:16), 저자는 그 이유로 성전 자체가 '여호와 삼마'(여호와가 거기 계시다)로, 여호와의 보좌(겔 43:7)임을 보여 주기 위한 것이라고 말한다(p. 226).

■ 성경의 절반이 마지막 때에 관한 말씀인 이유

저자는 미국에서 풀러신학교, 트리니티신학교와 더불어 3대 복음주의 신학교로 불리는 고든콘웰신학교의 총장을 지낸 대표적인 복음주의 구약학자다. 이 책에서 그는 구약에서 종말론을 테마로 한 본문들을 세심하게 관찰하고 주해하는 작업을 통해, 설교자들이 알아야 할 성경적인 종말론의 핵심 내용들을 잘 분석해 놓았다.

특히 저자는 이 시대의 설교자들이 종말에 대한 연구와 가르침에 특별한 열정을 가져야 한다고 강조한다. "성경 가르침의 절반 가까이가 '마지막 때'를 밝히고 예언하는 데 초점을 두고 있으므로, 이 영역의 성경 연구를 계속 회피하거나 폄하하게 되면 '하나님의 경륜'의 많은 부분을 놓치고 만다"(p.14).

실제로 구약성경에 예언된 마지막 때의 이스라엘 회복을 무시하고 이스라엘과 교회를 구분 짓지 못하면, 성경적인 종말론을 제대로 정립하기 어렵다. 특히 이사야나 예레미야, 에스겔, 다니엘, 요엘, 스가랴 같은 구약의 선지서들과 예수님의 종말 강화, 요한계시록의 전반적인 내용을 올바로 풀어내는 데 난제가 많다. 이런 책들이 닫혀 버리면, 상징이 아닌 실제 역사와 연관된 살아 있는 종말론 또한 닫혀 버린다. 그 와중에 신천지 같은 종말론 이단들이 사각지대의 음지에 방치된 신자들을 온갖 그릇된 상징이나 비유 이야기들로 현혹시킨다.

개인적으로 나는 구원론, 교회론, 은사론 등의 여러 면에서 세대주의 신학에 동의하지 않는다. 그러나 그 신학이 성경에서 건져 낸 이스라엘 회복의 이슈는, 성경적인 종말론을 정립해 가는 과정에서 복음주의 신학에 끼친 중대한 공로라고 믿는다. 무엇보다 이스라엘 회복은 절대 진리를 거부하는 포스트모던 시대에 기독교의 사실성과 역사성을 입증해 주는 중요한 변증적 자원이다.

무천년설과 전천년설 간에는 앞으로도 각자의 신학적 토양이 더 성경적이라는 주장 가운데 팽팽한 신학적 논쟁이 계속 이어질 것 같다. 그러나 그 논쟁이 이 시대에 특히 유용한 기독교 변증을 위한 주된 역사적 증거들마저 무심하게 사장시켜, 하나님 나라의 '국가적' 손실로까지 이어지진 않길 바란다.

• **더 깊은 탐구를 위한 연관 질문**

1. 구약의 이스라엘이 영적 이스라엘인 교회로 영원히 대체되었다는 종말론적 입장이 가진 약점은 무엇인가? 대체 신학이 1948년에 성취된 이스라엘의 회복을 목도하기 전에 완성된 신학 체계라면, 이제라도 수정의 여지가 있다고 보는가?

2. 예수님이 재림하실 때 감람 산으로 오신다는 기록(행 1:11-12; 슥 14:4)을 문자 그대로 믿어야 할 사실이라고 보는가? 그렇다면 그때 아마겟돈이란 이름을 가진 지역에서 벌어질 인류 최후의 전쟁을 상징으로 봐야 할 이유는 무엇인가?

: 더 깊은 탐구를 위한 관련 도서 :

• 《무화과 꽃이 피었습니다》(이경용, 이스트윈드)

구약에 사용된 이스라엘을 '나'와 '교회'로 대체해서 읽고 이해해 온 오류를 발견하고, 지금의 이스라엘을 영적으로 해석하거나 상징적으로 이해하는 편견을 깨뜨리기 위해 쓰인 책. 20세기 중반에 이뤄진 이스라엘의 국가적 회복과 그 후에 이어질 영적 회복은 구약과 신약성경에 예언된 마지막 때의 가장 중요한 시대적 징조라고 역설한다.

"'여러 민족 가운데에서 모아 데리고 고국 땅에 들어가서 맑은 물을 너희에게 뿌려서 너희로 정결하게 하되'(겔 36:24-25). 하나님은 전 세계에 흩어진 디아스포라 유대인을 인도하여 그들의 고향 땅으로 데리고 들어감으로 육적으로 회복시키고, 그때에 그들을 정결하게 하고 새로운 영을 부어 주셔서 영적으로도 회복시키겠다고 말씀하신다. 그들의 온전한 회복은 만물의 회복으로 이어질 것이다"(pp.300-301).

• 《이스라엘과 대체신학》(존 김, 예영커뮤니케이션)

다양한 학자들의 의견을 수렴해서, 구약의 이스라엘이 교회로 대체되지 않고 마지막 때에 물리적, 영적으로 회복된다는 하나님의 계획과 섭리에 대해 성경적, 신학적 근거를 제시한 책.

"존 칼빈은 《로마서 주석》에서 '이방인들이 영입될 때 유대인들이 돌아올 것이며, 그렇게 될 때 하나님의 온 이스라엘이 완성될 것'이라고 말했다. 조나단 에드워즈는 《요한계시록에 관한 글들》에서 이스라엘의 미래를 정확히 내다보았다. 그는 다가오는 그리스도의 천년왕국의 중심으로서 가나안 땅의 위치를 언급했다. 약속의 땅이 성취되기 위해서는 유대인들의 고토로의 귀환은 필수불가결한 것이라고 생각했다. 교회사에서 토마스 아퀴나스, 존 밀턴, 조셉 버틀러, 찰스 스펄전, 리즈 하월스, 헤르만 리더보스, 존 머레이, 조지 래드, 밀라드 에릭슨, 웨인 그루뎀, 제임스 던, 월터 카이저 등이 이스라엘의 회복을 확신했다"(pp.87-92).

4
교회의 휴거:
환난 전인가, 환난 후인가?

《재림의 증거》(존 맥아더, 넥서스CROSS)

기독교를 종교로만 본다 해도
종교 본연의 기능에 속한 내세나 종말에 대한 강조는 필수적이다.
그런데 요즘 한국 기독교는 온통 현세 중심의 가르침과 가치관으로 만연한 듯싶다.
성경은 자주 종말을 제시하면서 "그러니 이렇게 살라"고 말한다.
미래의 소망이 지금 거룩한 삶의 동력이 되지 못한다면,
그만큼 교회가 현세적으로 세속화되었다는 증거다.

2016년에 1천 명의 미국 목회자를 대상으로 벌인 라이프웨이의 리서치를 인용한 〈크리스채너티 투데이〉의 보도에 따르면, 미국 개신교 목회자들의 36퍼센트가 교회의 환난 전 휴거를 믿고, 25퍼센트는 휴거를 문자적으로 해석해선 안 된다고 보며, 18퍼센트는 환난 후 휴거를 믿는 것으로 드러났다. 또 휴거가 환난 중에 일어날 것으로 믿거나(4퍼센트), 휴거는 이미 이뤄졌다거나(1퍼센트), 지금은 하나님의 진노가 지상에 임하기 직전이라는 견해(4퍼센트)도 있었고, 이상의 것들 중 그 어느 것도 아니라고 믿는(8퍼센트) 이들도 있었다. 전체의 절반 정도는 적그리스도가 조만간 나타날 것으로 믿는다고 답했고, 장로교나 감리교 같은 주류 개신교 소속이 아닌 복음주의 목회자들의 43퍼센트가 환난 전 휴거설을 지지했다.

개신교 내에서 종말론을 놓고 이렇게 다양한 견해로 나뉘는 이유는 무엇일까? 크게는 요한계시록에 기록된 종말의 사건들을 상징으로 보느냐, 문자적으로 해석하느냐에서 차이가 난다. 이 차이가 지금 개신교 종말론을 주된 한 가지 이슈로 압축시킨다. 교회의 휴거가 환난 전인지 후인지, 곧 성경이 예수님의 재림을 놓고 지상 재림의 한 시점만 말하는지, 공중 강림과 지상 재림의 두 시점으로 나누어 말하는지다.

극단적 과거주의와 미래주의 종말론의 한계

이 책은 성경에 기록된 마지막 때의 사건들을 상징적으로 해석하는 이들을 '과거주의자'(무천년설자)라고 지칭하면서, 그 사건들을 문자 그대로 해석해 실제로 종말의 때에 지상에 일어날 일이라고 보는 '미래주의자'(전천년설자)의 입장에서 성경에 기록된 재림 사건을 신학적으로 차근하게 조명해 낸다. 환난 전 휴거설을 전제로 재림 사건의 신학적 중요성과 임박성, 재림의 징조들과 구체적인 양상들, 재림에 깨어 준비해야 할 성도의 자세 등에 대해 집중 분석했다. 탁월한 성경 해석가로 널리 알려져 있는 저자는, 먼저 전천년설이 성경의 종말론을 가장 정확하게 반영한다고 확언한다.

"성경에 담긴 계시의 말씀들을 다른 하나님의 말씀과 동일하게 대해야 한다. 본문을 있는 그대로 해석하는 것이 제일 바람직하다. 문자적 의미가 명확할 때에는 영적 의미를 부여하거나 비유적으로 해석할 필요가 없다. 본문 안에 확실하게 비유적 언어가 사용되었을 때에만 그 의미를 밝혀내야 한다. 성경이 문자 그대로 말하고 있을 때는 굳이 다른 의미를 찾을 필요가 없다. 모든 주장을 검토해 보면 전천년설만이 성경 해석상의 증거가 가장 확실하다. 무천년주의자들과 후천년주의자들은 성경 원문에 대한 상고보다 신학적 입장 때문에 그들의 주장을 고수하는 경우가 많다"(pp. 25-27).

그러나 저자는 이 책에서 양극단, 곧 극단적 과거주의나 미래주의는 지양해야 한다는 일침으로 균형 잡힌 종말론 해석의 필요성 또한 강조한다. 우선 극단적 과거주의자들은 "이 세대가 지나가기 전에 이 일이 다 일어나리라"(마 24:34)라는 예수님의 말씀을 잘못 이해한 바탕

위에 신학의 구조를 세웠다. 그들은 예수님 시대 사람들이 모두 죽기 전에 성경의 모든 예언이 성취된다는 뜻으로 이 말씀을 해석한다. 또한 실제로 그 예언들은 주후 70년, 예루살렘이 로마에 점령되고 수많은 사람이 학살당하는 혼란과 정치적 동요 속에서 이미 성취되었다고 믿는다(p.7).

저자는 이렇게 모든 예언이 문자 그대로 현실에서 일어날 일들이 아니라 영적인 의미만을 주로 담고 있다고 보는 극단적 과거주의자들의 대척점에 장래 일들에 대한 성경의 모든 기록을 선정적으로 포장하려는 극단적 미래주의자들이 있다고 진단한다. 그들은 성경에 비추어 현재의 사건을 해석하는 것이 아니라, 현재의 사건들에 비추어 성경을 해석하도록 사람들을 부추긴다(p.14).

이들은 특히 1948년에 성취된 이스라엘의 회복과 유대인들의 본토 귀환을 목격한 세대가 지나가기 전에 재림 사건이 일어난다고 주장하면서, 성경이 엄금한 재림의 '그날'을 구체적으로 점찍는 해프닝으로 교회 안팎에 줄곧 큰 혼란을 일으켜 왔다. "세상의 사건들은 성경을 해석하는 지침이 될 수 없다. 끊임없이 최신 뉴스 기사에 맞추어 성경을 이해하려는 사람들은, 성경을 그들의 목적에 따라 형태를 변화시킬 수 있는 밀랍인형쯤으로 여기는 것이다. 이것은 하나님의 말씀이 지닌 순전함을 무시하는 행위이다"(p.18).

그렇다면 이 책에서 저자가 미래주의적 종말론이 갖는 위험성을 감수하면서까지 종말의 사건들을 문자적으로 받아들이려는 이유는 무엇일까? 성경이 신자들에게 시대의 표적을 분별하고(마 16:3) 늘 깨어 준비하라고 강조하는데도 불구하고, 단지 신학적 노선이나 성향 차이를 빌미로 많은 교회가 여전히 재림 사건에 무관심으로 일관하고 있어서다. 저자는 미래주의적 관점으로 종말 사건들의 실제적인 역사성을 변호하면서, 왜 모든 교회가 주의 재림을 사모하며 기다리는 가운데 어느 때든 항상 깨어 준비해야 하는지를 역설한다. 여기서는 저자가 환난 전 휴거설이 성경적이라고 보는 주된 세 가지 근거를 살펴보면서, 이 책의 핵심 테마를 함께 체감해 보고자 한다.

교회의 환난 전 휴거를 지지하는 세 가지 성경적 근거

첫째, 성경은 예수님의 재림을 교회를 위한 공중 강림과 지상 재림의 두 단계로 기록한다.

첫 번째 단계는 휴거다. 예수님이 성도들을 위해 오시고, 성도들은 끌어올려져 공중에서 예수님을 만난다(살전 4:14-17). 두 번째 단계는 지상 재림으로, 예수님이 성도들과 함께 이 땅에 오셔서(유 1:14) 원수들을 심판하신다. 다니엘이 예언한 70번째 이레(단 9:25-27), 곧 유대인에게 남은 7년 환난의 한 이레는 이 두 사건 사이에 일어나야 한다.

지상에 다시 오신 예수님은 심판만 행하시지 않는다. 땅에 거하는 악한 자들에게 그날은 심판의 날이지만, 유대인들에게는 구원의 날이다(롬 1:16). "그날 환난 후에"(마 24:29) 천사들이 하나님의 택하신 자들을 '하늘 이 끝에서 저 끝까지 사방에서 모아'(마 24:31) 주님 앞에 세울 것이다. 이것은 교회의 휴거가 아니라, 하나님이 택하신 유대인들에게 구원을 베푸시는 장면이다.

둘째, 성경에서 마지막 때의 환난은 교회가 아닌 민족적, 국가적 이스라엘에게 해당한다.

종말적인 환난에 관한 성경의 어떤 기록도 교회에 대해서는 언급하고 있지 않다. 사실 사도 요한은 하늘나라를 묘사하며 이십사 장로들을 언급했다(계 4:4). 그들은 신약의 교회를 가리킨다. '장로들'이란 교회의 지도자들을 의미하기 때문이다. 요한계시록에서 환난과 관련된 모든 사건은 장로들이 이미 하늘로 간 후인 6장에서부터 등장한다.

모든 교회는 환난이 시작되기 전에 이 땅에서 옮겨질 것이다. 성경은 다니엘이 예언한 70번째 이레 동안 하나님의 초점은 교회가 아닌 이스라엘 나라가 될 것이라고 말한다. 환난의 기간은 로마서 11장 26절에 기록된 대로, 이스라엘의 구원을 알리는 전주곡이 될 것이다. 휴거는 "이방인의 충만한 수"(롬 11:25)가 들어왔음을 알린다. 그리고 환난의 시작은 이스라엘이 다시 감람나무에 접붙임 당하는 고통이 시작되었음을 알린다(롬 11:24).

"끝까지 견디는 자는 구원을 얻으리라"(마 24:13)라는 말씀처럼 마지막 때에는 믿는 자들이 극심한 핍박을 받게 될 것인데, 성경의 이 예언은 모두 교회의 휴거 후에 믿음을 갖게 된 자들에게 해당된다. 천국 복음이 온 세상에 전파되는 일(마 24:14) 역시 이들과 인침을 받은 14만 4천 명의 유대인들(계 7:1-8)과 두 증인(계 11:3)을 통해 환난기 중에 성취될 것이다.

셋째, 교회를 위한 휴거와는 달리, 이스라엘의 구원과 만국의 심판을 위한 예수님의 지상 재림에는 확실한 징조들이 선행된다.

무화과나무가 잎사귀를 내는 때(마 24:32)는 흔히들 오해하듯 1948년에 이스라엘이 회복된 때를 가리키지 않는다. 해산의 고통이 시작되는 때를 가리키며, 이 때를 목격한 세대가 생명의 탄생, 곧 주의 지상 재림까지 목격하는 세대가 된다. 환난의 시작을 목격한 세대는 예수님이 예언하신 모든 일이 성취되는 것도 보게 된다. 한 세대를 40년으로 잡고 1948년부터 한 세대가 지난 때인 1988년에 주님이 오신다는 식의 시한부적인 날짜 계산은 명백한 잘못이다.

사도 바울이 데살로니가교회에 주의 날(살후 2:2)이 이르기 전에 배교와 적그리스도가 나타난다고 말한 것은 휴거를 알리는 징조가 아니라 지상 재림에 대한 징조다. 예수님의 지상 재림은 이 땅에서 모든 나라의 도시들을 무너뜨릴 만큼 큰 지진(계 16:19)과 아마겟돈 전쟁(계 16:16)이 진행 중일 뿐만 아니라, '해가 어두워지며 달이 빛을 내지 아니하며 별들이 하늘에서 떨어지며 하늘의 권능들이 흔들리는'(마 24:29; 계 6:12-14; 사 13:10, 34:4; 욜 2:30-31) 것과 같은 명백한 우주의 징조들이 한꺼번에 나타나는 비상한 때에 이뤄진다. '주검이 있는 곳에 독수리들이 모이듯'(마 24:28), 예수님의 지상 재림은 누구나 알 수 있는 만국에 대한 심판으로 이어질 것이다.

이렇게 모든 사람이 다 알 수 있도록 공개적으로 진행되는 지상 재림과 달리, 세상이 "평안하다, 안전하다 할 그때"(살전 5:3), 노아의 때처럼 사고팔고 맷돌질하고 밭을 일구는 평범한 일상생활이 평화롭게 진행되는 때(마 24:37-41), 신랑이 더디 오는 바람에 처녀들이 다 졸며 잘 때(마 25:5), 그렇게 갑자기 생각하지 않은 날 알지 못하는 시각에(마 24:50) 일어날 교회의 휴거는 때와 양상이 지상 재림과는 확연히 다르다.

■ 환난 전 휴거와 기독교 역사성 변증

일전에 참 특이한 꿈을 꾸었다. 꿈에 집의 거실에 앉아 있는데, 8층 베란다 바깥에서부터 예수님이 걸어서 집 안으로 성큼 들어오셨다. 예수님인 줄 알아보자 마치 강력한 자석에 끌리듯 그분에게로 쭉 다가가는 도중에 두 손이 저절로 모아지고 무릎이 꿇어졌다. 예수님의 얼굴을 가까이서 뵙자마자 곧바로 깨어났다. 예수님은 자신의 재림을 간절히 사모하며 기다리는 이들에게 먼저 자신을 나타내시겠구나 하는 직감이 들었다.

그러니 지금 한국 교회 안에 주의 재림에 대한 관심은 거의 없다고 해도 과언이 아니다. 한때의 비성경적인 시한부 종말론 소동에 따라 교회 안팎으로 큰 상처를 입은 후부터 지금까지 줄곧 '휴거'라는 말만 꺼내도 이상하게 여기는 풍조가 만연하다. 이런 주제를 다루는 것 자체가 불안을 조성하는 불온한 태도인 듯 금기시되기까지 한다.

전통적인 세대주의 신학의 주된 약점은 모든 세대의 구원의 통로가 믿음이라는 진리를 무시하고, 율법의 역할을 축소시키며, 미래에 초점을 두면서 현재 이 땅에서의 삶을 소홀히 하는 이원론적인 경향이다. 그럼에도 종말론에서 이스라엘과 교회를 실체적으로 구분해 낸 것은 그 신학의 괄목할 만한 성과다. 지금 유대인들의 성전 재건과 구약 제사 복원 움직임은 순전히 유대교 복원의 일환이다. 예수님을 통해 모든 제사가 끝난 기독교와는 상관이 없다. 다만 이 움직임이 큰 환난기에 활동할 적그리스도를 성전에 받아들이는 사건(살후 2:4)과 관련이 있어 예의주시하는 것이다. 아직도 예수님을 그리스도로 인정하지 않는 유대인들은 적그리스도를 그리스도로 잘못 받아들인 것(요 5:43)을 깨닫고 회개한 후에야 유대교에서 기독교로 넘어올 것이다.

지금의 정치, 경제, 사회, 문화 분야의 세상사는 모두 예수님의 재림이라는 인류 역사의 최후 정점을 향해 달려가고 있다. 세상사의 방향을 올바른 종말론적 관점으로 증언하는 일은 기독교 진리의 역사성을 중시하는 변증적 전도에도 설득력을 더해 줄 수 있다. 일례로, 지금 짐승의 표(계 13:16-18)는 현금을 배제한 온라인 매매 시스템 같은 형태로 점점 더 익숙하게 현대인들의 일상 속에 상징이 아닌 실체로 자리매김해 가는 것 같다. 그러나 이마저도 '한 번 구원은 영원한 구원'이라는 교리에 얽매일 경우 큰 환난의 때에 적그리스도의 표를 받으면 구원을 잃는다는 경고(계 14:9-12)를 성경의 본의와는 달리 상징으로 돌릴 수밖에 없다. 지나치게 경직된 교리주의가 성경적인 종말론까지 왜곡할 수 있는 경우다.

물론 환난 전 휴거론도 기독교 종말론의 하나여서 절대화할 이유는 없다. 다만 두 개의 휴거론이 서로 백중세라면, 환난 후 휴거론보다 목회적으로 더 안전하다.

신약성경에서만 예수님의 재림에 대해 모두 318회나 언급된다. 그러나 오늘날 한국 교회의 목회자들이 재림에 대해 설교하고 가르치는 경우는 상당히 드물다. 안타깝게도 바로 이런 현상이 도리어 주의 재림이 아주 가깝다는 뚜렷한 시대적 징조들 가운데 하나다. "인자가 올 때에 세상에서 믿음을 보겠느냐"(눅 18:8). "오늘날 거의 모든 교회가 영적인 나태함에 빠져 주님의 재림에 무관심하다. 재림을 고대하던 초대 교회의 정신은 다 어디로 갔는가? 이제는 잠에서 깨어나야 할 시간이다"(p. 82).

• 더 깊은 탐구를 위한 연관 질문

1. 환난 전 휴거론을 반대하는 이들은 예수님의 재림이 교회를 위한 공중 강림과 심판을 위한 지상 재림으로 이분화된다는 데 대해 성경이 명시적으로 언급하지 않는다고 주장하는데, 이에 대해 어떤 성경적 근거를 들어 반박할 수 있는가?

2. 비성경적인 시한부 종말론 소동으로 인해 '휴거'라는 말 자체를 금기시하는 분위기가 생겨났다는 데 공감하는가? 종말론에 대한 논의나 관심이 음성화되어 신천지 같은 이단들의 활동에 빌미를 주지 않으려면 어떤 대책이 필요한가?

: 더 깊은 탐구를 위한 관련 도서 :

- **《왕이 오신다》(어윈 루처, 토기장이)**

'종말주의'에 젖어 사람들을 선동하거나 미혹하지 않으면서도 종말 사건들의 진상에 대한 신구약 성경의 예언들을 균형 잡힌 시각으로 해석한 책. 재림의 때에 꼭 일어날 열 가지 사건을 중심으로, 민감하면서도 실제적인 종말의 이슈들을 환난 전 휴거와 세대주의적 전천년설의 입장에서 조리 있게 잘 설명한다.

"히틀러를 적그리스도의 원형으로 생각하는 이유는 유대인들에 대한 그의 증오심 때문이다. 히틀러보다 더 악할 적그리스도 역시 유대 민족을 절멸시키려고 시도할 것이다. 교회가 휴거되고 나서 세계가 종말론적인 경제 공황에 빠져 몸부림칠 때 적그리스도가 등장할 것이다. 예수님처럼 적그리스도도 이스라엘과 언약을 맺고(단 9:27), 성전에 나타나며 자신이 하나님이라고 주장한다(살후 2:4). 표적과 기사를 행하며, 죽었다가 다시 살아나 세상을 놀라게 한다"(pp.96-102).

- **《성경이 말하는 대환난의 진실》(윌리엄 R. 킴볼, 새물결플러스)**

감람 산 강화(마 24:1-51)의 대환난은 재림 직전의 환난이 아니라, 주후 70년 예루살렘 성의 파괴와 이스라엘 멸망의 환난을 상징적인 비유를 곁들여 묘사한 것이라는 무천년설 종말론의 입장을 담은 책. 교회가 종말의 초점을 미래적 대환난에만 둘 경우, 훨씬 더 음흉한 영적 위협은 인식하지 못하게 된다고 도전한다.

"우리는 환난이나 재정적 위기, 물질적 수탈이 아닌 번영과 풍요와 윤택함의 시험에 대비하라는 당부를 받았다. 마지막 때의 일반적인 특성에 관하여 주님이 암시하셨던 바는 바로 이 시험이다. 내일의 불확실한 사건에 우리의 시선을 고정시킴으로 오늘의 위험을 제대로 파악하지 못해선 안 된다. 시절이 좋든지 나쁘든지 항상 예비해야 하며, 늘 변하는 국제적인 추세나 경제적인 동요, 또는 예언적 허구에 의해서 곁길로 빠지는 일이 없도록 해야 한다"(pp.264-265).

4부

유일한 구원자, 예수

예수님에 대해 아무것도 듣지 못한 사람들은 실족하지 않는다. 예수님에 대한 소문이 무성한 시대에 그분에 대한 진실을 알기 위해 한 발짝만이라도 더 진지하게 나아와 보지 않으려는 이들이 실족한다. 실족은 실족하지 않을 기회가 많았던 사람들에게만 일어난다. "누구든지 나로 말미암아 실족하지 아니하는 자는 복이 있도다"(눅 7:23).

1
지금 서울에서 예수를 만난다면, 뭘 물어볼까?

《예수와 함께한 저녁식사》(데이비드 그레고리, 포이에마)

우연이 아닌 신이 세상을 창조했다면, 신 말고 제3의 존재는 더 없다.
또 그 신이 만든 사람의 특성을 고려할 때, 그 신은 전능하고,
도덕적으로 완전하며, 인격적이고, 역사적인 존재여야 한다.
그리스 신화 속의 신이나 태양신은 다 자격 미달이다.
그렇다면 지금도 지구상에 존재하는
한 민족의 실제 역사 속에 말씀으로 함께한 신은 어떨까.

예수님이 어느 날 저녁, 서울 종로의 한 레스토랑에 나타나신다면 어떨까. 그것도 불특정 다수가 아닌, 나 한 사람만 콕 집어 초대하신 자리라면 어떨까. 이 책에서 저자는 현실에선 도저히 있을 법하지 않은 상황을 소설의 양식을 빌려 말끔하게 연출해 낸다. 대화를 통한 전도라는 느낌이 거의 안 들 만큼 흡인력이 대단하다. 흥미롭고 기발한 설정으로 자칫 딱딱해지기 쉬운 복음 이야기를 감성적인 대화 나눔의 분위기에서 비신자의 눈높이와 정황에 맞춰 제시한다.

닉 코민스키라는 이름의 평범한 비신자 직장인이 어느 날 '나사렛 예수'라는 한 낯선 존재로부터 저녁 식사 자리에 초대받는 첫 장면부터가 매우 흥미롭다. 그 후에도 이 책은 줄곧 '나와 대화 나누는 이 사람이 정말 그 예수인가?'라는 닉의 호기심을 이야기 전개의 주된 동력으로 삼는다.

예수를 자칭하는 사람과 악수를 나누는 순간, 닉의 코웃음 섞인 반감이 폭발한다. "거룩하신 주 예수님, 이제야 뵙게 되다니 정말 영광입니다!", "우리 일행 열두 명은 함께 안 오셨나요?", "예수님께서 양복 차림으로 묻히신 줄은 몰랐습니다"(p.18). 그러나 '지극히 평범한 사람처럼 보였고 전혀 튀거나 주제넘지 않았던'(p.25) 예수의 진중하고도 열린 자세에 친근감을 느끼면서 차츰 심리적 무장 해제를 경험하는 닉의 모습이 실감나게 그려진다.

■ '닉, 내가 하나님입니다'

이 책에서 예수님이 시도하시는 변증 전도의 내용에는 기독교 변증이 전도 현장에서 중시하는 웬만한 레퍼토리가 거의 다 들어 있다. 전도 대상자를 앞에 앉혀 놓고 그냥 쭉 전하는 내용이라면 뻔한 이야기로 느껴질 수도 있다. 그러나 내러티브 양식의 극적인 플롯을 최대한 활용한 이 책은 비신자인 닉의 반론적인 질문들을 곳곳에 긴장감 있게 배치시키는 가운데, 예수님의 입을 통해 타종교와 다른 기독교만의 독특성이나 무신론의 허점 등을 설득력 있게 풀어놓는다.

"힌두교가 선생이 알고 있는 세계와 맞아떨어지던가요?"(p. 42). "혹시 당시 인도에서 고통이 너무 커서 부처 고타마 싯다르타는 그 고통을 합리화할 설명을 만들어 냈고, 그 고통을 누그러뜨리는 데 바탕을 둔 거대한 믿음 체계를 발전시킨 건 아닐까요?"(p. 48). "알라 신은 인간의 마음속 깊은 욕망을 채워 주지 않습니다. 인간을 이렇게 깊은 욕망을 지닌 운명으로 태어나게 하고는, 왜 그 욕망을 채워 주려 하지 않는 거죠?"(p. 54).

같은 말이라도 어떤 세팅과 분위기에서 전해지는가에 따라 그 전달력은 천차만별이다. 변증 전도의 가장 좋은 세팅은 수평적인 쌍방향 소통이 가능한 대화의 자리다. 게다가 상대방이 무엇이든 물어볼 수 있는 분위기라면 더 좋다. 성경에서 말하는 변증이 '대답'(벧전 3:15)이란 의미를 가진다면, 사람들이 먼저 호기심이나 의문을 갖고 묻게 해야 한다. 그렇게 묻게 만드는 것까지가 변증 전도의 방법론에 포함되어야 한다.

그러나 그동안 한국 교회는 상대방이 제대로 묻지도 않는데 매끄럽게 잘 정리된 대답만 일방적으로 냅다 들이부어 온 경향이 많았다. 교회 안에서는 신앙의 의문점들을 놓고 자유롭게 묻기보다는, 적당히 덮어 놓고 믿는 게 더 은혜롭다는 분위기마저 용인되어 왔다.

인류사에서 예수란 분만큼 희한하고도 신비로운 존재는 없다. 그러나 예수라는 이름이 흔하디흔한 종교 용어의 하나처럼 여겨지면, 사람들은 예수님에 대해 더 이상 마땅히 가져야 할 정당한 의문이나 호기심을 갖지 않는다. 창조주를 떠난 피조물과 인격적인 관계를 회복하기 위해 하나님이 직접 사람이 받을 형벌을 대신 받았다고 말하면서 예수님은, "내가 하나님"(p.86)이라고 선언하신다. 이 말을 듣고 닉은 '이 남자는 미치광이이거나 정말 뛰어난 배우이거나 아니면 정말로…'(p.87)라고 생각한다.

이어지는 대화에서는 하나님이 사람이 될 수 있는가에 대한 논쟁을 통해, 구약에 예언된 메시아로 이 땅에 오신 예수님의 독특한 삶과 사역과 부활이 증언된다. 그 성육신 사건은 사람들이 온갖 종교적 행위들을 통해 자신들의 힘으로 얻으려고 애쓰는 신과의 인격적인 교감이나 연합을 하나님 편에서 완전한 선물로 주시기 위한 은혜의 통로라고 강조하면서, 기독교는 그저 종교의 하나가 아니라, 사랑이신 하나님과 하나로 연합된 영생의 삶 그 자체라고 결론짓는다. 이 책의 마지막 대목에 등장하는 식탁 교제의 말씀(계 3:20) 또한 이 테마를 선포한다.

이 책의 말미에는 예수님이 닉을 저녁 식사 자리에 초대하신 이유가 밝혀진다. 닉의 부모가 이혼으로 비극적인 결말을 맞은 이후 훗날 아버지가 죽었을 때, 닉이 하나님에게 '여기 와서 이유를 설명해 달라'고 탄식했던 말을 예수님이 기억하셨고, 그때부터 그날 저녁의 만남이 계획되었다. 개인적으로 이 대목에서 가장 큰 감동을 받았다. 이 책에서 예수님은 전도 대상자를 대중의 한 사람으로 대하시지 않는다. 인격적인 한 개인을 있는 그대로 존중하시고, 그의 삶의 콘텍스트 안에서 그가 가진 질문에 대답하면서 그에게 맞는 복음을 그가 알아듣도록 전하신다.

포스트모던 시대의 가장 큰 특징은 '획일주의에 대한 거부'다. 교회가 고압적인 자세를 버리고 획일화된 대중이 아닌 한 사람, 한 사람의 개성 있는 인격체를 대상으로 복음을 전하고자 문턱을 낮추는 성육신의 심정을 기꺼이 감당할 때, 예수님 또한 그러한 모습으로 세상에 더 널리, 더 온전하게 드러날 것이다.

• 더 깊은 탐구를 위한 연관 질문

1. 실제로 지금 서울에 예수님이 나타나신다면, 수천 년 동안 종교적으로 미화되어 온 예수 이미지에 익숙해 있던 사람들은 그분을 금세 알아볼 수 있겠는가, 아니면 전혀 예상치 못한 모습에 당황스러워하겠는가?

2. 예수님이 한 개인의 특성이나 기질을 고려해 그들의 눈높이에 맞춰 인격적으로 자신을 나타내셨다는 사실이 지금 이웃에게 복음을 전하고자 하는 성도들의 접근 방식에 어떤 실제적 교훈을 줄 수 있는가?

: 더 깊은 탐구를 위한 관련 도서 :

• 《그리스도교의 훈련》(쇠얀 키에르케고어, 다산글방)

선구적인 실존주의 철학자 키에르케고어가, "이것은 분명히 내가 이제까지 쓴 책 중에서 가장 진실하고 가장 완전한 것"이라고 고백한 그의 기독교적 저술의 대표작 가운데 하나. 그리스도와는 역사적으로 멀리 떨어져서 안주하고 있는 당시의 기독교 세계를 그리스도가 살아 있던 때의 상황 속으로 끌어들여, 진정한 그리스도인이 되려면 어떻게 살아야 하는지를 추구한다.

> "'하나님=사람'이 실족의 가능성이 아니었더라면, 결코 신앙의 대상일 수도 없을 것이라고 말해도 좋을 정도로, 실족의 가능성과 신앙은 밀접하고 불가분하다. 실족의 가능성은 이렇게 해서 신앙 속에 섭취되고 동화되어, '하나님=사람'의 부정적인 표징이 되어 있다. 실족의 가능성이 존재하지 않는다면, 직접적인 식별이 가능한 상태가 필연적으로 나타나 '하나님=사람'은 우상으로 화해 버리고 만다"(p.222).

• 《역사적 예수 논쟁》(제임스 D. G. 던 외, 새물결플러스)

기독교 신앙의 대상으로서 성경에 등장하는 예수 그리스도와 다르게, 1세기의 역사적 실존 인물로서의 예수에 대한 초상에 관심을 가진 역사적 예수 탐구 분야에서 최고의 전문성을 지닌 신학자들이 예수의 역사성에 대한 다섯 가지 신학적 관점을 소개한 책. '예수는 없었다'는 자유주의 입장부터 '복음서의 예수가 핵심적이다'라는 보수 복음주의 입장까지 일목요연하게 제시된다.

> "역사가는 예수와 관련하여 몇 가지 사실을 최대치의 개연성을 가지고 확증할 수 있다. 예수가 1세기에 살았던 유대인이라는 것, 팔레스타인에서 로마 권력에 의해 처형되었다는 것, 그의 이름으로 시작되어 그를 부활하신 주님이라 부르던 한 운동이 25년 만에 지중해 전역으로 확산되어 수십 년간 지속되었다는 것, 신약성서라 불리는 문서가 신자들에 의해 예수에 관한 그들의 경험과 확신을 해석하기 위한 노력의 일환으로 기록되었다는 것 등이다"(pp.232-233).

2
기독교의 진실성:
증거 불충분인가, 은폐인가?

《오직 예수》(라비 재커라이어스, 두란노)

힌두교는 범신론, 불교는 무신론, 유교는 불가지론이다.
3억이 넘는 인도의 신들, 8백만의 일본 신들은 또 너무 많다.
어디서 창조의 신을 만날까. 정교한 창조 세계를 보면
그는 종교에만 갇혀 있지 않은, 아주 일상적이고도 합리적인 존재일 것이다.
진짜 신이 꼭 한 존재로 있기에 가짜 신들이 존재하는 게 아닐까.
가짜들의 존재 근거는 진짜다.

'아하, 달이 저기 떠 있는 걸 보니까 나도 떠 있구나!' 어느 날, 저녁 하늘에 떠 있는 환한 보름달을 보다가 문득 떠올리게 된 생각이다. 이 세상을 눈에 보이는 대로만 보면 평평한 땅과 그 위에 온갖 종교와 사상들이 원래 이 땅의 주인인 듯 행세하는 것만 보인다. 그러나 지구가 허공에 떠 있는 구체라는 걸 알면 그제야 진짜가 뚜렷하게 보이기 시작한다. 달에서 본 지구는 지구에서 보는 달처럼 아무것도 없는 것에 매달려 있는 둥근 별과도 같다. 그 지구에 대해 "그는 북쪽을 허공에 펴시며 땅을 아무것도 없는 곳에 매다시며 물을 빽빽한 구름에 싸시나 그 밑의 구름이 찢어지지 아니하느니라"(욥 26:7-8)라고 말하는 책은 예수라는 분이 주인공인 성경뿐이다.

철학과 과학, 종교의 영역에서 기독교적인 대답을 구축해야 성경의 사실성을 입증하는 효과적인 기독교 변증이 가능하다. 믿음은 오직 하나님의 역사로만 가질 수 있다. 그러나 세인들에게 이미 익숙해져 있는 사고방식으로 그들의 편견과 오해를 먼저 걸러 주지 못한다면, 믿음의 길로 안내하기 어렵다. 이 책은 비교종교와 철학에 특히 조예가 깊은 탁월한 기독교 변증가인 저자가 예수님의 존재와 그분이 전한 가르침을 세상의 철학과 과학, 종교가 가진 특성들과 비교 분석해 놓은 흥미롭고 매력적인 변증서다.

저자는 먼저, 오늘날 대세를 이루는 포스트모더니즘 철학의 개방성이 지닌 모순점을 짚어 낸다. 포스트모더니즘은 예수님의 유일성을 거부하고 세계의 주요 종교들이 다 신에게 이르게 해 주는 동등한 진리라고 주장한다. 그러나 "모든 신념을 똑같이 진리라고 보는 것은, 이 말을 부정하는 것 역시 진리라는 이유 때문에 전혀 이치에 맞지 않는다"(p.31). 저자가 보기에 관용이라는 말은 상호 모순에 대한 완곡어법이 되어 버렸다. 결과는 기만적이다(p.82).

이런 모순점은 과학의 영역에도 있다. 저자는 초자연주의를 거부하는 자연주의자들은 '궁극적 회의주의'에 매달려 비이성의 어둠 가운데 산다고 진단한다(p.127). 하나님이 인류 기원의 유일하고도 충분한 설명이라고 믿는 저자가 자연주의 과학자들에게, 빅뱅이 모든 것의 시작점이라면 빅뱅 이전에는 무엇이 있었느냐고 묻는다. 그들은 우주가 특이점(물질이 무한대의 밀도로 응축된 한 점)으로 축소되어 있는 상태였다고 대답한다. 그러나 특이점은 과학에서 모든 물리학 법칙이 파괴되는 지점으로 정의된다. 결국 자연주의의 출발점도 과학적이지 않기는 마찬가지다(p.127).

여기서 과학주의자들 역시 스스로 다 확인하지 못한 많은 가상적 전제들의 바탕 위에 과학을 구축해 왔다는 사실이 확인된다. 그들도 초자연적인 창조주의 지성적 활동에 기대지 않고는 어떤 과학 법칙도 제대로 정립하거나 반복해서 활용할 수 없다는 반증이다.

악과 고통의 문제에서 리처드 도킨스 같은 무신론 과학자는, 맹목적인 물리적 힘들과 유전적 복제의 우주 안에는 아무런 악과 선도 없고 매정한 무관심뿐이며, 악은 DNA의 임의적인 춤에 불과하다고 말한다(pp.208-209). 회의론자들은 한때 세상에 끔찍한 악과 고통이 존재하는 양상을 무신론의 근거로 들었다. 하지만 객관적인 도덕 가치가 실재한다고 인정하면 궁극적인 선으로서의 신의 존재도 인정해야 한다.

그래서 이제는 악과 선이 아예 없다고 말을 바꾼다. 그러나 강간당한 여인이나 아우슈비츠의 희생자들에게 가해자가 그저 자신의 DNA에 맞춰 춤을 춘 것일 뿐이라고 믿을 자가 심지어 무신론자들 중에서도 얼마나 될까. 그들은 이성적이라기보다, 신이 존재하기를 원치 않는 자신의 타락한 취향이나 왜곡된 이성에 매여 있을 뿐이다.

■ 타종교 창시자들과 다른 예수만의 특성들

이 책에서 가장 흥미로운 대목은, 저자가 예수님의 유일성을 힌두교, 불교, 이슬람교의 특성과 비교하며 명쾌하게 변증해 낸 부분이다. 이 부분을 몇 가지 테마로 나눠 요약해 본다.

존재의 시작점이 없는 순전하신 분

불교의 붓다는 불완전한 삶 가운데 환생들을 겪었다고 자인하며, 처자식을 버리고 집을 떠날 때 인생의 답을 알지 못한 상태였다(p.92). 이슬람교의 무함마드 역시 처음 신의 계시를 받을 때 혼란스러워했고, 무슨 의미인지 확신하지 못했다고 한다. 그러나 예수님은 처음부터 정확히 자신이 누구인지, 어디서 왔는지를 아셨고, 인류 역사상 도덕적으로도 아무 흠결이 없는 존재로 알려져 있다(p.91).

일개 가이드가 아닌 생명 그 자체

모든 주요 종교의 주도적인 대표자와 그들의 가르침 사이에는 일정한 간격과 차이가 존재한다. 무함마드와 꾸란이 다르고, 붓다와 팔정도(八正道), 힌두교의 크리슈나와 그의 철학 사상이 다르다. 그들은 자신들의 가르침을 설파하고 특정한 길을 제시하는 스승들이다(p.168). 그러나 그 가르침은 거울처럼 얼굴이 더럽다는 걸 보여 주기만 하지, 씻어 주진 못한다. 예수님만이 가르치고 거울을 보여 줄 뿐 아니라, 유일하게도 스스로 길과 진리, 생명이 되시는 분으로, 자신의 메시지와 동일한 분이었다(pp.168-171).

악과 고난의 실재 및 원인과 목적을 제시하고, 이겨 낼 힘을 주시는 분

범신론적인 힌두교는 물질계의 모든 것을 비현실적이며 가공적, 가변적, 일시적인 것이라고 선언한다(p.217). 따라서 악이 실재라는 것 자체를 부정하고, 모든 선과 악은 하나의 궁극적 실재인 브라만으로 통합된다고 보는 운명론에 빠져 있다. 불교는 악과 고난의 문제를 전생에 지은 죄의 상속이라는 윤회설, 업보론과 연결시킨다(p.221). 다만 자아의식마저 떠나 욕망이 제거되면 악도 제거되며, 윤회의 사슬에서도 벗어난다고 가르친다. 그러나 생이 순환하는 것이고 윤회에 시작점이 없다면, 윤회의 출구도 없어야 이치에 맞다(p.222).

저자에 따르면, 기독교에서 악과 고통의 문제는 사랑이나 거룩함과 같은 하나님의 신비로운 속성과 연관된다. 하나님은 인간을 선만 택하도록 만들지 않으셨다. 사랑에는 자유가 수반되어야 한다. 그러나 사랑의 목적은 고통의 제거나 선함에만 있지 않다. 그 목적은 경배요, 경외함이다. 이렇게 경외하는 사랑이야말로 고난 속에서 시간 너머를 내다보고 영원한 승리까지 바라볼 수 있다(pp. 232-233). 십자가는 고통 한가운데서 하나님의 임재를 가장 확실하게 보여 주며, 하나님이 악의 어둠을 통해 도리어 악을 정복하신 증거다(p. 244).

저자는 자신이 가진 정답을 일방적으로 미리 제시하려 들지 않는다. 모두가 수긍할 만한 공통적인 삶의 문제를 먼저 제기하고, 함께 그 답을 찾아 가는 과정을 열어 간다. 변증 전도 역시 오해나 걸림돌을 제거하는 과정을 중시한다. 신중하지 못한 설교나 전도는 답을 너무 성급하게, 빨리 주려는 데서 빚어진다. 답 이전에 먼저 세인들의 사고방식을 존중하는 가운데, 그들도 감지하고 인정할 만한 삶의 문제를 충분히 파악하게 해야 답이 답다워진다.

이제 한국 교회의 전도도 매뉴얼화된 복음의 패키지를 쭉 제시하는 데 급급한 차원에서 한 걸음 더 나아가야 한다. 조금은 더디고 때로는 머뭇거리는 몸짓을 보이더라도, 왜 모든 사람에게 예수란 분이 꼭 필요한가 하는 문제의 정황들을 먼저 충분히 드러내 주면, 답은 각 심령에 어쩔 도리 없이 깊숙이 스며들게 될 것이다. 저자의 말대로, 예수의 유일성에 대한 증거는 불충분한 게 아니라, 단지 인위적으로 광범위하게 은폐되고 있기 때문이다.

• 더 깊은 탐구를 위한 연관 질문

1. "모든 신념을 똑같이 진리라고 보는 것은 이 말을 부정하는 것 역시 진리라는 이유 때문에 전혀 이치에 맞지 않는다"는 말은 '너도 옳고 나도 옳다'는 상대주의 가치관의 어떤 부분이 오류라고 지적하는가?

2. 인류의 종교적 성현들의 가르침은 거울처럼 얼굴이 더럽다는 걸 보여주기만 하지, 씻어 주지는 못한다는 주장에 동의하는가? 타종교나 사상에서 큰 만족을 얻고 삶의 문제를 실제로 해결한 경험이 있다면 어떤 것인가?

: 더 깊은 탐구를 위한 관련 도서 :

• 《특종! 믿음 사건》(리 스트로벨, 두란노)
'사랑의 하나님이 악과 고난을 허용할 수 있는가?', '교회야말로 압제와 폭력의 역사가 아닌가?', '여전히 회의가 드는데 그리스도인이 될 수 있는가?'를 포함한 기독교 8대 난제에 대해 각 분야의 전문가들을 인터뷰해서 얻게 된 해답을 한데 모은 책.

"예수의 이름으로 행해진 일과 실제로 예수의 가르침을 대변하는 일은 다르다. 예수의 가르침과 십자군의 살육을 연결시키려 한다면 둘이 조화를 이룰 수 있는 길은 전혀 없다. 예수의 이름으로 행해진 일이라 해서 모두 기독교의 책임일 순 없다. 위선이나 난폭한 행위를 예수처럼 노골적으로 비난한 분은 없다. 비판자들이 십자군 운동의 면면을 위선과 난폭한 행위로 탄핵한다면, 바로 예수가 그들 편이다"(p.229).

• 《패션 오브 크라이스트》(앤 캐서린 에머리히, 집사재)
독일의 성 아우구스티노 수도회의 수녀였던 저자가 건강 악화로 병상에 누워 있는 동안 보게 된 예수의 삶에 대한 환상을 시인 클레멘스 마리아 브렌타노가 기록해서 저자의 사후에 책으로 펴냈다. 다락방 성만찬부터 예수의 부활에 이르기까지 입체적으로 그 모든 현장에 직접 가서 목격한 것인데, 멜 깁슨이 자신의 집 다락에서 떨어진 이 책의 내용을 동명의 영화로 만들기 위해 10여 년 동안 준비했다는 일화로 유명하다.

"그들은 예수께 가장 큰 고통을 주었던 가시 면류관을 확 잡아당겼으며, 이 때문에 그분의 상처가 모두 뒤집어지고 말았다. 형 집행인들은 예수의 모직 옷을 잡아서 피 흘리고 상처 입은 그의 머리 위에서 무자비하게 찢어 버렸다. 예수께서 어깨에 걸치신 옷은 모직으로 만들어진 것이고, 모직물은 상처에 달라붙기 때문에, 그들이 거칠게 잡아당겼을 때 예수께서 겪으셨을 고통은 이루 말할 수가 없었다. 예수께서는 그들 앞에서 사시나무처럼 떨며 서 계셨다"(pp.272-273).

3
알라는 하나님과 같은 신인가?

《이슬람의 왜곡된 진리》(이동주, CLC)

우주 만물이 서로 충돌 없이 질서 정연하게 창조되고 유지되려면,
비슷한 권세를 가진 신들이 많을수록 불리하다.
세계에서 최초로 유일신 사상을 전파한 한 민족에게서 유래한 세계 최대의 유일신 종교.
그 이스라엘 민족의 선민사상, 메시아 대망 사상은 세계사에 독보적이다.
이런 분명한 역사적 약도 또한 그럴 만하게 의도된 창조 세계의 일부다.

"이슬람교의 알라는 구약성경의 하나님과는 같지만, 신약성경의 하나님과는 다릅니다." 한 지역 교회의 청년부 수련회 강의 중 알라의 정체성에 대해 던진 나의 질문에 한 청년이 이렇게 대답했다. 예수님을 유일한 구원자요, 하나님의 아들로 인정하지 않는 무슬림들을 의식하면서도 그들의 유일신 사상은 인정해 주고픈 복잡한 심경이 반영된 대답이었다. 의외로 적지 않은 한국의 목회자와 성도들이 이런 식의 어중간한 답을 갖고 있다. 물론 신학자들 중에도 비슷한 생각을 가진 이들이 있다.

미로슬라브 볼프는 자신의 책 《알라》(IVP 역간)에서, 알라를 유일신으로 믿는 무슬림들이 삼위일체 하나님을 믿는 그리스도인들을 '다신론적 우상 숭배자'라고 보는 시각은 유일신을 믿는 유대인들이 그리스도인들을 보는 시각과 비슷하다고 말한다. 그렇다고 해서 유대인들이 믿는 구약의 하나님과 그리스도인들이 믿는 구약의 하나님이 다를 수 없듯, 무슬림들이 믿는 알라와 기독교의 하나님 간에도 유사성이 있다고 보았다. 무슬림들이 삼위일체를 부정한다고 해서 그들이 기독교의 하나님을 믿지 않는다고 볼 순 없으며, 다만 그들은 하나님의 참된 본질에 대해 오해하고 있을 뿐이라는 것이다.

과연 그럴까? 나는 무슬림들이 하나님의 유일성에 대한 그리스도인의 믿음을 공유한다는 것만으로 그들의 신이 기독교의 신과 동일하다고 볼 수만은 없다고 믿는다. 이 책에서 저자 역시 이러한 믿음을 바탕으로 이슬람교의 신 알라와 무슬림들의 신앙이 어떻게 기독교와 명백하게 다른지를 잘 보여 주며, 그 결과로 기독교 입장에서 이슬람교의 선교와 확장 전략이 끼칠 잠재적 위험성을 경계한다.

하나님을 알라라고 부르는 아랍의 그리스도인들

'알라'는 아랍어로 '신'을 뜻하는 말이다. 아랍의 성경에서도 '하나님'은 '알라'다. 아랍의 그리스도인들은 평소에도 하나님을 알라라고 부른다. 한국어 꾸란에도 알라는 하나님으로 번역되어 있다. 그래서인지 한국인 무슬림들 중에는 알라가 기독교의 하나님과 동일한 신이라는 말로 포교하려는 이들도 있다. 그러나 저자는, 이슬람교의 알라는 기독교의 하나님과 동일한 신이 아니라고 단언한다. 꾸란의 알라가 기독교 하나님의 결정적인 자기계시라 할 수 있는 예수님의 하나님 되심을 완전히 부인해서다.

"예수 그리스도가 하나님의 아들이라는 기독교의 신앙 고백을 무슬림들은 하나님이 자식을 생산한다는 물질적인 의미로 받아들이고, 예수 그리스도가 하나님과 동일한 본질이라는 성경적인 진술을 철저히 부정한다. 꾸란은 오히려 예수 그리스도가 아담 같은 하나님의 창조물이며 하나님의 아들이 아니라고 명백하게 말한다"(pp. 49-50). "하나님께서 아담에게 그랬듯이 예수에게도 다를 바가 없도다. 하나님이 흙으로 그를 빚어 그에게 말씀하셨다. 있어라, 그리하여 그가 있었느니라"(Sura 3:59).

꾸란은 예수님의 동정녀 탄생은 인정하면서도(Sura 3:47) 기독교 복음의 핵심 진리라 할 수 있는 하나님 아들의 성육신과 대속적 죽음, 부활에 대해서는 확고하게 부정한다(Sura 4:157, 3:54-55). 그럼에도 불구하고 이슬람교를 여전히 구약의 하나님을 믿는 종교라고 볼 수 있겠는가? 이 질문에 대해서는 예수님을 "참하나님이시요 영생이시라"(요일 5:20)고 선포하는 신약성경이 단적으로 대답해 준다.

"거짓말하는 자가 누구냐 예수께서 그리스도이심을 부인하는 자가 아니냐 아버지와 아들을 부인하는 그가 적그리스도니 아들을 부인하는 자에게는 또한 아버지가 없으되 아들을 시인하는 자에게는 아버지도 있느니라"(요일 2:22-23). 이 말씀대로 무슬림들이 예수님을 하나님으로 인정하지 않는다면, 적어도 그들에게 기독교의 하나님은 없다.

한편, 전통적으로 이슬람교는 삼위일체의 한 위격이신 성령을 가브리엘 천사와 동일시해서 피조물로 본다. 무함마드가 40세 되던 해인 610년의 라마단 기간에 메카에서 3마일 떨어진 광야의 히라 산 동굴에서 그에게 나타나 알라의 계시를 전해 준 영을 가브리엘 천사로 보고, 그 영을 성령이라고 믿는다. 그러나 당시 무함마드를 강제적으로 붙잡고 억누르며 "읽어라"('낭송'을 의미하는 '꾸란'은 아랍어로 '읽다'는 뜻의 '까라아'에서 비롯된 이름이다)라고 강요하던 그 영을 악한 영으로 볼 만하다는 보고는 이슬람교 내의 주요 문서인 〈하디스〉가 인정하는 대목이다.

"한국이슬람교중앙연합회에서 발행한 〈하디스〉 선집에서는 무함마드의 영적 경험에 관하여 다음과 같이 묘사하고 있다. '인기척 없는 적막한 사막의 동굴로 예고 없이 나타났다가 돌연히 사라져 버린 이 방문자는 악령의 통념적인 관념과 혼합되어 그를 경악시켰고 그런가 하면 여러 가지 형상으로 변모해서 사생활을 해롭게 간섭하는 정신 상태에 사로잡히게 했다'"(p. 72).

■ 무슬림의 선교 행위가 호전적인 이유

이슬람교에서는 사람들이나 사회의 악이 창조주 하나님에 대한 인간의 반항에서 비롯된 것이 아니라, 그저 인간이 가진 본래의 연약함에서 발생한 것이라고 가르친다. 그래서 인간의 구원 역시 알라에 대한 복종('이슬람'의 뜻)과 신한 행동에 따라 알라 앞에서 각자 자신의 의로움을 세워 가는 것을 통해 이룰 수 있다고 믿는다. 이슬람교의 다섯 기둥인 신앙 고백과 기도, 자선, 단식, 메카 순례와 같은 종교적 의무를 다하는 것도 그 행위 구원의 요건이다. 실제로 꾸란은 대속의 개념 없이 단지 선행을 많이 쌓을수록 악행이 제거된다고 가르친다. "실로 선행은 악을 제거하여 주나니 이는 염원하는 자들을 위한 교훈이니라"(Sura 11:114).

"꾸란은 죄를 범한 인간이 10명의 불쌍한 사람에게 음식을 대접하거나, 그들에게 입을 옷을 주거나, 노예를 해방시켜 주거나, 사흘간의 단식을 하면 알라가 속죄해 줄 것을 약속했다고 한다(Sura 5:89). 이슬람에서 최대의 보상은 모든 죄를 용서받는 것이다. 그것은 바로 성전에 참여하여 순교하는 길이다. 나의 길에서 순교한 자, 성전 하였거나 살해당한 그들을 속죄하여 줄 것이며 강이 흐르는 천국으로 들어가리니 이것이 하나님으로부터 받을 보상이라'"(pp. 84-86).

꾸란의 알라가 제시하는 이슬람 선교의 방법과 구원관이 결국 현재 이슬람 원리주의자들에 의해 진행되는 과격한 선교 행위의 뿌리가 되었다는 점은 주목해 둘 만하다. 저자는 이슬람의 성전, 곧 지하드는 무슬림들의 세계 선교 방법 중에 가장 경전적이고도 핵심적인 방법이며, 테러 또한 성전으로 간주된다고 말한다(p. 102).

그 밖에도 이슬람의 세계 선교 방법은 꾸란에 실제로 기록된 폭력적인 내용과 달리 평화로운 종교인 듯 위장하고, 무슬림들에게도 꾸란의 모순된 실체를 숨기려고 질문을 금지시키는 것과 같은 타끼야(위장) 전략, 일부다처와 다산에 의한 무슬림 인구 증가, 성전의 첫 단계에 해당하는 평화적 접근 중심의 선교 '다와'(dawa), 아랍어 선택 과목 확대와 같은 교육 선교, 수쿠크(이슬람 채권) 발행과 같은 금융 선교, 이민 선교, 교도소 선교, 석유 선교, 문화 선교, 인터넷 선교, 미디어 선교 등으로 매우 다양하다(pp. 109-206).

저자는 한국을 동아시아 선교의 교두보로 삼아 이슬람화하려는 무슬림들의 전략에 대해 한국 교회가 더 늦기 전에 적극적인 대응책을 마련해야 한다는 위기감이 이 책을 저술하게 된 주된 동기라면서, 피터 하몬드가 제시한 '무슬림 인구에 따른 단계별 이슬람화 전략'을 소개한다.

"이슬람화 1단계는 한 국가의 무슬림 인구가 1% 내외일 때인데, 평화를 사랑하는 소수 집단으로 잠복한다. 이슬람화 2단계는 무슬림 인구가 2-3%가 될 때인데, 미국의 경우 감옥에 이슬람이 전파되기 시작하고, 사회에 불만을 품고 있는 재소자들을 이슬람으로 개종시킨다. 1단계의 이슬람화에 처한 한국의 경우에 무슬림들은 감옥 선교보다 교육 선교를 택하였고, 모든 준비가 완료되었다. 이슬람화 3단계는 무슬림 인구가

5%를 넘어설 때인데, 이슬람 샤리아(율법)를 통해서 무슬림들이 자치적으로 통치할 수 있도록 정부에 압력을 넣는다. 이슬람화 4단계는 무슬림 인구가 20%를 넘어서는 때인데, 이때부터 폭동과 소요 사태가 일어난다"(pp. 114-115).

물론 대다수의 무슬림들은 힌두교와 거의 비슷한 양태로, 알라와의 범신론적 합일에 깊은 종교적 관심을 가진 이슬람 내의 수피즘 또는 이슬람 신비주의 신봉자들(전 세계 무슬림의 70퍼센트)처럼 평화롭게 살아가는 선량한 이슬람교인들이다(pp. 215-241). 성경을 아랍어로 번역할 때 기독교 복음의 핵심 진리들을 꾸란의 내용에 맞춰 혼합주의적으로 대체함으로써 이슬람권 교회들이 무슬림의 문화적 상황과 교리주의에 계속 안주하도록 만드는 내부자 운동 역시 이단적이긴 해도 그나마 비폭력적이다(pp. 243-300).

그러나 꾸란에서 명하는(Sura 4:91) 비무슬림들에 대한 지하드 실행에 열심을 가진 이슬람 원리주의자들도 무려 15퍼센트에 이른다고 한다. 이슬람 국가들에서 외국인 노동자로 들어오는 무슬림들이 한국에서 결혼해 무슬림의 수가 증가하면, 그들은 할랄 식품 규정을 포함해 '신성모독법'과 같은 형태의 샤리아법 제정을 추진하면서 그리스도인들의 입지를 좁혀 갈 여지가 있다. 동성애자들이 차별금지법을 제정해 그리스도인들의 반동성애 입장에 대해 법적으로 역차별을 초래하려는 것과 비슷한 상황이 벌어질 수 있다.

김동문 선교사는 자신의 책 《우리는 왜 이슬람을 혐오할까?》(선율)에서, 일부 이슬람 극단주의에 대한 괴담이나 가짜 뉴스로 더욱 부풀려진 '이슬람포비아'는 맹목적인 혐오감으로 무슬림 이웃들을 무조건 배척해 버리기 쉬운 만큼, 균형감 있는 분별이 필요하다고 지적한다. 저자도 이 부분을 의식해, 무슬림들은 하나님의 은혜를 전해야 할 대상으로 끝까지 사랑하고 품어야 하지만, 꾸란에 따른 호전적인 이슬람의 선교와 무리한 확장 전략에 대해서는 기독교 입장에서 합당한 경계심을 갖고 대비책을 찾아야 한다고 강조한다. 이 책을 추천한 김상복 목사, 김영한 교수 역시 유럽의 점진적인 이슬람화의 실제 선례를 봐서라도 지금은 한국 교회가 국내 이슬람의 확장 움직임에 민감하고 지혜롭게 대처해야 할 때라고 권면한다.

■ 알라의 뿌리는 무엇인가?

만약 이슬람교의 알라가 기독교의 하나님과 다른 존재라면, 그 신의 정체는 어디서 비롯된 것일까? 개연성 있는 견해 가운데 하나를 소개하자면, 무함마드가 살던 당대 중동 지역의 토속 종교는 다신교였는데, 그 신들 중에 농경문화에서 숭배되던 태양신 대신 목축문화에 적합하게 더위를 식혀 생기를 더해 주는 달신이 생명을 창조한 신으로 널리 신봉되었다고 한다. 그 신의 이름이 알라였고, 당시 유대교의 유일신 사상에 익숙해 있던 무함마드에 의해 마침내 그 신이 전 세계의 유일신으로 추앙된 것이라고 보는 주장이다.

이에 대한 그럴 법한 증거들도 있다. 각 이슬람 국가의 국기나 모스크 지붕에 초승달이 이슬람의 상징으로 표현되어 있다거나, 1년에 한 달씩 실행되는 라마단 금식 기간이 음력을 기준으로 불규칙하게 정해진다는 것, 지금도 메카의 카바 신전을 방문하는 무슬림들이 행하는 여러 종교적 의식들 가운데 무함마드 당시의 아랍 토속 종교 의식들이 그대로 남아 있다는 것 등이다.

그러나 무엇보다 이슬람교가 직면한 가장 큰 딜레마는, 사람으로 성육신한 하나님으로서 완전하고도 합법적인 대속자 예수 그리스도를 제거함으로써 심판주로서의 알라의 공정성에 흠집을 냈다는 사실이다. 범죄에 대한 심판이나 용서는 누구에게나 공평하게 적용되는 법과 같은 합당한 근거를 기준으로 삼은 이후에야 효력을 발휘한다. 단지 선행이 악행보다 더 많다는 이유로 악행을 용서한다는 건, 악행의 범죄 그 자체에 대해선 객관적인 심판의 공정한 기준을 갖고 있지 못하다는 반증이다.

이슬람교는 종교의 하나로서 보호받아야 하고, 알라에 대한 무슬림들의 신앙심 역시 마땅히 그 자체로 존중되어야 한다. 다만 그들이 믿는 알라가 기독교의 하나님과 동일하다고 여기려는 그들의 주장은 이치에 맞지 않다. 더 나아가, 참된 창조주 신이 누구냐 하는 건 특정 종교의 체계를 존중하는 것과는 별개의 문제다.

만약 창조주 신이 있다면, 세상에 확연히 공개되어 있는 합리적인 창조 질서로 볼 때 그 창조주 역시 아주 합리적이며 선하고 공평해야 한다. 꾸란의 알라와 성경의 하나님 중에 세상의 이치나 인류 보편의 양심 그리고 진실한 역사성의 차원에서 누가 창조주 신의 자격에 부합하는가를 정당하고도 설득력 있게 가려내는 작업이 이슬람교에 대한 기독교 변증의 주요 과제다.

• 더 깊은 탐구를 위한 연관 질문

1. 이슬람교의 알라는 구약성경의 하나님과는 같지만 신약성경의 하나님과는 다르다는 말에 어떤 모순이 있는가? 무슬림들처럼 삼위일체 하나님을 인정하지 않고도 구약성경의 하나님을 유일신으로 믿을 수 있겠는가?

2. "아들을 부인하는 자에게는 또한 아버지가 없으되"(요일 2:23)라는 말씀대로라면, 예수님을 하나님으로 인정하지 않는 꾸란의 가르침이나 무슬림들에게는 기독교의 하나님도 없다고 볼 수 있는가?

: 더 깊은 탐구를 위한 관련 도서 :

• 《알라》(미로슬라브 볼프, IVP)

보수 복음주의 입장과는 다르게 '두 신앙, 공통의 신'을 표방하며 유대교와 기독교의 신이 이슬람의 신이기도 하다고 주장하는 책. 기독교와 이슬람 간의 종교적 분쟁과 유일신에 대한 신학적 논쟁의 쟁점들을 분석하고, 그리스도인과 무슬림이 상호 공존을 위해 협력하고 극단주의에는 함께 대항해야 이 땅에 이웃 사랑의 평화와 공공선이 충만한 사회를 만들 수 있다고 결론짓는다.

"이제 무슬림과 기독교인이 정체성의 표지와 세상 싸움의 무기로 사용되고 있는 (가짜) 종교에 대해 반역을 일으켜야 할 때다. 이러한 종교는 그들의 삶에서 하나님 자리에 대신 앉아 있다. 유일한 하나님을 믿는 그들은 함께, 문화나 국가, 종교와 같은 다른 어떤 것도 하나님이 될 수 없다고 선포해야 한다. 하나님 한 분만 하나님이시다. 그분은 바로 기독교인과 무슬림이 서로 다르긴 하지만 한편으로 놀랄 만큼 비슷하게 인식하는 그들 모두의 동일한 하나님이시다"(p.331).

• 《알라를 찾다가 예수를 만나다》(나빌 쿠레쉬, 새물결플러스)

한 무슬림이 실제로 무엇을 믿고 있는지, 그가 예수의 십자가와 부활, 그의 하나님 되심을 믿는 기독교와 조우할 때 어떤 변화를 경험하게 되는지를 적나라하게 보여 주는 책. 복음의 역사적 사실성을 확인하기 위해 불편한 질문을 마다하지 않고 쉬운 대답에 만족하지 않는 미국의 무슬림 이민자 출신의 저자가 알라를 떠나 예수에게로 귀의해 가는 치열한 영적, 지적 여정이 담겨 있다.

"알라여, 제 말은 당신이 전능하시다는 뜻이었습니다. 당신은 원하는 피조물 안에 들어오실 수 있습니다. 당신께서 인간이 되신 것입니까? 그 인간이 예수였던 것입니까? 꾸란에서 저는 너무도 많은 폭력과 경멸을 발견했습니다. 혹시 꾸란이 당신의 말씀이 아님을 제게 보이시려는 것인가요? 그 책에 대해 제가 배운 것의 많은 부분이 거짓으로 드러났습니다. 그런데도 정말 당신의 책이 맞습니까?"(pp.34, 37).

4
기독교와 타종교, 접점은 없는가?

《기독교는 타종교로부터 무엇을 배울 수 있는가?》(제럴드 맥더모트, IVP)

조기축구회에서 그리스도인이 아닌 분들에게
축구하면서 복음을 전한다는 친구가 있다.
어떻게 복음을 전하냐고 물었더니 패스로 전한단다.
"축구할 때 특히 패스를 잘해 준다.
내가 먼저 공을 차지해서 골을 넣으려 하지 않고
다른 사람들이 골을 넣도록 도와주는 걸 그들이 안다."
축구만 아니라 모든 삶의 현장에서 명심할 말이다.

"사람들에게 환생에 대한 갈망이 있다는 건 어떻게 봐야 하나요?" 내가 섬기는 교회는 매년 봄에 변증 전도 집회인 '갓토크 콘서트'를 여는데, 거기서 한 청년 비신자가 제기한 질문이다. 모든 사람에게는 죽지 않으려는 영생에 대한 갈망, 완전한 나라와 왕, 완전한 나에 대한 갈망이 있는데, 이는 그 갈망을 채워 줄 대상이 있다는 증거라는 전도 메시지에 대한 반론이었다.

물론 이 또한 시공간을 초월한 뭇사람들의 영생에 대한 갈망이 특정 시대나 문화에 따라 왜곡된 가운데 표출된 거라고 대답하면 그만이다. 그러나 바로 이런 미묘한 차이가 타종교 안에서 기독교 진리의 흔적들을 살피러 할 때 종종 낯닥뜨리는 혼란스러움이다. '종교는 서로 다 통한다'는 말에 언뜻 수긍하면서도 왠지 어딘가 찜찜한 복음주의자들이 많은 이유이기도 하다. 그래서 타종교에 대한 기독교 변증의 관심도 어디까지나 기독교와 타종교들 간의 차이점을 비교하는 데 초점을 둔다. 그 과정에서 기독교의 절대 진리성을 드러내는 게 주된 목적이다.

'타종교에도 그리스도인이 배울 만한 하나님의 계시가 있다'고 말하는 이 책 역시 구원의 문제에 관한 한 기독교의 절대 진리성을 확고히 전제한다. 그러나 이제는 선교적인 차원에서도 진리와 계시의 문제에서는 타종교의 규범적 주장들을 진지하게 받아들일 때라고 주장한다. 저자가 이 책을 쓰게 된 동기에는 "타종교 가운데 있을 수 있는 진리를 그리스도인들이 존중하지 않아서 그리스도인들에게 귀 기울이지 않기로 작정한 비그리스도인들이 많다"(p. 16)는 문제의식이 짙게 깔려 있다.

일반 계시와 특별 계시 그리고 '계시된 모형들'

이 책에서 저자는, 타종교에도 (구원을 얻기에는 불충분하지만) 하나님이 주신 하나님에 대한 참된 지식이 계시되어 있다고 본다. 이는 자연이나 양심처럼 모든 사람에게 접근 가능한 지식이 아니어서 일반 계시는 아니지만, 죄와 죽음으로부터 구원받는 길을 제시하는 것도 아니어서 특별 계시도 아니다(p. 73). 저자가 타종교에 있다고 말하는 계시는 제3의 유형으로, '계시된 모형들'(revealed types)이라 불린다.

종교가 우리에게 줄 수 있는 것은 새로운 계시가 아니라 이미 그리스도 안에 있고 성경에 묘사된 계시를 더 잘 볼 수 있도록 돕는 것인데, 저자는 이렇게 성경적 계시에 대한 해명을 도와주는 계시를 '계시된 모형들'이라고 명명한다(p. 283). 그동안 복음주의자들은 타종교에는 구원의 진리가 없다는 면만 부각시켜 이러한 '계시된 모형들'에는 거의 무관심했다고 본다.

이렇게 전통적인 교리나 역사로서의 계시에 대한 이해에서 한 걸음 더 나아가 실재의 모든 차원을 포괄하는 다차원적인 계시 이해를 주장하는 저자는, 하나님이 때로 이스라엘과 교회 밖에 있는 사람들에게도 그분 자신을 계시하셨고, 교회가 때로 그들로부터 배웠다는 사실을 성경 속의 실제 사례들로 보여 준다.

구약에서는 아벨, 에녹, 노아, 욥, 멜기세덱, 아비멜렉, 이드로, 라합, 룻, 나아만, 느부갓네살, 다리오, 스바 여왕을 들 수 있다. 게다가 히브리인들은 하나님을 나타내는 셈족 이름 '엘'(El)을 가나안 사람들로부터 차용했고, 잠언 22장 17절에서 24장 22절까지는 비히브리적인 초기 이집트의 지혜 전통으로부터 가져온 것으로 널리 알려져 있다(pp. 106-116).

신약에서도 예수님은 이교도들의 믿음을 칭찬하며, 유대인들에게 그들의 예시로부터 배우라고 권고하셨다. 사렙다의 한 과부와 나아만, 말씀만으로도 치유를 확신한 로마 백부장과 수로보니게 여인 등이 그들이다. 사도 바울의 글에는 당대 헬라의 스토아학파와 견유학파의 특정 주제들이 가득하고, 스토아학파의 수사학과 추론의 전통을 포함해 당시에 활동하던 철학자들의 문체와 상투어들이 차용되어 있다. 이런 사례는 하나님의 백성이 자신들의 전통 밖에 있는 자들로부터 하나님에 대해 배운다는 개념이 성경에 위배되는 현상이 아님을 시사한다(pp. 117-123).

성경 외적 전통인 신플라톤주의의 도움을 받아 성경을 충분히 연구함으로써 하나님의 초월성과 이 세상의 불완전성을 올바로 이해했던 아우구스티누스, 아리스토텔레스의 자연 개념과 기독교의 창조 교리를 조화시켜 창조된 육체의 선함에 대한 기독교적 믿음을 소생시키고, 자연을 실재일 뿐만 아니라 선하며, 그것 너머에 무언가가 있음을 보여 주려고 하나님이 사용하시는 도구라고 본 토마스 아퀴나스 그리고 르네상스 인문주의 시대에 기독교 계시의 본질과 의미를 더 잘 이해해 나가는 데 이교 사상가들의 도움을 받은 칼빈 등의 경우도 마찬가지다(pp. 163-179).

하나님은 때로 타종교들 가운데 그분의 더 온전한 기독교적 실재들의 모형을 심어 놓으셨다는 조나단 에드워즈의 모형론을 큰 틀로 삼아, 저자는 이 책에서 불교와 도교, 유교, 이슬람교에 있는 '계시된 모형들'을 소개한다. 이 책에서 저자가 각 종교에서 기독교가 배울 만하다고 본 것들 중 가장 인상적인 내용 몇 가지만 요약해 본다.

▰ 불교, 궁극적 실재를 제한하지 않는 수행

첫째, 불교는 그리스도인들에게 궁극적 실재(기독교에서는 하나님)를 단순히 단어나 개념과 동일시하려는 위험성을 상기시켜 준다. 사람들의 일반적인 경험과 사고의 견지에서 최종적 진리는 그들이 '공'(空)이라 칭한 것이다. 그리고 그것은 우리가 가진 개념들 너머에 있어 정확하게 규정하기 어렵다. 토마스 아퀴나스는, 하나님의 본질은 이 세상에서 이성으로 이해할 수 있는 모든 것을 넘어선다는 것을 인식할 때 비로소 온전하게 파악된다고 주장했다. 하나님의 아름다우심은 우리가 가진 아름다움의 개념을 초월한다. 하나님을 우리의 유한한 이 세상 기준과 동일시함으로써 하나님을 오염시키지 않도록 주의해야 한다.

둘째, 초기 불교 사상가들은 어떤 것도 스스로 존재하지 않고, 각 사물은 인과 관계의 무한한 연결망에 의존한다고 확신했다. 이를 통해, 세상은 독자적으로 존재하는 실체들의 연속이 아니라 그리스도 안에 "함께 섰느니라"(골 1:17)고 하는 성경의 주장이 더욱 뒷받침된다. 붓다의 아나타(anatta), 즉 '무아'(無我)의 교리는, 변화하지 않는 대상은 없으며,

다른 모든 것의 기본 원리인 '무'(無)가 있다는 가르침이다. 그리스도인에게 모든 것은 순전히 하나님의 은혜로 시시각각 유지된다. 이 개념은 요즘 문화의 소유욕 강한 개인주의와 그것이 갖는 전적으로 자율적이고 비관계적인 자아에 대한 환상을 교정하는 건강한 수단이 될 수 있다.

셋째, 중국 선종(선불교)에서는 사람이 일상생활의 모든 세부적인 일 속에서 궁극적 실재를 발견할 수 있다고 가르쳤다. 세상에서 물러날 필요가 없으며, 모든 사람은 항상 자신 앞에 있는 실재를 보는 것을 배울 필요가 있다는 것이다. 하나님을 경험하기 위해 많은 것을 할 필요는 없다. 해야 할 것은 스스로를 잠잠하게 하고, 고요해지는 것이다.

도교, 무위 사상 속에 녹아 있는 연합의 도

서양에서는 노자와 장자가 저술한 《도덕경》과 《장자》로 인해 종교적 도교보다 철학적 도교가 더 익숙하다. 도교의 '무위'(無爲) 사상은 난해한 개념으로, '아무것도 하지 않는다'는 뜻이다. 즉, 사람은 행동을 취하지 말아야 하며, 도가 행동하기를 기다려야 한다는 뜻이다. 행동의 부재가 아니라, 행동 자체에 애착을 보이지 않으면서 행동하는 것이다. "성인은 작위하지 않으므로 실패하지 않으며, 집착하지 않으므로 잃지 않는다. 성인은 결코 큰 것을 행하려 하지 않음으로써 능히 그 큰 것을 성취한다"(도덕경).

장자에게 덕의 삶은 계산의 결과물이 아니라 영적 연합의 산물이다. "행복은 찾기를 멈출 때 비로소 찾는 것이다"(장자). 도와 연합한 무사

무욕으로 인해 자아의 끔찍한 요구로부터 해방된다. 성령이 들어와 사시게 하면, 자신이 첫째가 되고 인정받으려는 자아의 강한 욕구에 복종할 필요가 없다. 도교 사상가들이 무정한 도의 작용을 신뢰함으로써 만족을 깨달았다면, 그리스도인들은 자신들을 위해 고난을 겪음으로써 당신의 돌보심을 친히 보여 주신 하나님을 더 많이 신뢰할 수 있다.

■ 유교, 덕의 본질적 가치에 헌신하는 기쁨

공자에게 하늘은 그가 지닌 덕의 저자이자 기도의 대상이었다. 인간의 본성에 대한 유교의 교리는 실제적 선함보다 잠재적 선함을 강조한다. 인간은 네 가지 덕의 '싹', 즉 측은하게 여기는 마음, 부끄러워하고 미워하는 마음, 사양하는 마음, 시비(是非)를 가리는 마음을 가지고 태어난다고 단언한다. 그러나 맹자에 따르면, 이는 단지 사람이 선해질 수 있는 가능성이며, 또 사람들이 나쁘게 된다면 그들의 타고난 자질 때문이 아니라는 의미다. 야고보는 사람이 죄를 범할 때 하나님이나 원래의 본성이 아니라, 자신의 욕망을 탓해야 한다고 말했다(약 1:13-16).

유교에서 덕을 추구하는 것은 외적 보상 때문이 아니라, 그것의 본질적 가치 때문이었다. "거친 밥과 마실 물이 도를 따를 때 얻는 전부라 해도 행복하다. 현자들은 부유하고 유명할 때도 지나칠 수 없고, 가난하고 유명하지 않을 때도 목적에서 빗나갈 수 없다. 모든 사람이 다 좋아하는 사람이 되는 것보다 나쁜 사람들이 싫어하는 사람이 되는 것이 더 낫다"(논어). 맹자는 스스로에게 참되게 자기반성을 하는 것보다 더 큰 기쁨을 누린 적이 없다고 했다. "네가 대접받기 원하는 만큼 다른 사람을 대접하도록 최선을 다하라. 그러면 너는 이것이 인(仁)에 도달하는 가장 빠른 길임을 알 것이다"(맹자).

■ 이슬람교, 공공 광장에서 강조되는 종교의 미덕

사심 없는 사랑에 대한 수피즘(이슬람교 신비주의의 한 운동)의 전통은 지옥에 대한 두려움이나 천국에 대한 소망 때문이 아니라, 하나님 자체로 그분을 사랑한다는 것을 보여 준다. 9세기 이후 수피즘은 전 세계에 걸쳐 대중적 이슬람교의 기초가 되었다. 무함마드는, 궁극적인 미덕은 하나님의 뜻에 대한 복종이며, 이것이 참된 종교의 본질이라고 말한다. 무슬림에게 기도의 핵심은 예배이며, 간구를 주로 하는 기도 생활은 불균형적이고 자신에게만 몰두하는 것이라고 본다.

또한 이슬람교를 통해, 종교와 관련 없는 공공 광장이 있을 수 없는 이유를 이해할 수 있다. 무슬림들은 인간의 마음이 교정할 수 없을 정도로 종교적이라고 믿는다. 참된 하나님을 예배하거나, 아니면 다른 어떤 것을 신으로 예배(우상 숭배)할 것이다. 무신론자조차도 종교적이며, 아마도 자연이나 행복, 가족 또는 자아를 신으로 예배할 것이다. 종교를 진리에 대한 객관적 근거가 없는 자유로운 담화로 이해하면서 종교와 도덕을 여론에 내맡기는 서구의 처참한 현재 상태와 신정(神政)을 주장하는 세속적 이슬람교 사이에서 어떻게든 길을 찾아야 한다.

다문화 시대에 필요한 변증 전도적 접촉점

칼 바르트나 본회퍼의 전통에서는 인간이 만든 종교나 종교성 자체가 하나님의 계시에 대립한다. 그러나 기독교를 종교의 하나가 아니라 창조 질서 그 자체로 본다면, 타종교에도 "참빛 곧 세상에 와서 각 사람에게 비추는 빛"(요 1:9)이 작용한다. 그래서 타종교에도 진리의 조각들이 있지만, 왜곡되고 부족하고 미완성의 형태로 존재한다. 예수님을 통한 온전한 계시인 기독교를 만나지 않고는 구원도, 진리도 완성되지 않는다.

구원과 진리의 문제에서 기독교의 최종적인 유일성은 예수님의 구속을 중심으로 한 독특한 역사성에서 타종교의 추종을 불허한다. 그러나 애초부터 하나님은 자연 세계를 창조주와 성경의 영적 진리를 드러내도록 만드셨다. 이 공통분모가 타종교의 긍정적인 면들을 이해하는 데, 그리고 타종교인들에게 복음을 전할 때 그들의 가치관을 존중하고 그들의 신앙에 공감해 주는 데 유의미한 접촉점이 된다.

실제로 타종교인들은 하나님과 구원의 관계를 맺지 않고도 하나님의 진리에 대해 많은 것을 알 수 있고, 어떤 강조점에 대해서는 그리스도인들보다 더 진지한 충성과 열심을 보이기도 한다. 이 사실을 인정하는 가운데, 타종교인들을 한 특정 종교의 대변자나 이교도의 한 사람으로 보기보다, 하나님의 형상을 가진 인격적인 한 개인으로 존중하는 겸손하고도 열린 태도가 필요하다. 이는 지금과 같은 다문화, 다종교 시대에 특히 더 요긴하며, 인문학적 통찰의 중요성이 강조되는 이 시대의 흐름 또한 지혜롭게 활용하는 사려 깊은 변증 전도적 접근이 될 수 있다.

• 더 깊은 탐구를 위한 연관 질문

1. 타종교에도 그리스도인이 배울 만한 하나님의 계시가 있다는 주장에 거부감이 든다면 그 이유는 무엇인가? 타종교에 진정한 의미에서의 구원은 없어도 하나님의 계시는 있으므로 선교적 차원에서 타종교의 진리를 인정하자는 주장은 어떤 면에서 받아들일 만한가?

2. 성경에 등장하는 인물이나 교회사의 사례들로 볼 때 하나님의 백성이 자신들의 전통 밖에 있는 자들로부터 하나님에 대해 배운다는 개념이 성경에 위배되지 않는다면, 현재 신앙인들의 삶에는 이와 관련된 경험으로 어떤 사례를 들 수 있겠는가?

: 더 깊은 탐구를 위한 관련 도서 :

- **《무례한 기독교》**(리처드 마우, IVP)

오늘날과 같은 다원주의 사회에서는 과격한 십자군식 승리주의나 진리의 잣대가 없는 무분별한 포용주의를 지양하고 '신념 있는 시민 교양'(convicted civility)을 개발해서, 각자가 공적 영역에서 하나님 나라와 의를 지혜롭게 드러내는 데 더욱더 신중해야 한다고 권유하는 책.

"예수님이 창녀와 세리를 '용납하셨을' 때 그분이 그들의 성적 혹은 경제적 행위를 묵과하신 것은 아니다. 그분은 그들의 불미스러운 행위에도 불구하고 그들을 사랑하셨다. 하나님의 신실하고 창조적인 자녀로서 살 수 있는 잠재력이 그들에게 있다고 인정하셨던 것이다. 그것이 바로 우리가 다른 사람에게 마땅히 보여야 할 용납의 자세다. 타인이 하는 어떤 행위든 포용하는 상대주의적 태도는 선의를 베푸는 것이 아니다. 그것은 진정한 기독교적 교양이 아니다"(p.28).

- **《인도로 간 붓다》**(암베드카르, 청미래)

내세가 아닌 현세에서의 인간 구원의 진리와 그 실천을 강조한 붓다의 삶과 그의 가르침에 대한 입문서. 후대의 대중적인 불교가 붓다를 신격화하면서 왜곡시킨 가르침과 붓다의 실제적인 가르침의 차이를 분별하게 해 준다.

"붓다는 영혼을 믿었는가? 그는 믿지 않았다. 그의 영혼설은 아나타, 즉 무영혼설로 불리고 있다. 붓다의 영혼 부정의 논거는 그의 신의 존재 부정 논거와 동일했다. 그는 영혼의 존재 여부에 관한 논의도 무익하다고 주장했다. 그는 영혼 신앙은 신 신앙과 마찬가지로 정견(正見)을 함양하는 데에 유해할 뿐만 아니라 신 신앙 이상으로 미신의 온상이라고 지적했다. 붓다는 영혼의 환생은 믿지 않고 물질의 환생을 믿었다"(pp.188-189, 235).

5
예수를 몰랐던 세종대왕은 지옥에 갔을까?

《복음을 듣지 못한 사람 어떻게 되는가》(로널드 내쉬 외, 부흥과개혁사)

"내가 땅의 모든 족속 가운데 너희만을 알았나니"(암 3:2).
구약성경에서 만민은 하나님을 모르는 이방인들에 대한 통칭이었다.
그러나 예수님이 만민을 위해 십자가에 죽고 부활하신 후 제자들에게,
"너희는 온 천하에 다니며 만민에게 복음을 전파하라"(막 16:15)고 전한 명령은,
처음부터 하나님은 선민만이 아닌 만민의 하나님이었다는 본심 드러내기다.

"예수를 몰랐던 세종대왕, 이순신 장군은 구원을 못 받았나요?" 전도 현장에서 한국인들이 특히 많이 묻는 질문이다. 복음을 듣지 못한 사람들의 구원 여부는 악과 고통의 문제에 대한 신정론의 한 분야다. 하나님이 정말 선하고 전지전능하시다면, 시대적으로나 상황적으로 왜 모든 사람에게 구원받을 수 있는 여건을 공평하게 허락하시지 않는가.

이 문제에 대해 성경은 확실한 답을 내놓지 않는다. 그러나 그리스도인들이 대답을 머뭇거리면 그럴 듯한 답을 들이미는 종교 다원주의에 영혼들을 빼앗길 수 있다. 안티그리스도인들에게도 이 이슈는 기독교가 맹목적인 독단성을 휘두른다고 비난하는 데 주된 빌미를 제공해 왔다.

■ 미전도인 구원에 대한 세 가지 복음주의 입장

이 책에서 3인의 복음주의 신학자는 이 문제를 놓고 현재 기독교 안에서 제안되고 있는 대표적인 세 가지 신학적 입장을 소개한다. 존 샌더스가 '포괄적 구원론'을, 가브리엘 파크레가 '신적 견인론'을, 로널드 내쉬가 '제한적 구원론'을 설명한다. 그리고 하나의 관점을 다른 두 사람이 비평하는 방식으로 서로의 입장을 조율하고 평가한다.

포괄적 구원론

미전도인(시대적으로나 상황적으로 복음을 듣지 못한 사람)도 자신이 가지고 있는 계시에 기초해 하나님에 대한 신앙이 있다면 구원받을 수 있다는 주장이다. "성부는 일반 계시와 양심, 인간 문화를 통해 성자와 성령으로 미전도인에게 다가가신다. 오직 예수님의 구원 사역만이 미전도인을 위한 구원을 가능하게 한다. 그러나 하나님은 예수님의 속죄 사역을 속죄에 대해 무지한 사람들에게조차 적용하신다. 만약 사람들이 자신이 가지고 있는 계시에 대해 믿음으로 반응한다면 하나님은 그리스도의 속죄 사역을 그들에게 적용하실 것이다"(pp. 51-52).

신적 견인론(사후 전도론)

생전에 예수님에 대해 듣지 못한 사람은 죽은 이후에 예수님을 믿을 수 있는 기회를 갖게 된다는 주장이다. "하나님의 강력한 사랑은 구원의 말씀을 듣지 못한 사람들에게 결국 구원의 말씀이 선포되게 할 것이다. 심지어 죽음에 이른 사람들에게도 말이다"(p. 123). 믿음에 의한 칭의가 구원에 있어 핵심적인 것이라면, 공정하신 하나님은 모든 사람에게 믿음의 기회를 제공해야 한다는 것이 기본 전제다(p. 133).

제한적 구원론

죽기 전에 예수님에 대해 듣지 못했거나 믿음을 갖지 못한 자는 구원을 받지 못한다는 주장이다. 그리스도의 죽음과 부활은 복음의 본질이기 때문에, 그리스도에 대해 말해 주지 않는 일반 계시의 지식만으로는 참 하나님에 대한 신앙을 가질 수 없다고 본다. 구원을 주는 것은 믿음이지 지식이 아니며, 하나님을 찾으려 하는 사람들은 오직 한 분이신 중보자 예수 그리스도(딤전 2:5)를 통해서만 하나님에게 가까이 갈 수 있다고 주장한다(pp. 176-177).

이 세 가지 입장은 각기 장단점이 있다. 포괄적 구원론은 하나님의 사랑과 공의를 합리적으로 조화시키려는 노력을 보여 준다. 그러나 구원자 예수님에 대한 믿음이 부차적으로 취급되면서 종교 다원주의와 혼합될 위험성이 있다. 신적 견인론은 예수님에 대한 믿음의 절대적 필요성이 강조되지만, 생전에 주어지는 믿음의 기회를 소홀히 여겨 전도와 선교의 절박성을 희석시킬 수 있다. 제한적 구원론은 예수 믿는 길 외에 다른 구원의 방법이 없다는 전형적인 보수 복음주의 입장을 가장 선명하게 드러낸다. 그러나 하나님의 공의와 사랑을 조화시키지 못한 채, 믿음 안에서는 은혜롭지만 믿음 밖에서는 불합리하다는 비판을 받는다.

그래서 이 문제를 놓고 최근에는 절충적인 입장이 등장하기도 했다. 하나님이 일반 계시에 올바로 반응할 사람들을 복음이 전해지는 시공간에 태어나 살게 하셨다는 섭리적 구원론이다(행 17:26). 그러나 여전히 많은 복음주의자들이 이 문제에 대해선 하나님만이 온전히 아신다는 '경건한 불가지론'을 견지한다.

신학적으로 어떤 주장을 펴든, 이 문제에서 부인 못 할 팩트는 하나다. 실제로 인류사에서 수많은 사람들이 생전에 복음을 듣지 못한 채 죽었다는 사실이다. 욥이나 멜기세덱 같은 이방인들뿐만 아니라 심지어 아브라함이나 다윗을 포함한 구약성경의 인물들조차 예수님의 복음을 명시적으로 듣고 반응한 건 아니었다. 제한적 구원론을 주장하는 이들도 유아나 정신박약자들은 특별 계시를 이해하지 못해도 구원받는다는 주장에 동의한다. 그렇다면 생전에 반드시 특별 계시를 듣고 반응해야만 구원받는다는 주장은 무리가 있어 보인다.

지식만큼 심판받는 공평의 원리

성경적으로 이 문제에 대해 완전하고도 확실한 답을 얻을 수 없다 해도 지혜로운 차선책은 필요하다. 전도 현장에서 비신자들이 복음을 받아들이는 데 적어도 이 문제가 걸림돌로 남게 해서는 안 된다. 그들에게 답할 때 다음과 같은 기준점들은 잡아 줄 수 있다.

첫째, 이 문제에서도 하나님은 완전히 공평하실 것이며, 각 사람은 각자에게 알게 해 주신 지식만큼 공정하게 판단 받을 것이다. 하나님은 모든 사람이 언제 어디서 태어났는지, 복음을 들었는지 못 들었는지, 들었다면 어떤 동기로 거부했는지를 속속들이 다 아신다. 하나님의 심판을 받는 사람들 중에 '하나님은 불공평하다'고 말할 사람은 아무도 없다. 하나님은 이 문제를 누구의 원망도 사지 않을 만큼 공평무사하게 처리하신다. "하나님은 악을 행하지 아니하시며 전능자는 결코 불의를 행하지 아니하시고"(욥 34:10).

둘째, 미전도인이 신봉한 종교가 무엇이었든, 그 종교들의 특정 의식이나 가르침을 준수하는 것으로 구원받는 자는 없고, 하나님만 아시는 어떤 기준에 의해서만 구원이 적용될 것이다. 하나님의 말씀인 성경 전체의 맥락을 고려해 보면, 어느 시대 사람이든 그들 각자의 구원자이신 예수님의 공로를 통해 믿음으로 구원받는다는 것만큼은 분명하다. 그 누구도 자신들의 선행이나 업적으로, 인간이 만든 특정 종교의 교리나 의식을 준수하는 것으로 천국에 들어가는 사람은 없을 것이다. 시대를 초월해 적용되었을 이 믿음을 통한 구원의 방도 역시 오직 하나님만이 아실 것이다.

성경에 그 구원의 방법이 무엇인지에 대해 약간의 힌트를 얻을 수 있는 단서들이 아주 없는 건 아니다. 예수님의 죽으심과 부활로 인해 완성된 구원의 복음을 이방 나라에 전파해 가기 시작하던 초대 교회 당시, 복음을 접한 한 로마인에게 사도 베드로가 복음 이전 시대 사람들의 구원에 대해 남긴 말이 그런 단서들 중 하나라고 볼 수 있다. "내가 참으로 하나님은 사람의 외모를 보지 아니하시고 각 나라 중 하나님을 경외하며 의를 행하는 사람은 다 받으시는 줄 깨달았도다"(행 10:34-35).

이 말씀을 기준으로 해서 한국인들이 가장 존경하는 역사 속의 인물들인 세종대왕이나 이순신 장군의 구원에 대해 생각해 본다면, 이 부분 역시 정답은 '우리는 모른다'이다. 비록 복음을 직접적으로 접촉하지 못한 시대에 살았다 하더라도 그들이 정말 '하나님을 경외하며 의를 행하는' 사람이었는지는 하나님만 아신다. 사람들이 보기에 아무리 좋아 보여도 하나님을 경외하는 삶은 별개일 수 있다.

어쩌면 의를 행하는 도덕군자는 교회보다 세상에 더 많을 수도 있다. 그러나 하나님을 경외하는 믿음의 관계에서 의를 행하는 것이 중요하다. 하나님의 의는 그분과의 회복된 관계로 얻는다. 그 친밀한 관계를 기초로 그분의 이끄심 가운데 의를 행한 사람을 하나님이 받으신다. 구약 시대의 유대인들이 제사와 율법을 다 지켜서 구원받은 게 아니듯, 지금도 교회에 잘 다닌다고 해서 구원받는 게 아니다. 중심에 하나님을 경외하는 참된 믿음으로 의를 행하는 사람을 하나님만은 알아보신다. 예나 지금이나, 유대인이나 헬라인이나 (롬 2:6-11) 여기에는 차별이 없다.

복음 이전 시대 사람들의 구원에도 하나님을 경외하는 믿음의 기준이 이 정도로 중시되었다면, 복음이 전해지고 있는 지금은 이 믿음이 얼마나 더 중요한 기준이 되겠는가? 지금 이 복음을 거절하면, 또 달리 어디 딴 데 가서 구원을 얻을 다른 방도를 찾을 수가 없다. 왜냐하면 성경에서 지금 우리에게 이 구원의 복음을 제시하고 있는 분이 바로 유일하신 창조주 하나님, 다른 종교나 신화들에서는 결코 찾아볼 수 없는 오직 하나뿐인 바로 그분이시기 때문이다.

셋째, 하나님에게는 인류사의 모든 시공간에 진리를 한 번씩은 다 드러내시는 게 중요한데, 그렇게 예수님의 복음이 전해지는 시공간에선 예외 없이 그 복음을 듣고 믿음으로써만 구원이 이루어진다. 어느 때나 창조주 하나님을 진정으로 믿은 사람은 그의 구원의 완성이신 예수님도 믿을 사람이다. 그리고 어느 때나 예수님이 하신 일을 통해 하나님과 화해의 관계를 이루지 못하고는 누구도 구원받을 수 없다. 복음 이전 시대의 사람들은 장차 오실 예수님을 통해, 복음 이후 시대의 사람들은 이미 오신 예수님을 통해 구원받는다.

따라서 복음이 전해진 이후에는 어디에 있는 누구든 반드시 회개하고 복음을 믿어야 할 책임이 있다. "알지 못하던 시대에는 하나님이 간과하셨거니와 이제는 어디든지 사람에게 다 명하사 회개하라 하셨으니"(행 17:30). 이러한 기준을 갖고 이 문제를 최대한 정성껏 풀어 주면,

기독교는 그저 종교의 하나가 아니라 모든 시대의 모든 사람에게 유일한 구원의 길이라는 진리를 더욱더 명백하게 전할 수 있을 것이다.

• 더 깊은 탐구를 위한 연관 질문

1. 복음이 전해지기 전에 살았거나 지금도 오지에 살거나 하는 상황적인 이유로 복음을 듣지 못한 사람도 각자가 가진 계시에 기초해 하나님에 대한 신앙이 있다면 구원받는다는 주장에 동의하는가? 동의할 수 없다면 그 이유는 무엇인가?

2. 포괄적 구원론과 사후 전도론, 제한적 구원론 중에 어떤 입장이 하나님의 사랑과 공의의 속성을 그대로 보존하면서도 복음이 전해진 이후인 지금 예수님의 유일성을 변호하는 데 가장 적합한 입장이라고 여겨지는가?

: 더 깊은 탐구를 위한 관련 도서 :

- **《다원주의 논쟁》**(데니스 L. 옥콜름 외, CLC)

종교 다원주의적인 문화에서 기독교 구원론의 네 가지 입장, 곧 '규범적 종교 다원주의'(모든 윤리적 종교들은 하나님에게로 이끈다), '내포주의'(구원은 보편적으로 유효하다), '그리스도 안에서의 구원'(복음을 듣지 못한 자들의 구원에 관한 불가지론), '오직 그리스도 안에서의 구원'을 소개하고, 각 입장의 장단점을 신학적으로 비평한 책.

"구원이라는 말이 그저 '개인적으로든 공동으로든 공동체의 일원들에 의해 주어지고 성취되는 어떤 유익'으로 이해된다면, 모든 종교들은 '구원'을 제공한다. 오직 가장 무리한 방법들을 사용함으로써만 모든 종교들이 '동일한 구원'을 제공한다고 말할 수 있다. 세계 종교들의 고결성을 존중한다면 '구원'은 특수화되어야 한다. 즉 종교가 구원의 토대, 구원의 전달과 획득 양식, 그리고 구원의 고유한 본질을 포함한 구원을 이해하는 독특한 형태론은 존중되어야만 하며, 학계에 있는 어떤 특정한 압력 세력의 필요에 맞추기 위해 강압적으로 동질화되어서는 안 된다"(pp.242-243).

- **《예수, 당태종을 사로잡다》**(구범회, 나눔사)

7세기 초(635년)부터 당나라에 '경교'(景敎)라는 이름으로 기독교가 전해져 210년 동안 성행했고, 몽고 제국에서도 '야리가온'(也里可溫)이란 이름으로 160년 동안 크게 융성했다는 사실을 다양한 역사적 유물과 유적, 사료들을 통해 입증하고자 한 책. 당나라를 통해 일찍이 신라에 경교가 전해졌다는 주장에도 힘을 실어 준다.

"〈경교비〉에 나오는 최초의 경교 사원 건립에 관한 당태종의 칙서이다. '대진국의 아라본 주교가 멀리서 장안으로 경전과 성상을 가져와 헌상했다. 그 종교의 교지가 상세하며 심오하고 그 근본 원리를 보건대 사람이 나고 이루고 서는 데 필요한 것이다. 말에 번잡한 설명이 없고 이치가 정연하니 그 이유를 따져 묻는 것을 잊을 만하다. 물(物)을 활성화하고 사람을 이롭게 하니 이에 마땅히 천하에 행하노라. 소관 기관은 의영방에 대진사(경교 사원) 한 곳을 세우고 경교 승려 21인을 두라'"(pp.105-106).

5부

참된 회심

기독교는 종교의 하나가 아니라 모든 사람이 관련된 창조 질서다. 그래서 기독교가 좋다고 하는 건 세상 사람들에게도 좋다. 그런데 이것이 전도의 걸림돌이다. 타락 질서에 익숙해진 이들은 애써 좋은 걸 마다한다. 회심을 권유하는 전도는 세속적인 삶의 방식을 창조 질서의 본래 자리로 되돌리라는 의미 있는 초청이다.

1
구원받는 회심의 사건:
즉각적인가, 점진적인가?

《온전한 회심 그 7가지 얼굴》(고든 스미스, 도서출판CUP)

"황금이 없는 사람도 황금을 사랑할 수는 있다.
그러나 하나님이 없는 사람은 하나님을 사랑할 수 없다." 어거스틴의 말이다.
거듭남의 증거를 확인하는 리트머스 페이퍼에는 사랑이 반짝인다.
자연인은 성령의 역사 없이는 하나님을 진심으로 사랑할 수 없다.
하나님을 알고자 하는 마음이 있는 사람이 결국 하나님을 사랑하게 된다.

한국의 대표적인 연예 기획사 JYP의 가수 박진영 씨가 '구원 간증문'을 공개해 교계 안팎에 큰 화제를 불러모았다. 간증문에서 그는 즉각적인 한 번의 영적 깨달음으로 구원을 받은 것처럼 표현하고, 한 번 말씀을 깨달아 믿어지는 경험을 하고 나면 다시는 지옥에 갈 수 없다고 말한다. 그가 실제로 구원파와 관련이 있는지 없는지는 그리 중요하지 않다. 그가 공개한 간증의 내용이 구원파적 구원관을 그대로 내포하고 있다는 팩트가 중요하다.

영향력 있는 한 대중문화계 인사의 간증문이 우리 교계와 사회에 기독교의 참된 회심이란 무엇인지에 대한 물음을 던지고 있는 때에, 온전한 회심의 문제만을 집중적으로 다룬 이 책은 여러 모로 균형 잡힌 신학적, 실천적 나침반이 되어 줄 만하다. 기독교의 회심이 무엇인지에 대한 정의부터 성경적인 회심의 핵심 요소 일곱 가지에 대해 조목조목 설명하고 있어, 성경적 회심을 이해하는 데 유용한 체크 리스트를 제공해 준다. 이 책의 요지를 얼개로 삼아, 이 장에서는 가수 박진영 씨의 구원 간증문에 나타난 회심에 대한 현대 개신교의 가장 대표적인 오해 하나를 성경적으로 풀어 보고자 한다.

말씀에 대한 영적 깨달음이 구원의 전부인가?

"2017년 4월 27일 밤 10시. 히브리서 10장 10절을 읽다가 신기한 일이 일어났다. '이 뜻을 좇아 예수 그리스도의 몸을 단번에 드리심으로 말미암아 우리가 거룩함을 얻었노라.' 수십 번 읽었던 구절인데 '우리'라는 말속에 내가 들어 있다는 것을 처음 알았다. 아니 그전에도 논리적으로는 알지만 마음에서 처음으로 사실로 느껴졌다."

박진영 씨는 자신의 엔터테인먼트 사업에 지독한 운이 따라 줘서 성공할 수 있었다는 생각에 그러한 운을 주관하는 신이 있을 거라고 가정한다. 그래서 신을 어디서 만날 수 있는지 찾다가 기독교의 성경만이 창조자가 이 세상을 어떻게, 왜 만들었는지 명시적으로 밝히고 있다는 걸 발견하고 성경이 진실한가에 대해 탐구해 나갔다. 성경에 하나라도 틀린 예언이 있다면 가짜일 거라는 전제 아래 예루살렘에서 두 달을 보내면서까지 성경의 허점을 찾았지만 실패했다. 한국으로 돌아온 후 얼마 지나지 않아, 성경을 읽다가 속죄에 대한 영적 깨달음을 얻게 되었다고 한다. 그 내용은 구원파의 구원 공식과 거의 일치한다.

구원파가 중시하는 속죄의 말씀에 대한 영적 깨달음은 신학적으로 칭의의 단계에 있는 회심의 한 과정이라고 볼 수도 있다. 그러나 이 책의 저자는 회심의 가장 핵심적인 의미를 어떤 믿음 체계나 진술과의 만남이 아니라, 예수 그리스도와의 인격적인 만남이라고 정의한다(p.309). 또한 구원받는 믿음의 사건, 곧 회심은 즉각적인 경우도 있지만, "대다수 사람들이 장기간에 걸친 일련의 사건들을 통하여 그리스도를 믿는 믿음으로 나아온다"(p.63)고 말한다. 즉각적인 체험이나 깨달음을 얻게 되는 경우라도 그것은 구원의 여정의 출발점에 지나지 않는다고 강조한다.

"회심의 목표는 단순히 죄의 결과인 지옥이나 정죄나 징벌로부터 벗어나는 것에 있지 않다. 회심의 결과로 죄책감과 속박과 소외에서 벗어나게 되는 것은 틀림없는 사실이지만, 회심의 목표는 죄로 말미암아 곤경에 빠진 상황에서 벗어나게 하는 것이 아니라 변화된 사람으로 자라게 하는 것이다"(p. 44).

그러나 그동안 한국 교회뿐만 아니라 복음주의 개신교 역시 이 칭의 단계의 회심이 구원의 전부인 양 오해해 온 것은 사실이다. 저자는 예수님 안에서 얻는 칭의와 수용과 용서의 기초를 경시한 채 율법주의나 행위에 따른 칭의로만 구원의 공식을 맞춰 온 가톨릭의 구원관을 비판하면서, 개신교도 실제로는 비슷한 오해를 해 왔다고 말한다.

"복음주의 전통에서도 칭의를 인정하지만, 역설적이게도 멋진 출발점이기보다는 최종적인 목적으로서 칭의를 인정하였다. 복음주의자들은 명시적으로든 암시적으로든 진정한 변화의 필요성을 거부해 왔다. 두 전통과는 아주 다르게, 구원에는 칭의와 성화가 둘 다 포함되어 있다"(p. 47).

저자는 또한 '회심한다'는 말이 '구원받는다'는 말로 동일시되면서 복음주의 전통 안에 있는 사람들을 넘어지게 만들었다고 진단한다. 그러면서 구원의 궁극적 완성은 불가피하게 미래에 일어난다고 말한다. "회심을 언급하기 위하여 '구원하다'라는 말을 오로지 과거 시제로만 사용하는 것은 구원에 대한 성경의 개념을 교묘하게 약화시킬 뿐만 아니라 회심의 전체적인 의미를 적절히 받아들이지 않는 행위다"(p. 49).

죄 사함을 깨닫고 나면 지옥 가고 싶어도 못 가는가?

가수 박진영 씨는 자신의 간증문에서, "난 이제 백보좌 심판(계 20:12)에 가지 않기에 지옥에 가지 않는다. 아니 갈 수가 없다"고 말한다. 속죄의 객관적 사실을 깨닫고 단번에 죄를 다 용서받았기 때문에 자신은 이제 지옥에 가고 싶어도 갈 수 없다는 뉘앙스다. 인류의 죄를 용서하기 위한 예수님의 역사적 죽으심과 부활이 단번에 이뤄졌다는 진리를 지극히 개인적으로 적용해서 '단번의 회심'을 구원의 유일무이한 효력으로 삼으려는 구원파적 구원관이 이 대목에서도 여실히 드러난다. 저자는 이러한 오해에 대해서도 답이 될 만한 말을 전한다.

"사람들은 끊임없이, 회심은 우리의 죄를 깨끗이 용서받는 경험이라고 말한다. 회심을 통해 과거와 현재와 미래의 모든 죄가 용서받는다는 것이다. 십자가에서 우리 죄가 모두 용서받았다는 사실을 분명히 경축해야 하지만, 우리 과거의 죄가 용서받았으며, 이제 우리의 전 존재가 죄에 맞설 수 있도록 온전히 변화되었다고 말하는 게 아마 가장 정확할 것이다. 우리는 미래에 죄를 지을 것이다. 그래서 자기 죄를 깨달았을 때, 이미 우리 죄가 모두 용서를 받았기 때문에 고백이 꼭 필요한 것은 아니라고 생각해서는 안 된다. 그것보다는 우리 존재가 죄와 맞서도록 변화되었기 때문에 고백을 통해서라야 이와 같은 기본적인 정신 자세와 마음 자세로 돌아가게 된다는 인식이 훨씬 더 중요하다"(pp. 314-315).

저자가 이 책에서 인용한 존 웨슬리의 말은 구원파의 즉각적인 회심에 대한 강조를 무색케 한다. "우리는 어떤 사람이 어느 장소에서든 단 한 번의 동일한 순간에 죄악의 용서와 성령의 지속적인 증거와 새롭게 깨끗한 마음을 받았다는 사례를 알지 못한다"(p. 169).

예수님과의 올바르고도 지속적인 관계를 중시하는 성경적인 회심관은 자연스럽게 지정의의 요소를 골고루 중시하게 된다. 저자는 이 책에서 온전한 회심의 일곱 가지 얼굴로 믿음(지적 요소), 회개(참회의 요소), 신뢰와 용서에 대한 확신(정서적 또는 감정적 요소), 결단과 충성과 헌신(의지적 요소)을 내적 요소로 분류하고, 물세례(성례적 요소), 성령을 선물로 받음(은사적 요소), 그리스도인 공동체의 일원이 되는 것(공동체적 요소)을 외적 요소로 구분해서 제시한다.

저자는 이러한 회심의 일곱 가지 요소들은 서로 뚜렷하게 구분되지만 따로 떼어 놓을 수 없고 서로 강화시켜 주며, 어떤 경우에는 한 가지 요소가 한 사람으로 하여금 다른 요소의 필요성에 직면해서 그 가능성을 열어 놓을 수 있도록 돕는다고 말한다(p.271). 특히 성경에서는 상황에 따라 서로 다른 차원의 회심 요소가 전체를 요약하기 위해 사용되는 경우가 많다고 지적한다(p.273). 따라서 특정 구절만을 들어 성경적인 회심의 전체 그림을 축소해서 이해하거나 제시하려는 태도는 지양하는 게 좋다.

"진실한 감정을 곁들이지 못한 회심은 결과적으로 지적인 부분과 윤리적인 부분도 방해할 것이다. 순종을 배우고 실행하지 못한다면, 결과적으로 우리의 이해 영역에도 피해를 줄 것이다. 공동체와 연결되는 부분이 부족하다면, 결과적으로 공동체에서 맛보는, 생명력 넘치도록 우리를 지키시는 은혜를 마음껏 누리지 못하게 될 것이다. 감정이 새로워지지 않은 도덕적인 변화는 일반적으로 엄격한 율법주의와 편협함 또는 다른 사람들에 대한 인내심의 부족을 초래한다. 오로지 지적이기만 한, 그래서 일차원적인 회심은 사색적인 사람들을 만들어 낼 뿐이다"(pp. 276-277).

회심을 일회성의 과거사로만 여길 수 없는 이유

목회 현장에서 새로운 신자와 관계를 맺기 시작할 때, 목회자들은 그의 내면에 건전한 회심의 기초가 세워졌는지, 무엇이 결여되고 무엇을 충당해야 하는지를 점검해 볼 필요가 있다. 온전한 회심의 일곱 가지 요소 가운데 하나라도 보충되지 않거나 제대로 작동하지 않으면, 그 사람은 영적인 불구사로 자랄 것이기 때문이다(p. 277). 따라서 모든 회심의 과정들이 교회 공동체를 통해 점진적이고도 상호 보완적으로 이뤄지게 하는 총체적인 관점의 목회 전략이 요구된다.

이 과정에서 지성적으로는 생각을 변화시켜 세계관의 철저한 기독교화가 이뤄져야 하고, 죄를 자각하고 거기서 돌이켜 전적으로 예수님에게로 향하는 회개, 자신이 하나님에게 사랑받고 있다는 용서의 확신 가운데 감정적으로 기쁨의 경험을 촉진하며 내면의 가장 깊은 소망을 하나님에게 두는 삶의 근본적인 방향 전환, 충성의 대상을 바꾸어 하나님 사랑과 이웃 사랑을 실천하는 일상의 삶에서도 하나님만 전적으로 신뢰하는 참된 제자도로서의 믿음이 강조되어야 한다(pp. 297-336).

이러한 온전한 회심의 일곱 가지 요소들은 어거스틴이나 로욜라, 존 웨슬리, 도로시 데이와 같은 영적 거장들의 장기간에 걸친 회심의 여정이 담긴 이 책의 전반부에도 암시되고, 저자가 신약의 요한복음과 사도행전, 바울 서신에 나타나는 회심의 요소들을 찾아내는 데서도 예시된다. 교회사적으로는 행함을 강조한 베네딕트 수도회의 전통과 즉각적 구원을 강조한 개혁주의 전통 그리고 성령 세례에 의한 변화를 강조한 성결-오순절 전통을 소개하면서 성경적인 회심의 요소들을 추적했다. 저자는, 이 모든 요소들은 회심의 목표를 점진적인 영적 변화와 성숙에 둘 때 성경적으로 온전하게 통합될 수 있다고 보았다(p. 155).

"'개혁주의' 전통은 회심을 과거 시제인 단번의 경험으로 본다"(p. 152)고 지적하는 저자는 이 전통이 하나님의 사랑과 수용에 대한 명백한 인정이라는 장점을 가진 반면, 영적인 생명력과 성숙을 너무나 당연한 것으로 여긴 단점이 있다고 말한다. "로마 가톨릭 기독교가 항상 행위로 의롭게 되는 것의 위협과 싸워 왔다면, 개혁주의 개신교는 언제나 값싼 은혜의 문제와 씨름해 왔다. 대다수 그리스도인들은 아닐지라도, 수많은 사람들의 경우 하나님의 사랑과 수용이 자동적으로 인격적인 변화로 이어지지 않는다"(p. 153).

단순하고 결정적인 회심만 강조하다 보면 반복적이고 일상적인 것들과 성숙의 과정을 무시하기 쉽다는 사실은 미국의 신앙 부흥 운동에서 얻어야 할 역사적 교훈이기도 하다(p. 176). 저자는 미국의 부흥사 찰스 피니가 회심의 첫 단계를 각 사람이 의지적 결단에 따라 제단 초청(Altar Call)에 응하는 정도만으로도 인정해 주는 대신 그 이후의 성화 과정에서 철저히 말씀에 순종하는 삶을 강조한 사례도 소개하는데, 복음주의 개신교는 찰스 피니의 '회심 패키지'를 절반만 받아들여 회심의 첫 단계를 제단 초청이나 영접 기도 정도로 손쉽게 채택한 반면, 그 이후 철저한 성화의 삶은 찰스 피니가 중시한 만큼 강조하지 않은 부분을 맹점으로 꼽았다(p. 182).

한국의 개혁주의 개신교는 칭의와 더불어 말씀에 대한 순종과 성화의 삶을 철저하게 강조한 칼빈의 가르침보다는, 성화를 단순히 칭의의 자연스런 결과라고 본 루터의 종교 개혁적 전통을 더 따랐던 듯싶다. 루터에게 구원은 오직 믿음으로 말미암은 칭의의 결과였기 때문에, 성화는 구원에 포함된 두 번째 요소가 아니었다. 이것이 바로 영적인 성장을 꼭 이뤄 가야 한다는 생각, 즉 칭의에다 무언가를 '덧붙여야' 한다는 생각에 루터교인들이 불편한 반응을 보였던 이유인데(p.167), 구원파의 즉각적인 회심관의 영향에 노출되었던 한국 교회 역시 이와 비슷한 반응을 보여 왔다.

물론 말씀에 대한 단번의 영석 깨달음도 회심의 한 단계에 속할 수 있다. 그러나 개별적인 자기 체험에 기반을 두고 그것만이 구원의 전부라고 절대시하면서 각자의 기질과 경험에 따라 다양한 경로로 찾아와 주시는 하나님과의 만남, 회개와 인격적인 결단을 통해 예수님을 구주와 주님으로 영접하고 그분과의 올바른 관계를 중심에 두는 점진적인 과정으로서의 전인적인 회심을 무시한다면, 전반적으로 왜곡된 구원관을 낳을 수 있다.

복음 전도는 "다른 사람들을 권면하여 자신들의 삶 가운데 일하시는 성령의 역사에 반응하도록 돕는 것"(p.433)이기도 하다. 그래서 전도의 단계에서도 시간을 두고 인내하며 기다려 주는 가운데, 교회 공동체에 참여하는 멤버들에게 때마다 그들이 가진 오해를 풀어 주면서 지속적으로 복음을 선포하는 과정 중심의 변증 전도가 회심 전도에 필수적이다.

- **더 깊은 탐구를 위한 연관 질문**

1. 회심의 목표가 단순히 죄의 결과인 지옥이나 정죄나 징벌로부터 벗어나는 데 있기보다 변화된 사람으로 자라게 하는 데 있다면, 단회적이고도 특별한 회심에 집착할 이유가 있는가? 점진적인 회심은 단회적인 회심과 어떻게 다른가?

2. 회심과 관련해서 즉각적인 체험이나 깨달음을 얻게 되는 경우라도 그것은 구원의 여정의 출발점에 지나지 않는다는 주장은 성경적이라고 보는가? 예수님과의 인격적인 만남이 회심의 핵심적인 의미라면, 회심 이후 성숙의 과정에서 어떤 요소가 가장 중시되어야 하는가?

: 더 깊은 탐구를 위한 관련 도서 :

• 《회심의 변질》(알렌 크라이더, 대장간)

초기 기독교가 성경적 전통을 이어받아 진정한 회심을 심리적 변화나 개인적 경험만이 아닌 신자의 삶의 총체적 변화, 곧 신념과 행동과 소속의 변화로 여겼다는 사실에서 출발해, 4세기 콘스탄티누스의 기독교 공인 이래 이러한 회심관이 어떻게 변질되었는지를 논증한 책. 공동체적인 삶이 녹아든 회심이 어떻게 '구원의 확신'과 같은 내면세계나 개인의 윤리로만 축소되어 왔는지를 보여 준다.

"신념, 소속, 행동의 변화를 중시했던 초대 교회의 회신은 4세기와 5세기에 들어 신념을 강조하는 대신 행동에 대한 가르침은 위축시키는 것으로 변질되었다. 4세기 말엽 어거스틴의 회심으로 심리적 경험이 중시되는 변질이 일어났다. 어거스틴 이전의 초대 교회 성도는 올바른 신념을 강조했고, 경험이나 내면세계에 대한 기록은 남기지 않았다. 그들에게 진리로의 통찰은 실천적 참여에서 나오고 배움은 행위의 산물이었다"(pp.193-194).

• 《신약이 말하는 회심》(리처드 V. 피스, 좋은씨앗)

바울의 다메섹 경험은 회심이 아니라 천상의 예수님으로부터 사도로 부르심 받은 특별한 사건이어서 보편적인 회심의 유형으로 볼 수 없는 반면, 제자들이 예수님을 알아 가면서 경험한 점진적 회심은 성경적인 회심으로 볼 수 있다. 이러한 비교를 통해 과정 중심의 회심과 전도 패러다임의 필요성을 강조한 책.

"신비 경험과 회심 경험은 서로 다르다. 회심은 깨달음에서 시작된다. 회심은 하나님과 자신의 관계를 점검하고 어떤 식으로든 교정할 필요를 느낄 때 일어난다. 옛길에서 돌아서고 싶은 욕구, 하나님의 뜻에 따라 새로운 길을 가야 한다는 자각이 움튼다. 반면 신비 경험은 그저 경험일 뿐이다. 자신과 하나님의 관계에서 어떤 사실도 안 드러난다. 회심은 깨달음과 돌아섬으로 바른 방향으로 인도된다. 그러나 새로운 길을 적극적으로 따를 때까지는 돌아섬이 완결되었다고 보지 않는다"(p.118).

2
한 번 믿기만 하면 영원한 구원인가?

《칭의란 무엇인가》(최갑종, 새물결플러스)

하나님에 대한 사랑과 믿음에는
하나님의 형상인 지성, 감정, 의지의 요소가 모두 필요하다.
지식의 단계에 머물거나 친밀한 감정까지에만 이르고
의지적인 순종으로는 못 나아가는 경우가 많은데,
순종이 없으면 교회를 오래 다녀도 하나님을 잘 모르는 신자로 살아가기 쉽다.
순종을 통해 하나님을 알아 갈 때, 지성과 감정도 믿음에 유용하다.

"교리 자체가 악을 키워요. 아무리 죄지어도 교회 가면 죄가 없어진다니 열나게 악행하고 주말에 교회 가서 회개하고 다음 주에 또 악행하고…. 신자 중에 나쁜 놈들이 많은 이유이기도 하죠." 그리스도인의 비윤리적 범죄에 대한 기사에 달린 악플이다. 이런 사회 분위기를 민감하게 여긴 고(故) 옥한흠 목사는 한국 교회 대부흥 100주년 기념 대회 설교에서 이렇게 말했다. "청중은 원래 귀에 듣기 좋은 말씀을 선호하는 경향이 있습니다. 믿기만 하면 구원받는다고 하면 모두가 '아멘' 합니다. 그러나 행함이 따르지 않는 믿음은 거짓 믿음이요, 구원도 확신할 수 없다고 하면 얼굴이 금방 굳어져 버립니다."

지금 한국 교회 안에는 믿음만으로의 구원을 말하면 '값싼 구원론', 행함을 중시하면 '행위 구원론'이란 말로 서로 비판의 칼날을 세우는 이신칭의 논쟁이 한창 진행 중이다. 물론 성경은 값싼 구원론도, 행위 구원론도 가르치지 않는다. 그런데도 양측의 주장을 들여다보면 어쩔 수 없이 한쪽은 값싼 구원론, 다른 한쪽은 행위 구원론처럼 비친다. 이 문제를 해결하려면 일단 특정 교리주의나 신학적 전통이나 편견을 뛰어넘어 성경 그 자체로 돌아가는 수밖에 없다.

값싼 구원론과 행위 구원론의 대리전

1980년대부터 세계 복음주의 신학계에 종교 개혁기의 이신칭의론을 문제 삼은 일군의 신약학자들이 등장했다. E. P. 샌더스와 제임스 던, 톰 라이트를 주축으로 한 '바울의 새 관점' 학파다. 이들은 예수님과 바울 당대의 유대교는 행위를 통해 구원을 추구하는 공로주의나 율법주의 종교가 아니었다고 말한다. 하나님의 언약적 선택과 은혜를 먼저 강조하고, 율법을 이미 하나님의 백성이 된 자들이 자신들의 신분을 계속 유지하기 위한 수단으로 받아들인 '언약적 율법주의'를 표방했다는 것이다. 따라서 바울은 구원론보다는 어떻게 이방인들이 하나님의 언약 백성인 유대인들과 함께 동등한 언약 백성이 될 수 있는가에 초점을 둔 교회론 또는 선교론 차원에서 이신칭의를 주창했다고 본다.

특히 톰 라이트는 16세기 종교 개혁자들에 의해 믿음만이 주로 강조된 치우친 구원론적 칭의론을 1세기의 정황에 부합하는 교회론적 칭의론으로 보완해 신학적 균형을 잡고자 했다. 그래서 누가, 어떻게 하나님으로부터 죄를 용서받고 의롭다는 법정적 선언을 받느냐는 구원론적 관점 못지않게, 누가 하나님의 언약 백성에 속해 있는지를 중시하는 교회론적 관점의 칭의론을 강조하고자 했다. 그러나 이 과정에서 새 관점 학파가 가장 크게 비판받은 신학적 문제점은 이중칭의론이다. 신자의 초기 칭의는 믿음으로 주어지지만, 최종적인 심판 자리에서의 칭의는 신자가 성령을 따라 순종한 모든 삶의 여정에 상응해서 주어진다는 칭의론이다.

이 책은 이러한 새 관점이 표방하는 칭의론의 장단점을 비판적으로 검토하고, 균형 잡힌 구원론을 성경 신학적으로 재정립하고자 했다. 새 관점에 대한 비판이 주조를 이루지만, 그 관점이 전통적 칭의론이 간과해 온 부분들을 성경적으로 재조명한 공로는 인정한다. 결론적으로 저자는, 값싼 구원론으로 오해받는 전통적 칭의론과 행위 구원론으로 취급받는 새 관점적 칭의론의 장점들을 문맥에 맞게 포괄하는 양시론적 입장이 성경적 칭의론에 가깝다고 주장한다.

"바울 서신에서 신자의 행위와 영생/구원을 연결시키는 본문은 주로 신자가 이 세상에서 어떻게 살아야 할 것인가를 강조하고 권면하는 문맥 가운데서 자주 나타난다. 반면 신자의 행위와 의/구원을 분리시키는 본문은 주로 사람이 어떻게 구원받을 수 있는가를 강조하는 문맥에서 자주 나타난다. 만일 우리가 신자의 삶을 강조하는 본문을 믿음과 은혜에 의한 구원을 말하는 본문에 비추어 이해할 경우, 그 본문이 갖고 있는 명령법적 힘은 소멸된다. 그 반대의 경우도 마찬가지다"(pp. 19-20).

저자는 성경에 동시에 등장하는 양자의 입장을 섣불리 모순된 것으로 단정하거나 어느 한쪽의 신학적 입장에 따라 억지로 조화시키려 하기 이전에, 성경 본문의 문맥에서 기자의 진짜 의도와 강조점을 찾는 데 주력해야 한다고 주장한다. 바울의 서신들은 진공 상태에서 쓰인 무시간적인 신학 논문이 아니라, 특수한 역사적 정황에 처해 있는 교회 공동체를 고려해서 그들의 정황에 합당한 메시지를 설파하는 '목회적 서신'이었기 때문이다(p. 20).

■ 이신칭의 논쟁의 주된 이슈 세 가지

저자는 이 책에서 바울의 새 관점 학파가 주장해 온 칭의의 기원과 내용, 칭의와 성화의 관계, 칭의의 수단, 전가 교리, 칭의와 행위 심판의 연관성에 대해 소개하며, 각 주장의 정당성에 대해 성경신학적으로 조목조목 비판하고 종합해 낸다. 이러한 주제들 가운데 현재 한국 교회의 이신칭의 논쟁이 주목할 만한 이슈는 크게 세 가지라고 볼 수 있다. 그 부분에 대한 저자의 핵심적인 대답을 요약해 본다.

첫째, 칭의는 무엇이며, 그 신학적 근거는 어디에 있는가?
신자가 예수님을 믿고 그와 연합할 때 하나님이 그들의 속죄를 위해 그들의 죄를 예수님에게 전가하시는 것처럼, 그들의 의를 위해 예수님의 의를 그들에게 전가시키신다. 칭의는 인간의 법적인 신분과 새로운 상태에 대한 선언에만 국한되지 않고, 하나님이 성령을 통해 그의 존재를 새로운 피조물이 되게 만드시는 신적인 구원 행위까지를 포함한다. 성령을 통한 칭의로 인해 하나님과의 화목한 관계와 교제가 회복되며, 그에 따라 하나님의 백성의 신분과 삶의 스타일이 결정된다.

둘째, 칭의와 성화는 서로 구분될 수 없는 하나인가, 둘인가?
바울에게 의와 칭의는 이미 주어지고 이루어진 과거적 사건인 동시에 지금 여기서 계속해서 주어지는 현재적 사건이며(롬 3:22-28; 갈 2:16), 장차 주어질 미래적 사건이기도 하다(롬 2:13, 3:30; 갈 5:5; 딤후 4:8).

또한 바울은 성화도 칭의처럼 과거, 현재 시제로 사용하고, 칭의처럼 종말론적으로 사용한다. 고린도교회 성도들은 그리스도의 이름과 성령 안에서 이미 의롭다 하심을 받은 것처럼 거룩함을 받았다(고전 6:11). 또한 교회는 그리스도 예수 안에서 계속해서 거룩해진다(고전 1:2).

바울은 성화를 뜻하는 '중생의 씻음'과 '성령의 새롭게 하심'을 '의롭다 하심'보다 먼저 말하면서(딛 3:4-7), 성화가 중생 후에 뒤따라 주어지는 것으로 이해하기보다는 동일한 구원의 다른 표현임을 암시하기도 한다.

또한 바울은 구원이 이미 주어졌음을(고전 1:21; 엡 2:8) 강조하고 있을 뿐 아니라, 지금 여기서 구원이 계속 주어지고 있고(롬 10:10; 고전 1:18, 15:2; 고후 2:15), 또한 미래에 받게 될 것이라고도 말한다(롬 5:9, 10:13, 13:11; 고전 3:15; 고후 1:6; 빌 1:19; 딤전 2:15, 4:16; 딤후 4:18).

종교 개혁 시내에는 가톨릭이 칭의와 성화를 동일시하는 바람에 공로주의가 득세했다. 그리스도의 십자가 사건의 유일성이 훼손되는 당시로서는 부분적으로 성경의 지지를 받는 칭의와 성화를 구분하는 작업이 필요했다. 그러나 이러한 종교 개혁 신학을 오해 또는 오도해서 기독교 복음을 윤리 없는 값싼 복음, 십자가 없는 값싼 은혜로 만들고, 신앙과 삶, 신학과 윤리를 나누어 교회의 비윤리성과 부패를 방조하는 오늘날의 상황에서는 성경의 또 다른 측면의 지지를 받는 칭의와 성화를 동일시하는 가르침이 절실히 필요하게 되었다.

셋째, 신자에게 선행이 없는 경우, 최종적인 칭의로부터 탈락할 수도 있는가?

바울은 자신의 서신 곳곳에서 믿음에 의한 구원 및 성도의 견인과 구원의 확실성을 강조한다. 그러나 그는 그것 때문에 행위에 따른 하나님의 최종적인 심판 사상을 배제하거나 축소하지 않는다(롬 2:6-11, 14:10; 고전 3:13; 고후 5:10). 바울은 행함의 유무에 따라 단순히 상급의 유무가 아니라 최후 심판에서 두 종류의 결과, 곧 영벌의 심판과 영생의 축복이 나뉜다고 경고한다. 그래서 "항상 복종하여 두렵고 떨림으로 너희 구원을 이루라"(빌 2:12)고 명령하며, 이런 경고는 행함이 없는 신자들에 대해 최종적으로 심판을 선언하시는 예수님의 경고(마 5:20, 7:21)와도 일치한다.

바울은 이신칭의를 강조하는 로마서나 갈라디아서에서조차 행함이 단순히 믿음의 열매나 결과가 아니라, 믿음의 필수적 요소임을 강조한다. 그는 로마서의 서문과 결언에서, 복음이 가져오는 것은 단순히 믿음이 아니라 '믿음의 순종'(롬 1:5, 16:26)이라고 말한다. 또한 갈라디아서에서도 그는, "그리스도 예수 안에서는 할례나 무할례나 효력이 없으되 사랑으로써 역사하는 믿음뿐이니라"(갈 5:6)라고 말한다. 여기서 '사랑으로써 역사하는 믿음'은, 의와 구원을 가져오는 참된 믿음은 반드시 사랑의 행함을 동반해야 한다는 것을 의미한다. 바울에게 있어 칭의의 수단인 예수 그리스도에 대한 인간의 믿음과 순종은 칭의와 성화가 서로 분리될 수 없는 것처럼 불가분의 관계를 맺는다.

그러나 우리가 아무리 우리의 선행과 삶을 강조한다 할지라도, 그것이 우리 안에서 역사하시는 성령의 사역임을 강조한다 할지라도 그리고 그것이 특정한 성경 본문에 의해 뒷받침된다 할지라도, 새 관점 학파가 주장하는 것처럼 마치 성경 전체 혹은 사도 바울이 현재의 칭의는 예수 그리스도에 대한 믿음으로 값없이 주어지지만 최종적인 심판을 거쳐 주어지는 미래의 칭의는 선행에 따라 주어지는 것처럼 가르치고 있다고 도식화할 순 없다. 이것을 도식화한다는 것은 또 하나의 교리를 만들어 성경의 다른 교훈을 약화시킬 수 있기 때문이다.

◾ 경직된 교리주의를 넘어서야 한다

구원의 필수 요소인 믿음과 행함, 양자에 대한 극단적이고도 편향된 강조는 지양하되 목회적 필요에 따라 지혜롭게 둘 다룰 있는 그대로 가르쳐야 하며, 지금은 시대적으로 행함 있는 믿음을 더 강조해야 할 때라는 저자의 결론은 타당해 보인다. 한국에선 신학자로 이 책의 저자 외에 김세윤, 권연경, 이민규 교수, 목회자로 고(故) 옥한흠 목사 외에 정주채, 유기성, 이문식, 김형국 목사 등이 이 부분에서 목회적 균형이 필요하다고 말해 왔다.

고전적인 인물로는 존 웨슬리, 조나단 에드워즈, J. C. 라일, 아더 핑크, 에이든 토저, C. S. 루이스, 키에르케고어를 들 수 있고, 예수님을 칭의를 위한 구주로서뿐만 아니라 성화를 위한 주님으로도 믿어야 참된 구원이라고 가르치는 주재권 구원(lordship salvation) 계열의 존 스토트, 마틴 로이드 존스, 제임스 패커, 존 맥아더, 존 파이퍼, R. C. 스프로울 등은 개혁주의 입장에서 행함 있는 믿음의 중요성을 역설했다.

이제 교회의 복음 전도는 믿음 이후 양육 전도까지를 포괄하는 변증 전도로 확대, 보충되어야 한다. 전도의 초기에는 믿음의 결단을 강조하되, 이후 신앙생활에서는 신실한 순종의 삶을 중시하도록 말씀으로 양육하고 훈련시켜야 한다. 성경은 한 번 믿기만 하면 영원한 구원이라고 말하지 않는다. 육신대로 살면 반드시 죽는다거나(롬 8:13), 육체를 위해 심는 자는 썩어질 것을 거둔다(갈 6:8)는 말씀은 모두 신자들에게 주신 경고다.

단순히 '믿음 이후 순종의 열매가 없는 자는 처음부터 신자가 아니었다'는 식의 논리는 얼마나 성화되어야 처음 믿음의 진정성이 확인되느냐를 잴 수 없다는 이유로 인해 하나님의 말씀을 특정 교리주의에 억지로 가두거나 꿰맞추려 한다는 혐의를 벗기 어렵다. 파스칼의 그 유명한 '내기'만 생각해도 목회적으로 어느 가르침이 더 안전할지는 명백하다.

행함 있는 믿음은 신자들에게 두려움을 주려는 가르침이 아니다. 얼마나 순종해야 구원의 커트라인 안에 드느냐를 따지려는 가르침도 아니다. 천국은 무슨 자격을 따야 가는 곳이 아니라, 예수님과 함께 있는 삶에 익숙해지는 것 자체다. 그래서 구원은 주를 향한 지속적인 믿음과 순종의 삶의 방향이며, 주님과의 인격적인 교제의 관계로 기쁨과 평안을 누리는 것이다. 그리고 어떤 상황에서도 구원의 약속을 주신 하나님에게 전적으로 의탁하는 믿음의 능력이 날로 더해지는 것이다. 이것이 곧 구원의 자연스런 증거다.

이 믿음의 여정은 성령의 인도하심의 은혜와 능력으로만 이뤄지기 때문에, 참된 회개의 삶에 익숙지 않은 육신적인 신자들에게는 쉽지 않은 길이다. 그래서 신구약 성경은 일관되게 적은 수의 남은 자들만이 구원을 받는 좁은 문을 제시하며(눅 13:23-24), "의인이 겨우 구원을 받으면 경건하지 아니한 자와 죄인은 어디에 서리요"(벧전 4:18)라는 말씀으로 값싸고 쉽기만 한 구원론에 줄곧 묵직한 경종을 울린다. "믿음의 선한 싸움을 싸우는 그리스도인들만이 영생을 얻는다. 진지함과 간절함이 없이는 생명에 이르는 좁은 길을 끝까지 갈 수 없다. 하나님께 신앙을 고백하면서도 게으른 종들은 악한 종이며 바깥 어두운 데로 쫓겨난다"(조나단 에드워즈,《신앙감정론》[부흥과개혁사 역간]).

• **더 깊은 탐구를 위한 연관 질문**

1. 성경은 값싼 구원론도, 행위 구원론도 다 가르치지 않는데, 왜 지금 한국 교회에서는 두 구원론 간의 이신칭의 논쟁이 활발하게 진행되고 있는가? 성경적인 구원의 진리를 분별하는 과정에 특정 신학적 진영 간의 대립이 개입되어 있다고 보는가?

2. '믿음으로 구원받는다'는 말에서 믿음은 단순히 입술을 통한 고백적 믿음만이 아니라 그 고백에 대한 증거로서 성령의 은혜와 능력에 따른 순종이 통합된 것이라면, 굳이 믿음을 통한 구원을 중시하는 전통적인 교리를 수정할 필요가 있겠는가?

: 더 깊은 탐구를 위한 관련 도서 :

• 《행위 없는 구원?》(권연경, SFC)
'오직 믿음으로 구원을 얻는다'는 종교 개혁자들의 구호를 인정하지만, 이 구호의 핵심인 믿음이 행위를 배제하지 않고 필수적으로 수반한다는 사실을 바울 서신 전반에 대한 섬세한 해석 작업으로 입증해 낸 책. 바울의 '믿음' 구원관은 마태와 야고보의 '행위' 구원관과 상반되는 것이 아니라, 동일한 것이라고 결론짓는다.

"루터의 후예로서 우리는 믿음을 (심리적, 수동적) '신뢰'에 가까운 개념으로 받아들이는 경향이 있지만, 구약과 유대교적 전통에서 믿음은 실제적인 삶의 행보와 분리되지 않는 '신실함'에 가까운 개념이었다. 신약성경 역시 여러 곳에서 이 '믿음'을 '충성' 혹은 '신실함'이라는 의미로 번역한다. 야고보가 아브라함의 '믿음'을 읽는 관점은 바로 이런 것이었다. 곧 아브라함은 하나님께 신실하였고, 그의 이 신실함으로 인해 하나님께 의롭다 하심을 받았다는 것이다"(pp.42-43).

• 《주님 없는 복음》(존 맥아더, 생명의말씀사)
예수님을 구주로만 고백하고 삶의 주님으로 모시고 따르지는 않는, 그리스도의 주재권을 무시하는 신앙에는 참된 구원이 없고, 주님을 옵션으로 두고 '믿기만 하면 된다'는 쉬운 믿음은 성화 없는 칭의, 열매 없는 신앙, 헌신 없는 그리스도인을 양산하는 '주님 없는 복음'이라고 역설한 책.

"예수님은 '내가 너희를 쉬게 하리라' 하시고는 뒤이어 '나의 멍에를 메라'고 하셨다(마 11:28-29). 우리가 믿음으로 들어가는 그 쉼은 아무것도 하지 않는 쉼이 아니다. 구원은 선물이다. 그러나 구원 얻는 믿음은 단순히 그 진리를 이해하고 동의하는 것 이상이다. 귀신들도 그런 종류의 믿음(약 2:19)은 가지고 있었다. 참된 신자의 특징은 구주의 자비하심에 이끌리는 동시에 죄에 속한 삶을 버리는 믿음이다"(pp.65-66).

3
왜 휴일인 일요일에
교회에 가야 하는가?

《성수주일》(김남준, 익투스)

예수님의 지상 명령은 영혼만의 구원이 아니라, 제자를 삼으라는 것이다.
복음은 제자가 세상에서 하나님 나라의 백성으로 사는 것까지 포괄할 만큼 전인적이다.
주일 예배에 성공하고도 말씀에 철저히 순종하는
주 중 삶의 예배에 실패한다면 복음적인 삶이 아니다.
주일성수의 정신은 율법적인 종교 유지가 아니라,
거룩한 예배자의 삶에 중요하다.

요즘 사람들에게 '여가 즐기기'는 쉽게 포기 못할 중대한 삶의 가치다. 과거에는 생계를 해결하고 자기실현의 욕구를 충족시키려고 일에 몰두하는 경향이 컸다. 그러나 지금은 문명 발달의 혜택으로 개인의 여가 시간이 늘어난 만큼 여가에 대한 관심이 높다. 삶의 질은 곧 여가 시간을 얼마나 의미 있게 확보하느냐로 좌우된다는 사회 분위기가 많다.

그래서 요즘 비신자들에게 기독교 신앙에서 중시하는 이른바 '성수주일'은 만만찮은 전도의 걸림돌이다. 하나님을 믿는 것까지는 좋은데 굳이 쉬는 날을 내주면서까지 정기적으로 교회에 나가야 하느냐를 문제 삼는 비신자들이 의외로 많다. "난 하나님은 믿지만 교회는 안 나가!"라거나 "하나님만 믿으면 되지, 꼭 교회 나가야 돼?"라는 반박이 실제로 많다. 하나님을 믿게 되면 삶에 찾아드는 제약 중 가장 가시적인 올무가 교회 출석인 셈이다. 이런 분위기는 기존 신자들에게도 영향을 끼쳐, 주일성수에 대한 개념이 갈수록 더 옅어져 간다.

결국 이 문제는 성수주일이 건강하고도 균형 잡힌 기독교 신앙에 얼마나 중차대한 의미를 갖는 것인가에 대한 논의로 이어진다. 이 책은 지금 한국 교회의 신자들에게 성수주일의 중요성을 알리는 데 초점을 두고 쓰였다. 자연스럽게 비신자들에게도 왜 하나님을 제대로 믿는 신자는 교회 공동체에 정기적으로 참여해야 하는지에 대한 분명한 성경적 기준을 제시한다.

주일성수에 대한 일반적인 오해

저자는 우선 이 책에서, 현재 지역 교회들에서 주일을 대하는 그리스도인들의 성향을 크게 네 가지로 구분한다. 성경과 신학의 기준보다 현실적인 삶의 상황을 우선하는 편의적 자유주의, 그리스도인의 삶 전체를 예배로 보고 특정한 장소나 시간에 구애받지 않으려는 치우친 일원론, 하나님 나라와 세상 나라 사이의 날카로운 대립을 강조하며 주일성수를 그르치게 하는 모든 요인들에 대해 전투적 자세를 취하는 치우친 이원론 그리고 주일을 잘 지키면 반드시 보상이 따른다는 번영 신학의 공식에 충실한 경험적 축복주의다(pp. 15-29).

이런 오해들은 모두 주일성수에 대한 건전한 신학적 이해가 결여된 결과다. 그래서 이 책에는 주일성수와 관련된 대표적인 두 가지 논쟁점, 곧 현재의 일요일을 주일로 지키는 것의 역사적 정당성과 신약의 주일이 구약의 안식일과 갖는 신학적 연속성에 대한 논의가 종교 개혁자들과 청교도들의 견해를 중심으로 비중 있게 다뤄진다.

"초대 교회가 안식일보다 안식 후 첫날을 지키는 일에 더 무게 중심을 두었던 것은 예수 그리스도의 부활이 초대 교회 성도들에게 매우 큰 의미를 지니는 사건이었기 때문이다. 그러므로 오늘날 주일성수의 개념이 흐려지고 있는 것은 그리스도인 안에서 부활의 의미가 퇴색되고 있는 것과 무관하지 않다. 주일성수에 대해 가장 올바른 전통을 세웠다고 평가되는 청교도들도 역사적으로 일요일을 주일로 지키게 된 것에 대해 로마의 태양신 숭배 관습과는 상관이 없고, 오히려 그리스도께서 부활하신 신학적 사실, 그리고 공교회의 역사적 결정과 깊은 관련이 있다고 보았다"(p.38).

신약 시대의 주일이 안식일의 성질과 능력을 그대로 계승하고 있느냐 하는 문제에서 루터나 칼빈 같은 종교 개혁자들은 주일과 안식일의 신학적 불연속성을 강조해 안식일 제도 폐지론을 따랐다. 그러나 청교도들과 조나단 에드워즈, 찰스 핫지 같은 신학자들은 대체로 칼빈의 신학을 물려받으면서도 두 날 사이의 연속성을 강조해 안식일 제도 영속론을 따랐다(p.39).

물론 루터 역시 안식일 제도가 그리스도의 구속과 함께 폐지되었다고 확신했지만, 그것은 안식일을 준수하는 의식적 전통에 대한 것이지, 안식일이 지니는 고유의 영속적인 의미까지 부인한 것은 아니었다. 그는 구약의 안식일 제도 안에서 드러나는 노동으로부터의 육체적인 쉼, 하나님을 경배해야 할 의무, 영원한 안식을 바라본 모상으로서의 지상적 안식일 개념의 신학적 또는 자연법적 계승 같은 것의 중요성을 인정했다(p.41).

칼빈 역시 안식일의 종말론적 의미와 현실적 실천의 필요성을 인정했다. 주일 제도는 거룩한 방식의 삶의 온전한 실천, 세상살이에 대한 사랑과 욕망으로부터의 쉼, 하나님에 대한 자기 봉헌의 실천을 위해 꼭 필요하다고 보았다(p.131). 그러나 종교 개혁자들에게 주일은 구약의 안식일 제도와 상관없이, 한 주간 중 주일을 따로 떼어 놓고 육체와 정신이 6일 동안의 노동에서 해방되어 하나님만을 앙망함으로써 육체의 쉼과 영혼의 안식을 얻게 하는 날이었다(p.124).

이에 비해 청교도들은 주일성수가 종파적 이슈가 아니라, 자연법적 질서 안에서 인류의 행복을 증진시키는 항구적인 법칙이라고 믿었다(p.52). 하나님이 구약의 안식일에 이스라엘 백성을 모든 노동에서 쉬도록 명령하신 데에는 온 인류의 자연법적 질서에 대한 신적 의지가 담겨 있다고 보았고, 안식일에 담긴 인류 복지와 행복에 대한 하나님의 이러한 배려는 신약 시대의 주일에도 계승되어야 한다고 보았다(p.124).

특히 조나단 에드워즈는 구약의 교회가 옛 창조를 기념해야 했던 것처럼, 신약의 교회도 예수님의 부활을 통해 동일하게 새 창조를 기념해야 한다고 주장했다(p.57). 인간이 행위로 구원받는 것은 아니지만, 구원받은 하나님의 백성에게는 마땅히 언약 관계에 충실할 의무가 있다고 본 청교도들의 언약 신학적 입장 또한 주일 엄수주의의 주요 동인이 되었다(p.91).

주일 엄수주의의 역사적 배경과 아디아포라

종교 개혁자들이 안식일 폐기론적인 입장을 취한 이유는, 당시 로마가톨릭이 중세의 미신적 전통을 따라 수많은 성일과 절기를 정해 놓고, 이 날들을 준수하는 것이 행위의 공로로써 구원받는 것과 관련이 있다고 가르쳤기 때문이다. 이들보다 주일 엄수주의에 더 집착했던 청교도들에게는 당시의 시대적 환경이 특별히 더 큰 영향을 끼쳤다. 18세기 산업 혁명을 준비하고 있던 영국의 사회 경제적 상황 속에서 하루에 16시간씩 쉬는 날 없이 일했던 당시 노동자들의 복지를 보호하고자 하는 의

도도 있었지만(p.61), 무엇보다 청교도들에 대한 제임스 1세의 정치적 핍박이 결정적인 원인이었다.

1618년, 제임스 1세는 '스포츠 선언'이라는 칙령을 공포했는데, 이 선언은 교인들이 주일 오후에 각종 스포츠나 오락을 취미로 행하는 것을 종교적인 이유로 금지시킨 교회의 가르침에 전면적으로 반대하는 것이었다. 그는 피를 흘리는 가학성 스포츠가 아닌 한 교인들이 주일 예배를 마친 후 놀이나 스포츠를 얼마든지 즐겨도 된다고 규정했는데, 여기에는 악기 연주, 댄싱, 뜀뛰기 등이 포함되며, 후일에는 술잔치, 가면무도회 등까지 확대 허용되었다(p.72). 이는 교회 안에 있는 비회심자들과 불경건한 평신도들에게 교회의 거룩한 질서에 합법적으로 도전할 수 있는 길을 열어 주었다(p.74).

이러한 정치, 종교적 상황에서 주일성수에 대해 미온적인 입장을 취하는 것은 당시 청교도들에게는 신앙을 포기하고 정치권력에 영합하는, 거의 배교와 다름없는 행동이었다. 이런 역사적 상황을 겪으며 작성된 웨스트민스터 신앙 고백에는 주일성수에 대한 언급이 많다(pp.75-76).

저자는 당시 주일에 허용된 스포츠나 놀이들은 오늘날 중립적으로 받아들일 수 있는, 육체의 건강을 증진하고 심신을 휴식하게 해 주는 레크리에이션이 아니었다는 견해를 밝힌다. 그것들은 마치 일제 강점기에 조선의 백성이 화투나 음주, 놀음에 빠져 살았던 것이 단순한 오락이 아니라 심각한 사회적 병폐였던 것과 비슷한 맥락의 폐해였다고 보았다(p.79). 이로써 당시 스포츠나 놀이를 주일에 금지시켰던 청교도적 전통이 지금도 그대로 경직되게 적용될 필요성은 약하다고 볼 여지를 남겨 두었다.

이것은 칼빈이 주일성수와 관련된 문제의 상당 부분을 아디아포라, 즉 하나님의 말씀에 명백히 규정된 바 없고 종교적으로도 어떤 행동을 규제할 보편타당한 근거가 없는 비교적 대수롭지 않은 것들, 곧 성경에서 명하지도 금하지도 않은 행동들로 도덕적으로도 중립적인 것이어서 때에 따라 작위(作爲)와 부작위(不作爲)가 허용되는 것, 따라서 각자 자신의 양심이 가르치는 바에 따라 자유롭게 행할 수 있는 사항에 속하는 것이라고 본 견해와 맞물린다. 이는 현재의 한국 교회가 주일성수의 구체적인 세부 사항들을 이떻게 정할 것인가 하는 문제에 교리적, 실천적 융통성을 열어 놓는 것이기도 하다.

■ '교회'냐, '교외'냐

자유주의적 방종과 율법적 바리새주의 사이에서 어느 한쪽에 치우치지 않는 균형을 찾는 것이 저자가 이 책에서 제안하는 성수주일의 현실적 대안이다. 저자는 오늘날 한국 교회에 주일성수에 대한 확고한 신학적 확신이 부족하다고 반성하면서, 주일의 성경적이고도 신학적인 의미에 대한 목회자의 정리된 지식과 판단의 부족이라는 문제를 해결하기 위해 적절한 목회적 재교육이 이뤄져야 한다고 진단한다(p.144). 우선 시급한 대안으로는, 안식일과 주일의 신학적 의미를 충분히 되살려 교단적인 합의 가운데 우리 시대에 맞는 성수주일에 대한 실천적인 신앙 고백을 작성해야 할 때라고 제안한다(p.155).

결론적으로, 저자는 주일성수를 강조할 때 '무엇을 하지 말아야 할'

의무만이 아니라 '무엇을 누릴 수 있는지'와 관계된 특권과 축복을 함께 강조해야 한다고 말한다(p.160). 나는 저자의 이러한 제안에서 "하나님만 믿으면 되지, 꼭 교회에 나가야 하나?"라는 물음을 좀 더 좁혀, "왜 하필 다들 노는 일요일에 교회에 나오라고 하나?"라고 묻는 비신자들에게 전해 줄 대답을 얻게 된다.

아담과 하와가 맨 처음 목도한 창조주 하나님의 행위는, 창조 주간의 마지막 날인 일곱째 날을 복 주고 거룩하게 하시며, 안식하는 것이었다. 애초부터 인간은 하나님과 함께 안식하는 것으로 이 땅에서의 그들의 삶을 시작했지만, 타락으로 인해 이 안식이 깨지고 말았다. 예수님이 오셔서 인간을 구원해 주심으로 진정한 안식 또한 회복시켜 주셨는데, 그날이 바로 주일이다.

구약 시대의 안식일 계명을 준수하는 대신, 원리적으로는 그리스도인들도 이 주일을 창조주(출 20:11)와 구원자(신 5:15)가 되시는 하나님을 예배하고 그분 안에서 안식하는 날로 삼는 것이 신앙에 유익하다. 무엇보다 지금 그리스도인들이 주일을 예배드리는 날로 지키는 것은, 하나님 나라의 영원한 안식을 연습하는 복된 행위에 속한다.

더 나아가, 그리스도인들이 예배를 드리는 주일은 일주일의 모든 날이 주의 날이며, 그 모든 날의 일상 가운데 예배자로 살아야 한다는 진리를 매주의 첫날에 특별하게 구별해 드리는 공식적인 공동체 예배를 통해 믿음으로 고백하며 선포하는 날이기도 하다. 그래서 그날만큼은 주 중에 먹고살기 위해 염려하며 일하던 사이클을 잠시 멈추고, 예배를 통해 오히려 쉼을 누리는 연습을 하는 것이다. 이로써 주일은 창조주와 구원자 되시는 하나님이 나를 먹이고 입히시는 분, 곧 내 삶의 주인이시라는 믿음을 적극적으로 고백하는 날이 된다.

　신자들이 장차 들어가 영생을 누리게 될 천국에서는 더 이상 생계를 위해 일하지 않는다. 아담과 하와가 하나님과 함께 안식하는 가운데 에덴동산을 관리하는 일을 감당했던 것과 같다. 예수님을 통해 구원받은 그리스도인들은 지금도 그 영원한 안식을 매일 경험할 수 있다. 천국에서는 하나님과 동행하며 그분의 임재를 맛보는 예배 가운데 일상의 일들 또한 함께 감당하는 온전한 예배자의 삶이 영원히 계속될 것이다.

　현재 지상에서는 신자들이 주 중에도 매일 하나님과 동행하는 가운데 평안을 누리며, 맡겨진 하루하루의 일을 감당하는 삶으로 그 영원한 안식을 표현하고 연습한다. 주일에 공식적으로 교회에 함께 모여 하나님에게 예배드리는 자리는 바로 그러한 안식의 은혜를 매번 새롭게 함께 경험하고 선포하는 자리이기도 하다.

　더구나 사람은 몸이 쉰다고 해서 마음마저 잘 쉴 수 있는 건 아니다. 주일에 교회에 나와 하나님의 말씀을 듣고, 그분을 찬양하고, 이웃 신자들과 함께 기도하며 서로 교제하는 시간을 가질 때 오히려 영혼의 쉼을 누릴 수 있다. 말씀을 통해 일상에서 경험하는 미래에 대한 두려움이나 염려 등을 해소할 수 있고, 삶의 궁극적이고도 영원한 가치에 대해 거듭 재확인하면서 매번 신선한 위로와 격려와 힘을 얻을 수 있다.

　현대인들은 '교회'가 아닌 '교외'에서라도 안식을 주시는 하나님을 간절히 만나고 싶어 한다. 온갖 종류의 여가를 통해 현대인들이 그토록 찾아 누리길 원하는 영혼의 쉼은 모든 사람의 창조주와 구원자가 되시는 예수님만 주실 수 있다. 이 대답이 바로 기독교의 성수주일에 담겨 있다는 진리가 더욱더 담대하게 선포되어야 할 때다.

• **더 깊은 탐구를 위한 연관 질문**

1. 주일성수는 어떤 점에서 신앙생활의 핵심 요소 중 하나라고 할 수 있는가? "하나님만 믿으면 되지, 꼭 다들 쉬는 일요일에 교회까지 나가야 하나?"라고 묻는 이들에게 주일성수의 타당성에 대해 어떻게 대답해 줄 수 있는가?

2. 오늘날 그리스도인들에게 주일성수의 개념이 흐려지고 있는 이유는 그들에게 부활의 의미가 퇴색되고 있기 때문이라는 말의 진정한 의미는 무엇인가? 신자가 매일의 삶에서 부활하신 주님과 동행하는 삶과 성경적인 주일성수의 정신은 어떤 관련이 있는가?

: 더 깊은 탐구를 위한 관련 도서 :

• **《안식》**(아브라함 요수아 헤셸, 복있는사람)

기계적이고도 형식적인 주일성수 이전에 안식일 영성의 존재론적 의미를 이해하고 실천할 수 있도록 구약의 안식일 율법에 담긴 심오한 정신을 일깨워 주는 유대교 신학자의 책. 정기적으로 모든 인간적인 노력을 중지하고 안식함으로, 나와 우주를 있게 하신 분의 숨결에 우리 자신을 맡기고 인생과 우주와 생명에 대한 바른 시각을 회복하는 것을 참된 안식일 영성이라고 보았다.

"자유를 위해 떼어 놓은 한 주의 힌 날, 곧잘 파괴의 무기로 둔갑하는 도구들을 사용하지 않는 날, 자신을 돌아보는 날, 속된 것을 멀리하는 날, 형식적인 의무에서 벗어나는 날, 기술 문명의 우상들을 숭배하지 않는 날, 돈을 쓰지 않는 날, 이익을 얻고자 동료 인간 및 자연 세력과 싸우다가 휴전하는 날, 그날이 바로 안식일이다. 안식일만큼 인간의 진보에 큰 희망을 주는 제도가 있는가?"(p.81).

• **《진실로 회심했는가》**(켄트 필폿, 규장)

회심과 거짓 회심을 분별해 단순히 '교회 다니는 사람'이 아니라 '회심한 사람'으로 살아가도록 참된 회심 여부를 점검할 체크 리스트와 참된 회심의 열매를 제시하고, 거짓 회심이 어떻게 일어나는지, 회심을 경험하는 데 필요한 과정은 무엇인지에 대해 성경적 근거와 실제 사례로 상세하게 안내한 책.

"거짓 회심은 어떻게 일어나는가? 삶의 위기들은 거짓 회심을 낳을 수 있다. 도덕적 삶을 회심으로 착각한다. 영적 체험을 회심으로 착각한다. 종교 단체나 교파에 소속된 것이 곧 회심은 아니다. 기독교 교리를 받아들인 것을 회심한 것으로 착각한다. 특정 단체와 자신을 동일시하는 것이 회심은 아니다. 영접 기도가 회심은 아니다. 예수님을 영접하라는 '영접으로의 초대'를 전통적 방법으로 간주할 경우 회심을 '쉽고 편리한 것'으로 만들어 버리는 잘못을 범할 수 있다"(pp.135-153).

4
교회는 동성애 이슈에 왜 그리 민감한가?

《젠더주의 도전과 기독교 신앙》(김영한, 두란노)

친동성애와 반동성애의 문제는 결국 인본주의적 진화론과
성경적인 창조론이 충돌하는 데서 빚어지는 대결이다.
진화론자들에게는 암수한몸의 단세포 생물보다 더 작은 최초 공통 조상이 사람의 뿌리다.
결혼을 남녀가 아닌 '두 사람'의 결합으로 보는 건 그나마 잘 쳐준 것이다.
그러나 전제가 다를 때는 상식과 인륜이 차선의 기준이다.

서울의 한 대학으로 청년 교우를 심방하러 가는 길에 학내 성소수자 동아리 소속 학생이 써 올린 대자보를 보았다. 대학 신문 칼럼에 실린 '동성애자 혐오 발언'을 사회적 소수자의 인권을 짓밟는 행위라고 문제 삼는 내용이었다. 영국을 비롯한 유럽에 이미 혐오 표현 규제법이 도입되어, 길거리에서 "예수 천당, 불신 지옥!"이라 외치면 위법이란 말을 들어 왔던 터라 낯설진 않았다. 그러나 이제는 한국에서도 '동성애 탄압=인권 탄압' 등식을 보편적인 진리로 받아들이라는 압력이 공공연해지는 듯해 왠지 불편했다. 이 대자보 말미에는 전국 대학의 수십 개 성소수자 모임의 이름이 열거되어 있었고, 그 명단에는 한 보수 신학대의 성소수자 모임도 연대해 있었다.

대학 사회의 이런 분위기는 청소년층에도 퍼지고 있는 듯하다. 여고에 진학한 딸이, "여고에 레즈 많대요"라는 말로 여고에는 레즈비언이 많은 게 당연하다는 듯한 분위기를 전했다. 요즘 유튜브에는 구체적인 '동성애 방법'까지 친절하게 안내해 주는 동영상들이 나돈다. 댓글에는 "오래오래 예쁜 사랑 나누세요" 식의 선플이 대부분이다.

동성 결혼이 합법화된 미국에서는 이제 'he'나 'she'에 더해서 성 중립 인칭 대명사로 'ze'를 사용하자는 분위기에 성 중립 화장실까지 등장했다. 유럽에서는 동성 커플이 대리모로 아이를 얻고, '엄마', '아빠' 호칭이 금지되어 '부모1', '부모2'라 부르며, 학교 교육에서 인간이 남성과 여성으로 구성되어 있다는 내용을 못 가르친다. 캐나다에서는 소아성애 합법화가 추진되고, 독일에서는 동물 매춘과 인간 매춘이 동일한 매춘 가격으로 운영되며, 유럽의 일부 국가에서는 합의에 의한 부모 자식 간의 성관계도 합법으로 규정하는 추세다.

■ 마르크시즘과 휴머니즘의 결합

인류사에서 동성애가 전 세계적으로 지금처럼 드러내 놓고 양성화된 적은 없다. 포스트모던 시대의 가장 대표적인 문화 현상 중 하나라고 볼 만하다. 일찍이 칼 마르크스는 각 시대의 철학이나 종교, 도덕적 가치는 당대에 가장 큰 권력을 가진 계층이 생산 수단을 통제하려는 시도와 맞물려 있다고 말했다. 사회의 문화적 가치나 인간의 행동을 자극하는 심리적 동기 또한 이러한 생존 도구를 획득하려는 본능적 충동에 좌우된다고 보았다. 이는 '권력을 가진 자들의 주도에 따라 진리의 개념이 달라진다'는 포스트모더니즘식 논리의 한 축으로 발전했다.

지금은 동성애 역시 이성애자들이 가진 기존 권력에 의해 진리가 아닌 것으로 치부되었을 뿐이라는 주장이 먹힌다. 역사의 시험대를 거쳐 체제 중심의 정치적 마르크시즘이 쇠퇴해 가면서 이제는 문화적 마르크시즘이 동성애 현상을 더욱 조직적으로 부추긴다는 지적도 나온다. 이름하여 '네오-마르크시즘'이다. 이 책은 바로 이 네오-마르크시즘이 현재 동성애 운동의 배후에 어떻게 작동하고 있는지를 추적하며, 기독교적 대응 논리를 모색한다.

"네오-마르크스주의자들은 당시 최고 이슈였던 휴머니즘을 마르크시즘에 결합시켰다. 이들은 사회주의 사상만을 내세우는 것이 아니라 휴머니즘을 표면적으로 내세운다. 이들이 주장하는 휴머니즘은 바로 인권, 평등, 평화, 정의, 소수자 인권 보호 등 그럴싸한 구호를 내세우기 때문에 1960년대 중반부터 전 세계를 강타하여 시대를 이끄는 주류 사상이 되었다"(p.28).

저자는 현재의 동성애 인권 운동이 바로 이 네오-마르크시즘의 '성 정치학'(sex-politics)에서 연유한다고 본다. 빌헬름 라이히의 성 정치 이론, 시몬 드 보부아르의 급진적 페미니즘, 프랑스 학생들의 68혁명 등이 그 배경에 깔려 있다. 특히 마오쩌둥의 문화 혁명 이념의 영향을 받은 프랑스 68혁명은, 표면적으로는 1968년 5월에 파리 소르본느 대학교 학생들을 중심으로 일어난 샤를 드골 정부의 보수 정책과 사회적 모순에 대한 저항 운동과 총파업 운동이었다. 그러나 이후 전 세계적으로 억압으로부터의 자유, 불합리한 사회 구조의 개선을 기치로 금기 없는 성적 쾌락을 추구한 히피 문화처럼, 구세대의 관습과 문화를 해체하고 재구성하고자 한 총체적인 문화 혁명의 시발점이 되었다(p.42).

'모든 금지하는 것을 금지하라!'는 모토를 내세운 이 혁명과 직접 얽혀 있었던 질 들뢰즈, 자크 데리다, 미셸 푸코, 장 프랑수아 리오타르와 같은 포스트모더니스트들은 유대 기독교적 철학과 통합된 서구의 합리적이고 이성적인 철학에 대한 일종의 반철학(counter-philosophy) 운동을 일으켰다. 이를 통해 정치 사회적 영역에 머물렀던 억압과 착취 개념을 문화적 영역으로 확대해서 문화적 착취, 관료적 억압, 성적 억압, 인종적 착취에 대한 투쟁을 전개하면서 신좌파적 이념을 확산시켜 나갈 수 있었던 것으로 본다(p.44).

대표적인 동성애 운동 전략 네 가지

포스트모던 시대정신에 힘입어 소수자 인권 운동이란 명분 아래 진행되는 동성애 운동의 사상적 배후와 전략을 캐낸 이 책의 핵심 내용을, 동성애 옹호자들이 네 가지 동성애 인권 운동 전략을 제시하는 형태로 간추려 본다.

성 관념이나 도덕 윤리를 억압하는 기존의 질서를 해체하라

이를 위해 프로이트의 성 욕망 억압 이론을 마르크스의 사회 비판과 연결시켜야 한다. 자본주의 사회요, 기독교 사회인 서구 사회가 만든 모든 억압 문화 체제 속에서 인간의 착취된 노동력과 억압된 성충동을 해방시켜야 개인들이 진정한 해방과 행복을 누릴 수 있다고 선전하라.

페미니즘을 적극적으로 도구화하라

여자로서 이 세상에 태어나는 것이 아니라, 여자로 만들어지는 것이라고 가르쳐야 한다. 여성은 여태까지 남성에 의해 억압당해 왔기 때문에, 이제부터는 여성 정체성을 부정해야 한다고 선동하라. 가부장 제도의 족쇄와 모성의 노예 신분에서 벗어나 경력에서 자기만족을 이루며, 해방된 성생활을 탐닉하도록 부추겨야 한다. 성적 도덕성, 결혼, 모성애, 가족을 거부하고, 낙태를 여성의 인권으로 옹호하라.

'성'의 의미를 이데올로기화시켜 사회적 성인 '젠더'(gender)로 바꾸라

생물학적으로 구성되는 남녀의 정체성을 가리키는 젠더를 이데올로기화시키면 생물학적인 성별과는 전혀 상관없이 사회적, 문화적 역할

속에서 만들어지고 인간 실존에 의해 형성되는 것으로 인식시킬 수 있다. 남성과 여성이란 생물학적 차이에 의해 결정되는 것이 아니라, 남성 중심 사회에서 권력을 가진 남성들에 의해 여성들에게 부과된 것이라는 점을 부각시키라. 이러한 성 평등 실천이 동성애나 소아성애, 근친상간, 일부다처, 일처다부, 심지어 수간의 사회 문화적 근거가 된다.

젠더를 중심으로 사회 문화를 바꾸는 젠더 주류화 운동(Gender Mainstreaming, GM)에 집중하라

19세기의 여권 신장 운동이 이제는 유엔을 본부로 하는 성 평등 운동으로 발전했다. 순진한 사람들은 성 평등 운동을 단순히 남녀 성차별을 방지하자는 운동으로 알지만, 사실은 남성과 여성의 성적 구별 자체를 차별로 보고 이를 폐지할 뿐 아니라, 50가지가 넘는 젠더를 인정하라는 젠더 이데올로기 운동이다. 결국 성 평등이란 동성애자들의 유익을 위해 차별금지법을 제정하는 근거를 마련해 다수인 정상적인 이성애자들에게 불이익과 역차별을 초래하는 데 목적이 있다.

　이를 위해 인간의 성에 대한 과학적 이해와 사회의 법적 구조를 재구성하고, 기독교 신학 또한 여기에 맞춰 바꿔 나가야 한다. 사회의 법적 구조를 바꾸는 운동을 통해 1997년부터 유엔으로 하여금 젠더 주류화 운동이 회원국들의 의무라고 선포케 하는 업적을 이뤄 냈다. 앞으로도 동성애 어젠다를 유엔 인권법 체제 속에 편입시켜 성, 인종, 나이, 종교 등 전통적 차별금지 사유에 '성적 지향'과 '성 정체성'이 포함되는 것처럼 인식시켜 나가야 하며, 각 국가의 인권위원회 같은 정부 기구가 이 일을 지속적으로 전개해 나가도록 물밑에서 도와야 한다.

🔖 동성애 문제를 풀어내기 위한 변증 전도 방법론

성경은 동성애를 죄라고 분명하게 규정한다(레 18:22, 20:13; 롬 1:24-27; 고전 6:9; 딤전 1:10; 유 1:7). 레위기의 음식 규례 같은 의식법이 폐해졌듯 동성애 금지 규례도 지금은 무효하다는 퀴어 신학자들의 주장은 의식법과 도덕법의 차이를 무시한 억지다. 염색체나 호르몬, 뇌 구조의 이상 등을 이유로 동성애가 선천적일 수 있다는 주장들은 이미 과학적 근거가 없는 것으로 밝혀졌다. 동성애자에서 정상적인 이성애자로 돌아온 많은 사례가 그 증거다.

물론 '남자 같다, 여자 같다'는 식으로 신체적 요인이나 기질적 경향이 날 때부터 반대의 성에 가까운 사람들이 있다. 그러나 이들 역시 후천적인 환경의 영향으로 동성애자 되기가 더 쉬울 뿐이다. 설령 생물학적 특정 성향을 타고난다 해도, 그 성향대로 행동에 옮겨도 좋은가는 인간의 책임 있는 도덕의식의 문제다. 동성애는 성장 환경이나 유년기의 불안정한 성 정체성, 부모나 동성과의 역기능 관계, 왜곡된 성 경험, 대중 매체의 영향 등 환경적 요인에 따라 후천적으로 만들어진다. 성경적으로는 모든 사람이 음란이나 탐욕의 성향을 타고나듯, 동성애도 타고난 죄의 성향에 지나지 않는다.

그러나 지금은 "악을 선하다 하며 선을 악하다 하며"(사 5:20) 인본 중심의 상대주의 가치를 임의로 절대화하는 포스트모던 시대다. '너에게 좋은 게 좋은 거야', '우린 틀린 게 아니라 다를 뿐이야'라는 사상으로 인해 남자와 남자가 결혼하고, 여자가 개를 남편으로 맞아도 그것이 '나'를 행복하게 해 준다면 '역리도 순리가 되는'(롬 1:26) 배도의 시대다. 이 책의 저자 역시 지금과 같이 '불법이 성한'(마 24:12) 무규범의 시대는 적그리스도의 길을 예비하는 마지막 때라고 일갈한다(pp. 77, 99).

이렇게 창조 질서에 역행하는 반기독교적 시대 흐름의 배후에 '종교는 아편'이라는 가치관, 유물론적이고도 무신론적인 사상의 문화적 변형인 네오-마르크시즘이 작동했으리라고 보지 못할 이유는 없다. 극우 개신교인들의 극성스런 '음모론'이라며 굳이 무시해 버리고 넘어갈 것도 없다. 이미 이 시대의 사회와 문화를 관통하는 포스트모더니즘 자체가 거대한 음모론이다.

무엇보다 젠더 이데올로기에 따른 동성애 전략이 실제 현실로 이뤄진 서구의 상황을 볼 때, 네오-마르크시즘이 현재 동성애 인권 운동의 은밀한 배후로 작동한다고 볼 만하다. 그 증거는 그 운동 내부자들의 책에서도 발견된다. "가족 제도는 성을 계급 사회 속에 통합하는 데 언제나 가장 중요한 구실을 했다. 동성애자 억압에 맞서는 투쟁은 자본주의 사회를 철폐하고 자본주의가 왜곡한 성과 성 역할을 바로잡는 투쟁이다. 억압에 맞선 오늘날의 투쟁은 모두 사회주의 사회의 성 해방 전망을 밝게 한다"(노라 칼린, 콜린 윌슨, 《동성애 혐오의 원인과 해방의 전망》[책갈피 역간]).

이 모든 사상적 배후를 자유나 정의, 평등이란 미명 아래 철저히 숨긴 채 동성애를 합법화하고 차별금지법을 제정하려는 시도를 한국 교회는 어떻게 막아서야 할까. 기독교 가치관을 도외시하려는 세상 사람들도 인정하지 않을 수 없는 보편적인 상식과 합리 차원에서 먼저 호소할 필요가 있다. 예를 들어, 동성애로 인해 가정이 해체되면 국가가 해체되는데, 이런 경우를 조금이라도 국가가 장려하고 보호해 줄 순 없다. 이런 논리 안에서 자유 민주 사회가 합법적으로 허용하는 한도 안에서의 정당한 절차와 내용과 활동으로 합리적인 대안을 내놓는 방식이 더 주효할 수 있다.

이미 미국 연방대법원은 동성애 반대라는 종교적 신념도 헌법이 최우선적으로 보호해야 할 시민의 자유라고 판시한 바 있다. 특정 개인의 동성애 반대는 동성애자에 대한 차별이 아니라 자신의 신념을 지키는 행위라고 본 것이다. 교회 역시 동성애자들을 존중하는 것이 동성애 반대자들을 차별하는 것이어선 안 된다는 논리로 차별금지법 제정을 끝까지 반대할 수 있다.

이것은 동성애 문제를 성경적으로 풀어 가는 과정에서도 세인들과 공유할 수 있는 공통분모를 접촉점으로 합리적 대응 논리를 통해 기독교 진리를 전하려는 변증 전도의 방법론과 통한다. 물론 이 책의 저자가 제안하는 대로, 본래적인 진리의 개념들을 임의로 왜곡하는 동성애 옹호자들의 오류를 잡아내는 신학적, 지적 작업도 필요하다.

"원래 자유는 외부적 강제 없이 양심에 따라 자율적으로 자기가 원하는 바를 행하는 것인데, 젠더주의자들은 자유의 개념을 사유화하여 자유방임적인 무책임한 자유를 조장한다. 정의란 권리와 의무의 정당한 주고받음을 통해 개인이나 기관의 사회적 기본 구조에 대한 관심이 균형을 이루는 것을 말한다. 같은 것은 같게, 다른 것은 다르게, 모든 것을 각 분량에 따라 대하고 각자에게 해당의 몫을 주는 것이다. 그러나 젠더주의자들에게 정의란 각 사람이 그의 성적 정체성을 자유롭게 선택하는 것이다. 동성애자들은 자신들의 권익을 옹호하려고 동성애와 이성애의 구별을 차별로 간주하여 구별조차 못하도록 만든다. 그러나 선과 악을 구별하는 것은 사람들을 차별하는 것이 아니다. 탈동성애를 돕는 것이 진정한 인권 보호다"(pp. 160-181).

• 더 깊은 탐구를 위한 연관 질문

1. '너에게 좋은 게 좋은 거야', '우린 틀린 게 아니라 다를 뿐이야'라는 인본 중심의 상대주의 가치를 임의로 절대화하는 포스트모던 철학이 현재 진행 중인 동성애 운동의 배후라고 할 만한 분명한 근거는 무엇인가?

2. 기독교적인 용어와 가치관을 그대로 드러내면서 동성애를 반대하는 것보다 세상 사람들도 인정하지 않을 수 없는 보편적인 상식과 합리성에 호소하며 동성애의 문제점들을 지적하는 것이 어떤 면에서 더 효과적이라고 보는가?

: 더 깊은 탐구를 위한 관련 도서 :

- **《교회 해체와 젠더 이데올로기》**(이정훈, 킹덤북스)

법철학과 법사상사를 전공한 저자가 포스트모더니즘의 배후인 네오-마르크시즘과 젠더 이데올로기 운동의 역사와 한국 좌파의 사상을 분석하면서, 자유 민주주의를 훼손하는 인권 운동과 동성애 차별금지법 제정 움직임 등이 반기독교적 사상과 맺는 연관성을 조명하고, 교회의 구체적인 대응책을 모색한 책.

"체제 붕괴의 위험과 동성애를 앞세운 성 정치·성 혁명의 위협 앞에 서 있는 한국 교회가 적극적으로 정치적·도덕적 의사 표시를 하지 못하게 하는 왜곡된 정교 분리 이론이 있다. 이 문제는 한국 교회의 사회적 지위를 훼손하도록 유도하는 매우 잘못된 논리로 보아야 한다. 개혁주의 신앙은 삶과 신앙을 분리시킬 수 없으며, 정치·경제·사회·문화의 전 영역에서 하나님의 주권을 선포해야만 한다"(pp.158-161).

- **《동성애에 대한 두 가지 견해》**(윌리엄 로더 외, IVP)

동성애 문제에 대한 네 가지 입장, 곧 '현대 윤리에 동성애를 금지하는 성경을 그대로 적용할 순 없다', '동성애를 금지하는 성경 본문의 초점은 문제가 되는 특정 관계를 다루므로, 서로 합의한 배타적 동성 간 결합은 신성하다', '성행위를 제외한 독신과 영적 우정이 대안이다', '결혼 신학만으로도 동성애는 불가하지만, 교회는 동성애자 커플을 수용할 목회적 가능성을 고려해야 한다'는 입장들의 핵심 주장과 신학적 근거를 소개하면서 현실적, 목회적 대안들을 제시한 책.

"동성끼리 나누는 사랑과 그들이 할 수도 있는 성관계를 구분하는 것이 중요하다. 후자는 성경이 정죄하지만 전자는 선한 것이다. 개인적 자율성과 내키는 대로 옮겨 다닐 수 있는 것을 최상으로 여기는, 편의에 의한 관계나 최소한의 헌신만 하는 관계와 달리, 성적 금욕에 대한 내 헌신(독신)을 지키면서 동성 친구들과 더 깊고 항구적인 결속을 추구하는 것을 나는 배우고 있다"(p.228).

5
사회 참여는
참된 회심의 삶에 필수적인가?

《복음전도와 사회운동》(로날드 J. 사이더, CLC)

하나님은 자녀들에게 세상의 어그러진 것들을 다 고치라 하시지 않는다.

영적으로 피폐해지면서까지 교회 안팎의 불의에 맞서려는 건 영적 자해 행위다.

불의에 맞서는 일로 오히려 영적으로 강해지는 내공 없이는 그 일을 완수하지 못한다.

괜히 일 자체에 빠져 자기 의의 보상만 구하게 된다.

속사람이 강한 만큼 세상을 제대로 섬길 수 있다.

어두운 밤길을 걷던 중, 인도에 누워 있는 초라한 행색의 노인을 목격하고 깨워 드린 적이 있다. 술 냄새를 풍기는 노인에게 집이 어디냐고 물었다. 근처 고시원인데 혼자 걸어갈 수 있다며 일어나다가 휘청거리고는 이내 주저앉으셨다. 마침 차를 몰고 지나가던 한 여자가 차를 세우더니 도와줄 일이 있는지를 물었다. 상황을 파악하고는 가까운 지구대로 가서 신고하겠다며 서둘러 지나갔다. 그 말을 들은 노인은, 지구대로 가면 나중에 벌금을 문다며 혼자 가겠다고 했다. 그래서 나는, 집에 가서 차를 가져올 테니 잠깐만 기다리시라 하고는 얼른 차를 몰고 왔다. 그러나 그새 지구대 경찰들이 와서 나는 돌려보내고, 노인은 차에 태워 모시고 가 버렸다.

　짧은 순간에 일어난 일이지만 여러 생각이 교차했다. 세상에는 그 노인처럼 길바닥에 쓰러져 누운 사람들이 있고, 그 곁을 못 본 체 그냥 지나치는 사람들, 관심을 갖고 들여다보는 사람들 그리고 그들을 거들어 주는 사람들과 국가 기관이 있다. 문득 세상에서 가난하고 소외된 자들을 돌아볼 방법은 일회적으로 돕거나 국가에 맡기는 것들 외에 뭐가 또 있을까 싶었다. 정작 교회는 이런 일에 어떻게, 얼마나 관여할 수 있을까. 그것이 참된 믿음이나 구원과는 무슨 관련이 있을까.

교회의 사회 참여: 옵션인가, 필수인가?

그동안 한국의 보수 성향을 가진 교회들은 개인 구원을 주로 강조하고 사회 참여에는 소극적이었다. 가장 좋은 사회 참여는 교회가 진정으로 교회다워지는 것이며, 세상의 정치인들이나 뜻있는 비영리 기구들이 전문적으로 더 잘하는 일에 동참하는 일 이전에, 기독교만이 가진 구원의 복음의 정체성과 역할을 순수하게 잘 지켜 내는 게 더 우선이라고 보았다. 세상도 할 수 있는 일에 열 내느라 교회가 영적으로 죽어 가면 손해라는 명분도 한몫했다.

반면에 진보 성향의 교회들은 개인 구원보다 사회 참여나 사회 정의를 더 강조하는 것처럼 보일 정도로 이 영역에 열심을 냈다. 세상의 권세를 하나님이 정해 주신다고 해서 독재적인 정치권력을 못 본 체하거나 불의를 보고도 행동하지 않는 것은 교회답지 못하다고 보았다. 단순한 구제에 치우친 보수 교회들의 소극적인 사회 참여에서 한 걸음 더 나아가, 불의한 사회 구조를 변혁하는 데까지 교회가 적극적으로 개입해야 한다고 주장해 왔다. 한국의 복음주의 교회들은 아직도 이러한 양대 진영의 관점에서 크게 달라지지 않은 것 같다.

1970년대부터 세계 복음주의계에서 일관되게 교회가 복음 전도와 사회 운동의 영역에서 사역적인 균형을 이뤄야 한다고 역설해 온 저자는, 이 책에서 교회의 사회 운동은 옵션의 하나가 아니라 필수적인 사명이라고 딱 잘라 말한다. 복음 전도와 사회 운동이 서로 구분되면서도 영육일원론의 관점에서 유기적인 연관 관계를 가진다고 보고, 주로 사회 운동에 여전히 무관심한 많은 복음주의 교회들을 일깨우는 데 초점을 맞췄다.

사회 참여가 필요한가를 의문시하는 질문들

지금 한국의 보수적인 교회들이 이 문제를 놓고 자주 묻는 질문에 저자가 답해 주는 형태로 우선 이 주제의 신학적 중요성을 짚어 본다.

Q. 예수님이 당시 로마 제국에 대항하지 않으신 것처럼, 지금 교회도 세상의 정치적 사안이나 사회의 불의에 일일이 관여하기보다 복음만 충실하게 전하면 되지 않을까?

A. 말씀의 선포와 육체적인 필요의 돌봄은 예수님의 삶과 사역에 있어 모두 동일하게 중요한 것이었다. 그는 전파하고 고치셨다. 그는 아픈 심령과 육체 모두를 만족시키셨다. 창조주는 우리를 영과 육의 통합체로 만드셨다. 보수 교회는 죄의 사회적 측면은 외면하고 죄의 인격적인 측면만을 본다. 그들은 공동체를 위해 창조된 사람들의 죄가 사회의 구조와 제도 안으로도 침투해, 악한 사회 구조들이 변혁되지 않는다면 사람은 하나님이 작정하신 모든 온전함을 누릴 수 없다는 사실을 망각한다.

Q. 가난한 자들의 편에 선다고 하면 민중 신학이나 해방 신학의 냄새가 나서, 마치 교회가 이념적으로 사회주의를 지향하는 것처럼 비치지 않을까?

A. 성경은 우리가 예배하는 거룩한 사랑의 하나님이 가난한 자, 약한 자들에게 특별한 관심을 갖고 계시다고 말해 준다. 이는 예수님의 주된 관심이자 그분이 메시아라는 증거이기도 했다. 하나님은 가난한 자들을 억압한 이스라엘과 유다를 멸망시키셨다. 예레미야는, 만일 우리

가 가난한 자를 위한 의를 추구하지 않는다면 하나님을 제대로 알지 못하는 것이라고 가르친다(렘 22:13-16). 선지자들은 정의에 대한 관심으로부터 거리가 먼 종교적 관습을 폐지하라고 거듭 경고한다. 모든 이를 향한 하나님의 공평한 관심이 가난한 자들에게 치우친 듯 보이는 것은 단지 가난한 자들에 대한 우리의 악한 무관심과 대조되어서 그렇다.

Q. 신자가 받아야 할 구원은 궁극적으로 개인적인 구원이지, 사회적인 구원은 아니지 않은가?
A. 어떤 그리스도인들의 경우에 구원은 죄 용서와 하늘나라에 이르는 편도 티켓이다. 그들은 구원과 그들의 깨어진 결혼 생활, 인종적 편견 혹은 경제적 불의 사이의 연관성을 찾지 못한다. 만일 복음이 죄의 용서에만 국한되지 않는 하나님 나라의 좋은 소식이라면, 우리는 그리스도의 몸 안에서 회복된 사회적, 경제적 관계가 구원의 일부임을 더 잘 이해하게 된다. 구원은 개인적이면서 공동체적이고, 사회적이다. 구약에서 구원이라는 용어는 모든 삶의 영역에서의 완전함 혹은 샬롬을 뜻한다. 복음서에서도 구원은 죄 사함과 함께 그 이상으로 육체의 회복까지 포함한다.

◾ **그리스도인의 사회적 관심과 구원의 상관성에 대한 질문과 답**
이 책은 교회가 왜 사회 참여를 필수적인 사명으로 끌어안아야 하는지에 대해 여러 시각의 신학적, 실천적 근거들을 제시한다. 사회 운동의 중차대한 필요성을 줄곧 환기시키는 이 책에서 저자가 한 가지 더 분명하게 강조하는 사안이 있다. 그리스도인들이 사회 참여를 통해 성경적으로 온전한 구원을 위한 '행함 있는 믿음'에 더 균형 있게 집중할 수 있다는 것이다.

이미 저자는 자신의 다른 저서, 《그리스도인의 양심선언》(IVP 역간)에서 복음적인 그리스도인들이 도덕적으로 세상과 다를 바 없이 살아간다고 개탄했다. 제자도의 대가를 지불하지 않는 값싼 은혜, 삶과 관계없이 보장되는 구원론 등 성경적인 근거가 없는 잘못된 복음이 그리스도인의 삶을 왜곡하고 있다고 강도 높게 비판했다. 이 주제 역시 한국 교회 목회자와 신자들이 많이 물어볼 법한 질문들에 저자가 대답하는 형식으로 핵심만 요약해 본다.

Q. 예수님의 구속 사역으로 죄를 용서받고 나서도 가난한 자들을 돌아보는 것이 최종적인 구원을 좌우할 만큼 중요한가?
A. 마태복음 25장에 나오는 마지막 심판의 비유에서, 예수님은 형편이 어려운 이웃을 돕는 데 실패한다면, 그것은 단순히 신실하지 않음에 그치는 것이 아니라 지옥에 떨어짐에까지 이르는 것이라고 경고하셨다. 이런 비유는 그리스도인의 사회적 관심이 지닌 그리스도 중심적인 특성을 나타낸다. 우리는 도움이 필요한 이웃을 섬길 때 우리 주님을 만나게 된다.

Q. 예수님의 대속을 통해 의롭다 함을 받는 것으로 신자의 구원 문제는 일단락되지 않는가?
A. 만약 복음이 단지 법정적 칭의에 불과하다면, 구원은 용서받을 가

치가 없는 자들을 하나님이 용서해 주시는 것에서 끝난다. 용서받은 죄인들이 그리스도를 영접하기 전의 삶과 다르게 살아가는 문제는 그들의 구원과는 무관해진다. 그러나 복음을 통해 구원을 경험하는 것이 곧 하나님 나라에 들어가는 것이라면(막 10:23-26), 예수님이 공포하신 그 나라의 구원을 경험하는 것은 가치, 행동 그리고 관계의 완전한 변화를 뜻한다.

Q. 예수님의 구속 사역을 신자들의 죄를 대신 져 주신 대속적 관점만으로 이해하는 것은 불완전한가?

A. 속죄에 대한 대속적 관점은 그리스도가 갈릴리에서 행한 가르치심의 모범과 하나님 나라의 선포를 상당 부분 무시하며, 그의 삶과 부활 때에 악한 세력을 이기고 승리하신 부분을 많이 놓치고 있다. 그리스도의 구원 사역은 십자가에서만 일어난 것이 아니라, 갈릴리의 공생애 사역과 부활절 아침에도 일어났던 것이다. 우리의 문제는 단순히 우리의 죄책뿐만 아니라 우리의 무지와 무력함이기도 하다. 우리는 계몽된 마음, 사탄을 이긴 승리, 우리가 아는 것을 살아 낼 새로운 힘, 회복된 이웃과의 관계 그리고 하나님의 용서가 필요하다.

Q. 예수님을 개인의 구원자와 주님으로 영접한다는 것에 이미 사회 참여의 삶이 함축되어 있는가?

A. 신약에서 예수님을 구원자로 언급한 횟수는 16번 정도인 반면, 주님으로 언급한 횟수는 무려 420번이나 된다. 이웃과의 바른 관계는 인간 공동체를 만드신 창조주와의 바른 관계에서 흘러나와야 한다. 그리

스도를 영접하는 것은 모든 영역에 임하는 그의 나라를 받아들이는 것이다. 세리 삭개오에게 회개는 그의 사회적인 죄와 불의한 억압으로부터 벗어나는 것을 의미했다. 그때 비로소 예수님이 그의 집에 구원이 이르렀다고 선언하신다(눅 19:9). 그리스도인들은 "회개에 합당한 일을"(행 26:20) 행함으로 그들의 회개를 증명해야 한다.

복음을 전할 때는 예수님을 영접한다는 것이 곧 그분을 주로 받아들이는 것임을 같이 전해야 한다. 제자도의 핵심은 예수님을 주인으로 인정하고 총체적으로, 지속적인 삶 가운데 무조건적으로 그에게 순종하는 것이다(마 16:24). 자기 부인의 십자가 제자도는 삶 전체의 순종이지 처음의 결단만이 아니었다. 제자 삼음이라는 단어를 처음 그리스도를 영접하는 것에 국한시키는 것은 예수님의 풍성한 윤리적 관심을 최소화하거나 놓쳐 버릴 위험이 있다. 최소한 서양 국가들 가운데 오늘날 가장 큰 위험은 값싼 은혜이지, 과도하게 비싼 은혜가 아니다.

■ 행함 있는 믿음과 성육신적 사회 참여

역사적으로 기독교는 세상 정부를 앞세워 사람들이 창조 질서를 거슬러 악행하는 많은 일들을 바로잡았다. 이교적인 인신 제사부터 가깝게는 노예 해방, 인종 차별 철폐에 이르기까지, 교회가 끼친 선한 영향력은 다 사회 참여나 정치 활동의 결과다. 덜 성숙하거나 나쁜 신자, 지도자들은 있었어도 나쁜 기독교는 없었다. 정교분리는 정치권력이 특정 종교를 국교로 지정하거나, 권력을 통해 종교의 자유를 침해하지 못하게 한 것이다. 미국은 영국의 정교일치 핍박을 벗어나 종교의 자유를 찾던 청교도들이 세운 국가다. 교회의 사회 참여는 그리스도인들을 정치에 무관심하게 만들어 비성경적 가치관을 퍼뜨리려는 정치인들을 감시하는 데서부터 시작될 수 있다.

지금 한국 교회는 동성애와 관련된 차별금지법 제정 움직임처럼, 교회에 직접적으로 악영향을 끼치는 사안들에 대해 민감한 관심으로 대처하고 있다. 그러나 교회의 사역을 직접적으로 방해하는 사회적 이슈에만 관심을 갖고 그 밖의 사회적 불의는 외면한 채 공공선의 증진에 무관심하다면, 이는 오히려 세인들이 교회의 이기적인 이중성을 지탄할 빌미가 될 수 있다. 이 책의 취지대로라면, 동성애 못지않게 다른 사회 문제들 중에도 비성경적이고 창조 질서에 반하는 것들이 적지 않다. 동성애 문제는 교회가 그러한 사회 문제들에 평소에 지속적으로 관심을 가지며 적절한 목소리를 내지 못해서 지금처럼 크게 불거지게 된 건지도 모른다.

지자는 단순히 고기를 주는 구제뿐만 아니라 고기 잡는 법을 가르쳐주는 개발 그리고 고기를 잡을 수 있는 여건 자체를 바꾸는 사회 구조 변혁 활동에까지 나아가야 교회의 진정한 사회 참여가 완성된다고 보았다(pp. 218-220). 물론 이러한 사회 구조 변혁 활동은 교회의 이름으로 직접 참여하기보다, 교회 내의 각 분야 전문가 그룹들을 통하는 게 더 바람직할 것이다. 중요한 건, 구제나 개발, 사회 구조 변혁을 통한 사회 참여에 목회자가 복음 전도 활동만큼의 관심을 갖고 성도들을 얼마나 일깨울 수 있느냐다.

미국 샌고연합감리교회의 윌리 라일 목사는 그 교회에 담임목사로 부임하기 닷새 전부터 직접 노숙자로 살았고, 이 경험을 토대로 '행함 있는 믿음'을 강조하는 설교를 전했다고 한다. 그는 꿈을 통해 거리로 나가 닷새 동안 노숙자로 살라는 하나님의 명령을 받고는, 돈이나 음식, 집, 친구도 없이 5일간을 지내다가 주일 새벽에 교회 근처에 앉아 있었다. 이때 그 교회 교인의 10퍼센트에 해당하는 20명 정도의 교인들만 그에게 말을 붙였고, 돈이나 음식 등으로 도움을 줬다. 라일 목사는 주일 강단에서, "우리 교인들은 매주 (주일 예배) 한 시간만 하나님을 섬기기 원하는 것 같습니다. 하지만 그것은 하나님의 계획이 아닙니다. 정말 예수님처럼 살고 있습니까?"라고 물었다고 한다.

소외된 이웃 구제를 포함한 사회 참여 의식에 대해 지금 대다수의 보수 복음주의 교회들이 드러내 주는 현실적인 지표다. 물론 그 책임은 목회자들에게 있다. 평소에 그들이 사회 참여를 통한 하나님 나라 복음의 회복과 온전한 구원에 대해 말씀과 성육신적 삶으로 부지런히 가르치거나 보여 주지 못한 탓이다. "기독교인들이 복음의 사회적 의미들에 대하여 배우지 않는다면, 그들은 사회에 적극적인 영향을 거의 끼치지 못할 것이다. 새로운 회심자들이 저절로 사회악들을 바로잡기 시작한다고 주장하는 것은 순진한 몰상식이다"(p. 279).

• 더 깊은 탐구를 위한 연관 질문

1. 모든 이를 향한 하나님의 공평한 관심이 가난하고 약한 자들에게 치우친 듯 보이는 것은 단지 그러한 자들에 대한 우리의 악한 무관심과 대조되어서 그렇다는 주장에 경험적으로 동의하는가? 죄의 사회적 측면과 인격적 측면을 동일하게 중시해야 하는 이유는 무엇인가?

2. 복음을 통해 구원을 경험하는 것이 단지 법정적 칭의에 불과한 것이 아니라 하나님 나라에 들어가는 것이라면, 개인 구원의 개념은 어떻게 달라져야 하는가? 모든 삶의 영역에서의 변화라는 진정한 구원은 어떻게 이뤄질 수 있는가?

: 더 깊은 탐구를 위한 관련 도서 :

- **《진보 보수 기독교인》**(칼 트루먼, 지평서원)

미국의 보수 신학과 보수주의 정치의 불건전한 동맹을 비판하면서, 사안에 따라 진보나 보수의 입장을 취할 수 있는 '진보 보수 기독교인'(Republocrat)으로서 정치적 세계관을 섣불리 설내화하지 않고 성경적으로 어떻게 건강한 정치적 책임을 감당할 수 있는지를 제시한 책.

"그리스도인들은 정치에 참여할 때 깊이 생각해야 한다. 다양한 정치적 입장들을 밑에 깔고서 정치권에서 흘러나오는 모든 이야기들을 아무 비판 없이 다 받아들여서는 안 된다. 이 세상의 이야기들을 친숙히 잘 알고 이러한 이야기들이 어떤 방식으로 개인과 사회를 형성하는지를 잘 알아야 한다. 정치 담론의 상투적인 수단인, 논증과 논리를 대체하는 일종의 야단법석을 떠는 대중영합주의(populism)에 신임장을 주어서는 안 된다"(p.173).

- **《기독교는 어떻게 세상을 변화시키는가》**(제임스 데이비슨 헌터, 새물결플러스)

그리스도인이 세상의 문화와 사회 안에서 어떻게 하면 '신실한 현존'(faithful presence)으로서 세계 변혁의 주체로 살아갈 수 있는지를 고찰한 책. 미국적 맥락에서 기독교 우파와 좌파의 정치 활동을 균형 있게 평가하고, 포스트모던 시대의 종교와 권력의 관계 속에서 세속 문화에 지속적으로 영향을 끼칠 수 있는 교회 공동체와 그리스도인들만의 독특한 역할을 제안한다.

"신실한 현존의 신학은 기독교인들이 하나님이 그들을 위치시키신 환경에서 하나님의 샬롬을 실행하고 타인을 위해 그것을 적극적으로 추구하라고 요청한다. 이것은 교회 전체를 위한 비전이다. 그것은 모든 평신도가 자신이 수행하는 과제와 직업속에서, 그리고 삶의 행보 속에서 자신이 이용할 수 있는 모든 자원을 가지고 감당해야 할 부담이다. 하나님의 눈에 중요한 것은 신실한 현존이다"(p.411).

에필로그

'예수'는 닳고 닳은
종교 용어의 하나가 되었다

저는 예수가 누구인가를 알고자 하는 데 감수성 예민한 청소년, 청년 시절을 다 보냈다고 해도 과언이 아닙니다. 애초부터 예수라는 한 실존 인물이 신이라는 말에 제 나름의 생뚱맞은 물음표를 달았습니다. '그건 말도 안 돼! 광대무변해 보이는 우주를 만든 신이란 존재가 어떻게 한 사람일 수 있어?'

그 예수라는 한 존재가 모든 세대의 사람들, 특히 철학자나 예술가들이 그토록 만나고 싶어 하던 그 신이었다는 이야기가 진짜라면, 기독교는 그저 종교의 하나일 수만은 없다고 생각했습니다. 만약 기독교의 핵심 가치가 예수라는 한 사람을 신으로 믿는 데 있는데도 기독교가 하나의 종교에 불과하다면, 그 또한 말이 안 된다고 생각했습니다.

그래서 저는 신앙이나 종교 차원에서 상식적으로 쉽게 언급되는 예수 이전에, 최대한 실제 역사 속의 예수를 만나고 싶었습니다. 종교적으로 미화되고 과도하게 치장된 예수로는 아무리 신이다, 하나님의 아들이다 해도 미심쩍게만 여겨졌습니다. 이도 저도 아니게 종교적 위인 정도로 취급받는 예수 역시 적어도 제게는 이미 닳고 닳은 종교 용어의 하나일 뿐이었습니다.

종교의 예수 vs. 역사 속의 예수

그러다 보니 먼저 실세 세계사 및 비그리스도인들의 저작에서 예수란 분이 실존했다는 흔적을 찾고자 했습니다. 탐구의 결과는 고대 인물들 가운데 예수라는 존재보다 더 분명한 역사성을 가진 존재는 없다는 것이었습니다. 예수의 역사성을 의심한다면 우리가 잘 아는 거의 모든 고대 인물들의 역사성을 전부 의심해야 할 정도입니다.

더 나아가 예수만큼 인류사의 모든 영역에 지대한 영향을 끼친 존재도 없다는 사실을 확인하게 되었습니다. 철학자 칼 야스퍼스는, 유명한 과거 인물의 실존 여부는 그가 남긴 영향력으로만 알 수 있다고 했습니다. 최초의 어떤 이미지가 없이는 영향력이라는 것 자체가 발생할 수 없습니다. 전 세계에 골고루 퍼져 있는 수많은 교회의 존재만으로도 예수라는 분이 실존 인물이라는 역사성은 확고합니다.

그러나 문제는 여전히 남아 있었습니다. 타종교들에서 말하는 신적인 존재들과 예수를 어떻게 차별화해서 이해하고 받아들일 것인가 하는 문제였습니다. 특히 지금은 종교의 영역에서도 다원주의를 주장하는 시대입니다. 종교 다원주의는 말 그대로 여러 종교가 주장하는 진리들이 모두 동등하게 정당하다는 다원성을 인정하자는 종교 철학의 일종입니다. 모든 종교는 하나님에게로 혹은 궁극적 실재로 가는 길이라고 봅니다. 그래서 기독교만이 유일한 구원의 길이 아니라, 다른 종교들에도 나름대로 구원의 길이 있다고 주장합니다.

일반적으로 사람들은 신의 존재를 만나는 것을 구원으로, 그 만남의 통로를 종교라고 여깁니다. 그래서 역사 속의 예수를 찾는 작업 못지않게 타종교들과의 비교를 통해 예수의 유일성에 대한 질문을 놓고 씨름하는 작업이 진행되었습니다. 결국 이 부분에서도 답을 찾았습니다.

불교는 원래 무신론이며, 나중에 대승불교가 기독교의 영향으로 신적 존재자 신앙을 도입해 부처를 신격화했습니다. 힌두교는 자연 세계에 속한 범신론적 신들을 주로 믿는데, 물리적 우주와 독립적으로 존재할 수 없는 범신론적인 신들이 물리적인 우주를 만들 수는 없습니다. 힌두교에서 최고의 신으로 믿는 브라만 역시 선하지도 악하지도 않은 중성의 비인격적 존재여서, 도덕의식을 가진 인격적인 인간을 창조한 신이라고 볼 수 없습니다. 논리적으로만 보면, 기독교의 공동체적인 삼위일체 하나님이 아닌 이슬람교의 단일신 알라에게서는 공동체적인 상호 관계를 전제로 하는 사랑이라는 가장 주된 창조 질서가 만들어질 수 없습니다.

무엇보다 '세계의 주요 종교들이 다 신에게 이르게 해 주는 동등한 진리다'라고 주장하는 종교 다원주의 자체가 심각한 모순을 안고 있습니다. 세계 4대 종교인 이슬람교와 불교, 힌두교, 기독교만 해도 신관이나 구원관에서 서로 배타적인 교리를 갖고 있어 상호 모순되기 때문입니다.

종교들이 실제로 서로 모순된 가르침을 갖고 있다면, 그들 모두가 다 틀렸거나 그들 중에 하나만 옳다고 보아야 합니다. 결국 어느 종교나 진리 체계가 실제로 창조주 신과 인간의 본성 그리고 우주와 이 세계가 조성되고 운영되는 원리와 실체에 대해 가장 이치에 맞는 주장을 내놓는가가 관건입니다.

이 책은 바로 이 관건을 확인하는 데 필요한 주제들을 다양한 질문과 대답의 형태로 다뤘습니다. 질문이 있을 때 답을 찾을 수 있고, 진실한 질문은 진실한 답을 찾게 해 줍니다. 제가 구도자로서 방황할 때 기독교에 대해 품었던 대부분의 질문들이 이 책에 다뤄져 있습니다.

'하나님은 정말 존재하는가? 세상이 그냥 우연히 생겨났다고 믿는 게 창조론보다 더 자연스럽지 않나? 성경이나 신화나 다를 게 뭐가 있나? 하나님은 모든 사람에게 공평한 존재인가? 사람이 죽은 후에는 정말 천국과 지옥 중 어느 한 곳으로 가게 되나? 불교도 부처 믿고 천당에 간다고 하지 않나? 종교가 이렇게도 많은데 어떻게 기독교의 예수만 유일한 구원자라고 우기나? 복음이 전해지지 않은 시대에 살다가 죽은 사람들의 구원은 어떻게 되나? 세상에 정말 종말이 오나? 예수를 믿고 나서는 어떻게 살아야 하나? 한 번 믿어 천국 티켓을 따 놓고 나면 어떻게 살든 천국에 가나?'

이런 질문들에 기독교 변증서의 내용들로 답해 나가는 과정에서, 무엇보다 기독교에는 이 세계를 만든 창조주 하나님이 계시고, 그 하나님은 역사 속에 자신을 한 번 나타내셨다는 사실을 논의의 가장 주된 기반으로 삼았습니다. 만약 기독교에 이 세계를 만든 창조주 하나님이 계시다면, 그 하나님이 저자로 자처하신 기독교나 성경은 그저 종교의 하나가 아니라 창조 질서 그 자체라고 보아야 합니다.

■ 예수, 인류 역사 최대의 미스터리

예수라는 한 인격적 존재가 정말 창조주 하나님이라면, 비인격적인 우연을 창조주 하나님으로 삼는 진화론과 무신론적 과학주의 역시 설 공간이 없어집니다. 예수가 하나님이라는 주장 하나로 인해 이제 기독교는 그 전체가 진짜가 아니면 가짜가 될 운명에 처해져 있습니다. 그 중간 어디쯤에 어중간한, 아니 고상하고도 윤리적인 종교의 하나가 될 순 없고, 그래서도 안 됩니다. 그렇게 된다면 예수가 곧 신이라는 핵심 가치마저 무의미해지기에 충분합니다.

　예수는 이미 석가, 공자, 소크라테스와 더불어 세계 4대 성인 중 한 분입니다. 그런데 세계적으로 널리 공인받은 성현들 가운데 예수 말고는 자신을 가리켜 신이라고 말한 사람이 없습니다. 그러나 예수라는 분이 죽음에 처해지게 만든 죄목은 유일신 사상을 신봉하던 유대인들에게 스스로 하나님이라고 사칭한 신성모독죄였습니다. C. S. 루이스의 가정대로, 예수란 분은 파렴치한 사기꾼이거나 정신병자거나 자신이 주장한 대로 하나님 그 자신일 가능성밖에 없습니다.

하나님의 존재는 애매하다고 무시할 사람도 예수님은 함부로 무시할 수 없습니다. 이것이 기독교의 하나님만이 가진 부인할 수 없는 역사성입니다. 신이 없다면 예수도 없습니다. 예수라는 분의 역사성이 분명하다면, 하나님의 존재도 분명합니다. 예수라는 분이 하나님이 아니라면, 인류는 사기꾼 또는 정신병자를 세계 4대 성인의 한 사람으로 공인해 버린 격이 됩니다. 그러나 이 또한 감당하기 어려운 딜레마이자 웃지 못할 거대한 해프닝입니다.

'예수'라는 이름 두 자에 종교적으로 익숙해져, 그분의 실체를 있는 그대로 못 보는 이들도 의외로 많습니다. '구원'이란 뜻을 지닌 '예수'의 헬라어 이름은 '이에수스', 히브리어 이름은 '예슈아'입니다. 영원 전부터 원래는 하나님인데, 그 하나님이 사람의 몸을 입고 오신 분을 가리켜 이렇게 아주 낯선 이름으로 칭한 것일 뿐입니다.

인류 역사를 통틀어 최대 미스터리는 예수님입니다. 그분이 이 땅에 한 번 생존하신 적이 있다면, '그런 사람이 있었구나' 하고 그냥 지나치면 큰일 납니다. 스스로를 가리켜 하나님이라 한 사람인 만큼, 어쩌면 예수님은 인류 역사에 존재했던 인물들 중 가장 이상한 사람이라고 보는 게 오히려 더 정상일 것입니다. 그렇게 이상하고 정말 특이한 존재라고 느끼면서부터 어쩌면 그분을 제대로 알아 가기 시작한 것이라고 말할 수 있습니다. 진짜 수수께끼 같은 존재라고 자각하면서부터 더 이상 그의 존재가 적당히 숨어 있지 못하고 어쩔 수 없이 본색을 드러내게 만들 수 있습니다. 예수님을 상식적으로 여겨서 그저 지나치면, 영원히 지나치고 말게 될 가능성이 높습니다.

하나님이 사람이 되어 인류 역사에 영원한 발자국을 한 번 남기셨기 때문에, 아무도 이 사실을 적당히 피해 가지 못합니다. 그분으로 인한 심판도 누구에게든 한 번은 지나갑니다. 하나님이 사람이 된 적이 없다면 차라리 속 편할 뻔했습니다. 모든 사람을 지으신 하나님이 괜히 사람으로 태어나, 그 모든 사람이 다 애매하게 한 번은 엮이지 않을 수 없게 되었습니다.

예수란 분이 이 땅에서 목수였다는 건 낭만적인 그림이 아닙니다. 당시 목수는 돌이나 쇠, 목재로 자잘한 농기구를 만들고 크고 작은 건축 일까지 챙긴 막노동 잡역부였습니다. 예수님은 보통 성화 속에 곧잘 묘사되는 여리고 온유한 이미지의 서양 남자가 아니라, 단단한 근육질의 중동 남자였다고 보는 게 더 정확합니다.

예수님을 제대로 알려면 그분을 한 사람의 평범한 역사적 존재로 인식하는 데서부터 시작해야 합니다. 괜히 덤벙대며 이것저것 건드리다 말면 그것만큼 더 애매모호한 걸림돌도 없습니다. 그래서 예수님도 후대의 모든 사람들을 염두에 두고 친히 이렇게 경고하신 바 있습니다. "누구든지 나로 말미암아 실족하지 아니하는 자는 복이 있도다"(눅 7:23).

온 세상에서, 이 땅에서 한 인간으로 살았던 어떤 한 존재가 하나님이라는 사실보다 더 흥미롭고 드라마틱한 일은 없습니다. 고대 이스라엘의 깡촌인 나사렛이란 작은 동네에서 전형적인 시골 목수로 살았던 한 청년이 온 우주 만물을 만든 하나님이라는 게 정말 가당키나 한 일이겠습니까?

예수라는 한 역사적 실존 인물이 하나님이라면, 그는 지구상의 모든 산지에 서식하는 식물과 동물, 바다의 온갖 생물들을 다 지으신 분입니다. 우주의 수많은 별들을 지으신 분이며, 인문 과학, 사회 과학, 자연 과학을 포함한 모든 학문의 창설자이자 모든 정교한 예술의 창안자이십니다. 그리고 모든 사람을 지으신 존재여서, 지금도 그 모든 사람 각자를 속속들이 다 알고 계십니다. "예수는 그의 몸을 그들에게 의탁하지 아니하셨으니 이는 친히 모든 사람을 아심이요"(요 2:24).

그래서 그는 모든 사람을 지금도 매일, 매순간 다 먹이고 입히는 신이십니다. 또한 그들 각자의 죄를 다 기록해 두셨다가 단 한 건도 남김

없이 심판할 재판장이시기도 합니다. 따라서 지상에 살았던 사람들치고 그가 모르시는 존재는 아무도 없습니다. 누구도 "하나님은 나를 모르실 거야"라고 말할 수 없습니다. 한 사람이라도 그가 모르시는 존재가 있다면, 하나님이자 최후 심판날의 재판장이신 그 예수님이 모든 사람의 죄를 다 아시는 건 아니라는 의미가 되고, 결국은 그들 각자의 죄를 다 지고 죽으실 수도 없게 됩니다. 그렇기 때문에 세상 사람들 중에 예수라는 분의 십자가와 무관한 사람은 아무도 없습니다. 그러나 기독교의 복음이 늘 주장해 오듯, 예수라는 분은 무엇보다 그 모든 사람의 죄를 친히 지고 십자가에서 피 흘려 돌아가셨습니다. 그 사실을 확증하기 위해 장사된 지 사흘 만에 부활해서 지금도 살아 계시며, 이제 곧 온 세상의 왕으로 다시 오실 것입니다. 만약 이 예수라는 분이 가짜라면 기독교도 일순간에 가짜가 되겠지만, 교회사가 곧 서양사였던 인류 역사의 핵심 부위 또한 통째로 가짜가 되고 맙니다.

이 책은 예수라는 분을 창조주 하나님으로 믿고 섬기는 기독교가 어떻게 이 세계의 창조 질서를 그대로 담아내고 있는 유일한 진리 체계인지에 대해 소개하고자 했습니다. 이 책을 통해 전도자는 기독교가 왜 종교의 하나가 아니라 모든 사람이 받아들여야 할 절대 진리인지에 대한 사실적, 논리적 증거들을 체득하게 되고, 구원에 관심이 있는 모든 영혼들은 참된 구원의 도리와 신앙생활의 법도에 대한 올바른 이치를 깨닫게 되길 기도합니다.

그동안 제가 변증 전도 사역을 통해 시속적으로 나누고자 했던 이 진귀한 '예수 이야기'에 대해 좀 더 고백적이고도 직접적인 증거들을 찾기 원한다면, 제가 이전에 쓴 《당신에게 가장 좋은 소식》(생명의말씀사), 《하나님은 정말 어디 계시는가》(규장)와 같은 변증 전도용 책들을 더 읽어 보시기 바랍니다. 이 책을 읽는 모든 분들에게 예수의 진리, 곧 기독교의 진실성이 더욱 밝히 드러나게 되길 간절히 구합니다.

기독교
핵심 질문에
26권의 변증서로
답하다

기독교
팩트체크